财务会计工作与统计学应用

吴小峰　任加佳　井官军◎著

中国商务出版社

·北京·

图书在版编目（CIP）数据

财务会计工作与统计学应用／吴小峰，任加佳，井
官军著. -- 北京：中国商务出版社，2024.7. -- ISBN
978-7-5103-5278-2

Ⅰ. F234.4

中国国家版本馆 CIP 数据核字第 2024WE7500 号

财务会计工作与统计学应用

吴小峰　任加佳　井官军◎著

出版发行：中国商务出版社有限公司

地　　址：北京市东城区安定门外大街东后巷 28 号　邮　　编：100710

网　　址：http://www.cctpress.com

联系电话：010—64515150（发行部）　　　010—64212247（总编室）
　　　　　010—64515164（事业部）　　　010—64248236（印制部）

责任编辑：薛庆林

排　　版：北京天逸合文化有限公司

印　　刷：宝蕾元仁浩（天津）印刷有限公司

开　　本：710 毫米×1000 毫米　1/16

印　　张：17　　　　　　　　　　　　字　　数：251 千字

版　　次：2024 年 7 月第 1 版　　　　　印　　次：2024 年 7 月第 1 次印刷

书　　号：ISBN 978-7-5103-5278-2

定　　价：79.00 元

前　言

随着经济全球化和技术革新的加速，企业对财务信息的准确性和决策效率要求日益提高。在此背景下，本书通过深入分析财务会计与统计学的基础理论，探讨了两者在实际工作中的应用。本书首先介绍了财务会计的定义、特点、目标与功能，以及会计核算的基本流程和方法。其次，对统计学的定义、范畴、数据类型和基本术语进行了阐述，为读者奠定了理解两者关系的基础。通过对比财务会计与统计学的目标、功能和数据处理方法，本书揭示了它们之间的联系与区别，并强调了在财务管理中应用统计方法的重要性。书中特别强调了统计方法在提高财务数据处理准确性、支持财务分析与预测、优化财务决策过程等方面的作用。最后，介绍了财务会计信息系统与统计技术，包括数据挖掘、大数据分析、云计算和人工智能等现代技术在财务会计中的应用，以及信息系统安全与统计数据保护的重要性。本书适用于企业财务管理人员和对财务会计与统计学结合应用感兴趣的读者，通过阅读本书，读者将能够更深入地理解财务会计与统计学的结合点，掌握在实际工作中运用统计方法进行财务分析和决策的技能。

作　者

2024.5

目　录

第一章　财务会计与统计学基础

第一节　财务会计概述

一、财务会计的定义与特点

1. 财务会计的基本概念

财务会计作为科学和艺术的结合体，其实践和理论基础建立在一系列核心原则和假设之上，并形成了会计信息生成和呈现的基础框架，确保了会计信息的质量和有效性。

会计主体原则是会计工作的基本原则之一，要求会计信息的编制必须以独立的企业作为会计主体，从而保证信息的独立性和客观性。独立性意味着企业作为独立的经济实体，其财务状况和经营成果应与其所有者或其他经济实体区分开来，确保信息的清晰度和区分度。持续经营原则则基于企业将持续运营的假设，为会计信息的编制提供了稳定性和预测性，允许企业在编制财务报表时采用历史成本计量，而非清算价值，从而为利益相关者提供了可靠的决策依据。会计周期原则规定了会计信息的报告周期，通常为一年，有助于利益相关者定期评估企业的财务状况和经营成果。通过定期报告，利益相关者能够跟踪企业的表现，并在必要时做出相应的决策。货币计量原则进一步确保了会计信息的可比性，要求所有的会计信息必须以货币形式表达，从而使不同企业之间的财务数据具有可比性。统一的计量基础为财务分析和比较提供了便利，同时也简化了会计信息的解读过程。除了基本原则，财务会计还遵循一些辅助原则，如权责发生制原则、配比原则、历史成本原则和谨慎性原则等。权责发生制原则要求收入和费用的确认应当与其发生的期间相对应，从而确保了收入和费用的匹配性，避免了时间差异造成的信息失真。配比原则进一步强调了收入和费用在会计期间的匹配，确保了利润的准确性。历史成本原则要求资产和负债的计量应基于交易发生时的成本，有助于减少主观判断对会计信息准确性的影响。谨慎性原则要求在存在不确定性的情况下，选择对企业财务状况影响较小的会计处理方法，从而避免了过度乐观的财务报告。

在财务会计实践中，原则和假设的应用通常通过一系列会计政策和会计估计来实现，会计政策是企业在编制财务报表时所采用的会计处理方法，如存货的计价方法、固定资产的折旧方法等。会计估计则是对未来事件的预测，如坏账准备的计提、资产减值的评估等，会计政策和会计估计的选择对企业的财务报表有着直接的影响，因此需要在遵循基本原则的基础上，结合企业的具体情况进行审慎选择。财务会计的实践还依赖于一系列的会计程序和技术，如会计分录、会计账簿、财务报表的编制等。会计分录是记录交易的基本单位，通过借记和贷记的方式，将交易的影响反映在相应的账户上。会计账簿则是根据会计分录登记的账簿，包括日记账、分类账、总账等。财务报表则是会计信息的最终成果，包括资产负债表、利润表、现金流量表等，以表格的形式，综合反映了企业的财务状况、经营成果和现金流动情况。在编制财务报表的过程中，会计人员需要对会计政策和会计估计进行选择和应用，同时还需要对会计信息进行适当的披露。披露的内容包括会计政策、重大会计估计、财务报表的编制基础等，这对于利益相关者理解财务报表至关重要。

2. 财务会计的目标与功能

财务会计的核心目标是通过提供高质量的财务信息，支持经济决策过程，不仅涉及企业的盈利能力，还涵盖其流动性、偿债能力和经营效率等多个方面。在实现目标的过程中，财务会计发挥着记录、分类、汇总和分析等多重功能。

记录功能是财务会计的基础，确保了所有财务交易的准确性和完整性，每当企业发生销售或购买时，会计系统会记录相应的借记和贷记分录，不仅反映了交易的金额，也体现了交易的性质，为后续的分类和汇总提供了原始数据。分类功能进一步将记录的交易按照其经济特征进行分组，如将销售收入归类为营业收入，将购买原材料的支出归类为成本，有助于对企业的不同经济活动进行更细致的分析，通过对比不同产品线的收入和成本，管理层可以评估哪些产品更有利可图。汇总功能通过将分类后的数据整合，形成企业的财务报表，包括资产负债表、利润表和现金流量表，分别展示企业在某一特定时间点的财务状况、在一定会计期间内的经营成果和现金流动情况，资产负债表通过列示企业的资产、负债和所有者权益，提供了企业财务状况的快照。分析功能则是在汇总数据的基础上，进行深入的财务分析，以提供决策支持，包括对财务比率的计算，如流动比率、速动比率、资产负债率等，能够帮助评估企业的流动性、偿债能力和财务稳定性。

财务会计的工作依赖于一系列标准化的程序和技术，权责发生制原则要求收入和费用必须在相应的会计期间内确认，以确保利润表的准确性，会计准则和政策的一致性应用，如存货的先进先出法（FIFO）或加权平均成本法（WACC），固定资产的直线法或双倍余额递减法折旧，都是确保财务信息可比性和一致性的关键。在编制财务报表时，会计人员必须遵循会计准则，如国际财务报告准则（IFRS）或美国通用会计准则（US GAAP），这些准则提供了编制财务报表的具体指导。会计估计和判断的准确性对财务报表的质量有着直接影响，坏账准备的计提、资产减值的评估以及养老金义务的计算等，都需要会计人员进行合理的估计和判断。财务会计的实践还涉及内部控制和审计，以确保财务信息的准确性和可靠性。内部控制包括一系列政策和程序，旨在防止和检测错误或欺诈行为。审计则是对财务报表的独立检查，以验证其是否公允地反映了企业的财务状况和经营成果。随着技术的发展，财务会计领域也越来越多地采用自动化和信息技术，如电子数据交换、云计算和大数据分析等，这不仅提高了会计工作的效率和准确性，也为财务分析和决策提供了新的工具和视角。

二、财务会计的要素与账户

1. 财务会计的基本要素

资产是指企业拥有或控制的、预期能够带来经济利益流入的资源，分为流动资产和非流动资产，流动资产包括现金、应收账款、存货等，流动资产的特点是能够在一年或营业周期内变现或耗用，非流动资产包括固定资产、无形资产等，通常用于长期持有和使用。资产的计量通常基于历史成本原则，即按照取得资产时所支付的金额进行记录。历史成本原则能够提供可靠的数据信息，反映企业在资产取得时的实际支出，从而避免资产价值的主观估计带来的不确定性。

负债是企业因过去的交易或事件而产生的、预期会导致经济利益流出的现时义务，包括流动负债和长期负债。流动负债如应付账款、短期借款等，须在一年或营业周期内偿还，长期负债如长期借款、长期应付款等，偿还期限超过一年或营业周期。负债的确认和计量通常基于合同条款或法律义务，负债的存在表明企业需要在未来特定日期、按特定方式、向特定对象支付一定的经济利益。因此，负债不仅反映了企业的经济义务，还反映了企业的融资结构和偿债能力。所有者权益，或称股东权益，代表所有者对企业净资产的权益。所有者权益包括投入资本、留存收益等项目，投入资本指所有者为获取企业的所有权而投入的资金，留存收益则是企业在历年经营过程中积累的未分配利润。所有者权益的变动直接反映企业的盈利能力和利润分配情况，企业的盈利增加会导致所有者权益增加，利润分配如股利支付则会导致所有者权益减少。收入是企业在正常经营活动中形成的、会导致所有者权益增加的经济利益总流入。收入的确认通常遵循权责发生制原则，即在收入实现时进行确认，也就是企业在向客户提供商品或服务并获得相应的经济利益时确认收入，而不是在实际收到现金时确认。收入的类型多样，包括销售商品收入、提供劳务收入、让渡资产使用权收入等，收入的增加会直接提升企业的经济效益，进而提高所有者权益。费用是企业在生产或提供商品、服务过程中发生的，导致所有者权益减少的经济利益总流出。费用的确认与收入的确认相对应，通常在费用发生时进行确认，体现了配比原则，即收入和为实现收入而发生的费用在同一会计期间确认。费用的类别包括生产成本、销售费用、管理费用、财务费用等，费用的增加会减少企业的经济效益，进而降低所有者权益。

2. 财务会计的账户设置

账户是记录企业经济活动的载体，每个账户都有其独特的用途和结构，包括账户名称、日期、摘要、借方金额和贷方金额等要素。账户的设置严格遵循会计要素的分类原则，确保每一项交易都能被准确无误地记录和反映。资产账户是反映企业资源的账户，在借方记录资产的增加，在贷方记录资产的减少，当企业收到客户支付的款项时，现金账户会借记相应的金额，而当企业支付费用时，现金账户则会贷记相应的金额。资产账户的余额，即借方总额减去贷方总额，反映了企业在特定时间点的资产总额。资产可以进一步分为流动资产和非流动资产，流动资产包括现金及现金等价物、应收账款和存货等，非流动资产则包括长期投资、固定资产和无形资产等。负债和所有者权益账户则反映企业的财务义务和所有者对企业净资产的权益，账户在贷方记录负债和所有者权益的增加，在借方记录它们的减少，当企业承担新的债务时，应付账款账户会贷记相应的金额，而当企业偿还债务时，应付账款账户则会借记相应的金额，账户的余额反映了企业的负债总额和所有者权益总额。负债可以根据其到期时间分为流动负债和长期负债，所有者权益则通常包括股本、留存收益等项目。收入和费用账户是反映企业经营成果的账户，收入账户在贷方记录增加，而费用账户则在借方记录增加。收入和费用账户在会计期末通常没有余额，因为会被结转至本年利润账户。收入账户记录了企业在一定会计期间内实现的收入总额，而费用账户则记录了在同一期间内企业发生的成本和费用总额。通过收入和费用的对比，可以计算出企业的利润或亏损。调整账户用于在会计期末调整其他账户的余额，以确保财务报表反映权责发生制原则，预付费用账户在支付时借记，随着费用的消耗逐渐贷记，直至期末余额归零，调整确保了费用在发生时而非支付时被记录，符合权责发生制的要求。备抵账户则用于减少或抵销其他账户的余额，累计折旧账户用于减少固定资产账户的余额，反映固定资产的消耗和价值减少，备抵账户有助于反映资产的实际价值，而非仅仅是其原始成本。

从表1-1中，可以清晰地看到不同账户在特定交易下的变化情况，以及如何通过借贷金额的变动来计算账户的余额，详细的记录和分类是编制财务报表的基础，确保了财务信息的准确性和可靠性。

表1-1 财务会计账户类型及其借贷变动规则与余额计算

账户类型	账户名称	借方增加描述	贷方增加描述	余额计算公式
资产账户	现金	收到款项	支付款项	借方总额-贷方总额
负债账户	应付账款	偿还债务	产生新债务	贷方总额-借方总额
所有者权益账户	股本	股本减少	股本增加	贷方总额-借方总额
收入账户	营业收入	—	销售商品或服务	贷方总额
费用账户	销售费用	销售成本	—	借方总额
调整账户	预付费用	费用消耗	支付预付费用	借方总额-贷方总额
备抵账户	累计折旧	—	资产折旧	固定资产原值-贷方总额

三、财务会计的核算方法

1. 会计核算的基本流程

会计核算流程是确保财务信息准确性与透明度的关键环节，其始于交易或事件的确认，确认过程涉及评估交易或事件是否符合会计标准，从而确定其是否应在财务报表中体现。当企业销售商品时，确认收入的实现需满足将商品控制权转移给买方的条件。确认之后，进入计量阶段，此时将确定交易或事件的货币价值，如通过评估资产的公允价值或使用标准成本方法确定存货价值。

计量完成后，交易或事件被记录在相应的账户中，形成会计分录，会计分录是记录财务活动的标准化格式，其包括日期、账户名称、借方金额、贷方金额和交易摘要，当企业收到现金销售收入时，会计分录可能表现为借记现金账户，贷记销售收入账户。会计分录不仅记录了交易的直接影响，也为后续的财务分析提供了基础数据。会计期末，应调整分录以确保财务报表的准确性，调整包括计提坏账准备、预付费用摊销、固定资产折旧和收入费用的匹配，若某企业在会计年度开始时支付了一年的租金，会计分录将借记预付租金账户，贷记现金账户；随后每月末，会计人员将借记租金费用账户，贷记预付租金账户，以反映当月租金费用。调整分录完成后，会计人员编制试算表，该表汇总了所有账户的借方和贷方金额，以检查借贷是否平衡。试算表的平衡不仅是会计准确性的检查点，也是发现和纠正错误的工具，若试算表显示借方总额为 100 000 元，贷方总额为 95 000 元，表明存在 5 000 元的会计误差，需要进一步调查和调整。会计核算流程的成果是财务报表的编制，包括资产负债表、利润表和现金流量表，资产负债表展示企业在特定日期的资产、负债和所有者权益状况，利润表反映了企业在一定会计期间内的经营成果，而现金流量表则揭示了同一期间内现金的流入和流出情况，共同为利益相关者提供了企业财务状况的全面视图（见表 1-2）。

表 1-2　会计核算流程关键步骤及其目标与活动概览

步骤编号	步骤描述	相关活动	目标
1	交易或事件确认	评估交易或事件是否符合会计标准	确定是否需要在财务报表中报告
2	计量	确定交易或事件的货币价值	确保财务报表的可靠性
3	会计分录	记录交易或事件到适当的账户	建立会计信息系统的基础
4	期末调整	进行调整以反映权责发生制原则	确保财务报表反映正确的财务状况
5	试算平衡	检查借贷双方是否平衡	验证会计分录的准确性
6	财务报表编制	编制资产负债表、利润表等	向利益相关者报告企业的财务状况

2. 会计核算的具体方法

会计核算是企业财务管理的核心，其方法确保了财务信息的准确性和一致性，权责发生制作为会计核算的基本原则，要求在收入和费用产生影响的会计期间内进行确认，而非现金收付时，提供服务或销售商品时，即使现金尚未收到，也应确认收入；相应地，费用在产生时确认，以确保收入和费用的正确匹配。历史成本原则规定资产和负债应按照其取得时的成本进行初始记录，资产的后续价值变动通常通过折旧、摊销或减值反映。折旧适用于固定资产，如建筑物、设备等，而摊销适用于无形资产，如专利权、商誉等，一项成本为 100 000 元的资产，预计使用寿命为 10 年，按照直线法计算的年折旧费用为 10 000 元。存货计价方法影响成本的计算和利润的确定。常见的存货计价方法包括先进先出法、加权平均法和后进先出法（LIFO）。采用先进先出法时，假定最先购入的存货最先售出，这在物价上涨时会导致较高的成本和较低的利润。坏账准备是基于企业对客户信用状况的评估，预计无法收回的应收账款金额，企业通常会根据历史经验设置坏账比率，对于 1 000 000 元的应收账款，如果历史坏账比率为 2%，则企业会设置 20 000 元的坏账准备。资产减值是指当资产的可收回金额低于其账面价值时，企业须确认减值损失，通常通过比较资产的公允价值和账面价值来确定，如果一项资产的账面价值为 50 000 元，而其公允价值仅为 40 000 元，则需要确认 10 000 元的减值损失。收入确认在风险和报酬转移给买方时进行，且收入的金额能够可靠计量，确保了收入的确认既符合经济实质，也能够满足可计量性的要求。费用匹配原则要求费用在产生收入的同一期间内确认，以实现收入和费用的正确匹配，避免某一期间的利润被高估或低估。

第二节　统计学的基本概念

一、统计学的定义与范畴

1. 统计学的定义

从方法论的角度，统计学被视为一种使用数学工具和逻辑推理来分析数据的方法，通过数据收集、概率论和数理统计的原理，统计学对数据进行量化分析，以揭示数据背后的规律性。从应用的角度来看，统计学作为一种科学工具，能够帮助企业从大量数据中提取有用信息，对不确定性进行量化，并为决策提供科学依据。统计学的核心在于数据，数据是统计分析的基础，而统计学的任务就是从数据中发现规律并进行推断。统计学包括描述统计学和推断统计学两个主要分支。描述统计学致力于使用数字描述和总结数据集的特征，如集中趋势、离散程度等，而推断统计学则致力于根据样本数据推断总体特征，包括参数估计和假设检验。

描述统计学是研究如何用简洁的数字描述数据集特征，常见的集中趋势测度包括均值、中位数和众数，离散程度测度包括方差、标准差和极差等。给定一组数据 $X = \{x_1, x_2, \cdots, x_n\}$，其均值 $\bar{x}$ 计算公式为：

$$\bar{x} = \frac{1}{n} \sum_{i=1}^{n} x_i$$

而方差 σ^2 的计算公式为：

$$\sigma^2 = \frac{1}{n} \sum_{i=1}^{n} (x_i - \bar{x})^2$$

通过公式，描述统计学帮助分析者了解数据的分布情况和主要特征。

推断统计学则是利用样本数据对总体特征进行推断的一门学问，主要包括参数估计和假设检验。参数估计是根据样本数据估计总体参数，通过样本均值估计总体均值；假设检验则是对关于总体的某一假设进行检验，例如检验总体均值是否等于某一特定值。假设检验的一般步骤包括提出假设、选择显著性水平、计算检验统计量、确定拒绝域、做出结论，对于总体均值的假设检验，假设 H_0 为总体均值 μ 等于某一特定值 μ_0，其检验统计量 Z 的计算公式为：

$$Z = \frac{\bar{X} - \mu_0}{\frac{\sigma}{\sqrt{n}}}$$

其中，$\bar{X}$ 为样本均值，σ 为总体标准差，n 为样本容量。根据显著性水平 α 和标准正态分布表确定拒绝域，从而决定是否拒绝 H_0。

2. 统计学的应用领域

统计学的应用领域非常广泛，几乎涉及社会的各个层面，在自然科学领域，统计学被用来分析实验数据，验证科学假设，物理学家利用统计学方法处理实验数据，以确认新的物理现象是否存在。在社会科学领域，统计学被用来研究社会现象，如人口统计、经济趋势等。人口统计学家通过收集和分析人口数据来了解人口变化趋势，经济学家通过统计模型来预测经济走势。在商业领域，统计学被用来分析市场数据，进行风险管理和决策支持，市场分析师利用统计学方法来了解消费者行为，从而制定营销策略，风险管理者通过统计模型评估金融产品的风险水平，并制定相应的风险控制措施。在医疗领域，统计学被用来评估治疗效果，进行临床试验设计，医学研究人员通过随机对照试验（RCT）评估新药的疗效，其核心在于通过随机分组消除潜在的混杂因素影响，确保试验结果的可靠性和有效性。统计学的应用不仅限于数据分析，还包括数据的收集和处理，数据收集的方法包括调查、实验和观察等。在市场调查中，研究人员通过问卷调查收集消费者的购买偏好数据；在实验研究中，科学家通过实验记录各种实验数据；在观察研究中，社会学家通过观察记录社会现象。数据收集后，需要进行清洗和预处理，以确保数据的质量和适用性。数据的预处理包括缺失值处理、异常值检测、数据转换等步骤。对于缺失值，采用均值填补、插值法等方法进行处理；对于异常值，可以采用箱线图法进行检测并处理；对于数据转换，可以采用对数变换、标准化等方法。

在推断统计学中，参数估计和假设检验是两个核心内容，参数估计关注的是如何根据样本数据来估计总体参数，常用的估计方法有点估计和区间估计，通过样本均值估计总体均值，通过样本方差估计总体方差。假设检验则是在一定的假设条件下，通过样本数据来判断总体参数是否符合某种假设，假设检验中的 t 检验可以用来检验两个总体均值是否存在显著差异。t 检验的计算公式为：

$$t = \frac{\overline{X}_1 - \overline{X}_2}{s_p\sqrt{\dfrac{1}{n_1} + \dfrac{1}{n_2}}}$$

其中，$\overline{X}_1$ 和 $\overline{X}_2$ 分别表示两个样本的均值，s_p 表示合并标准差，n_1 和 n_2 分别表示两个样本的大小。合并标准差的计算公式为：

$$s_p = \sqrt{\frac{(n_1 - 1)s_1^2 + (n_2 - 1)s_2^2}{n_1 + n_2 - 2}}$$

其中，s_1^2 和 s_2^2 分别表示两个样本的方差，通过计算检验统计量 t，并结合 t 分布表，判断两个总体均值是否存在显著差异。

统计学不仅是理论研究的对象，在实践中的应用也很广泛，例如，在市场调查中，统计学方法帮助企业分析消费者行为，制定市场策略。在金融领域，通过统计模型可以量化风险，辅助投资决策。在工程质量控制中，统计过程控制（SPC）方法帮助企业监测生产过程，及时发现和纠正异常，确保产品质量。在医学研究中，通过统计学方法设计临床试验，评估新药的疗效和安全性。在环境科学中，统计学方法被用来分析环境数据，研究环境污染的来源和影响。在教育研究中，统计学方法被用来分析学生成绩数据，评估教学效果。

二、统计数据的类型与特点

1. 统计数据的分类

统计数据按照度量尺度可以分为名义尺度、序数尺度、区间尺度和比率尺度。名义尺度数据仅用于区分不同的类别，如性别、种族等，没有顺序关系。名义尺度数据不能进行任何数学运算，仅可以用来计算频数和进行模式分析。序数尺度数据除了区分类别，还包含了一定的顺序关系，例如教育程度的分类（小学、中学、大学）。序数尺度数据虽然具有顺序性，但相邻数据之间的差异无法量化，因此只能进行顺序统计分析。区间尺度数据具有固定的单位和顺序，但没有绝对零点，如温度的测量。区间尺度数据可以进行加减运算，但由于缺乏绝对零点，无法进行乘除运算。比率尺度数据则具有绝对零点，可以进行加减乘除等运算，如身高、体重等。比率尺度数据不仅具有顺序性和固定单位，通过绝对零点进行比例比较，而且在所有的数学运算中均适用。统计数据还可以根据其性质分为定性数据和定量数据。定性数据反映的是事物的属性、特征或类别，如性别、职业等，通常以文字或类别的形式呈现。定性数据又可以分为名义数据和序数数据。名义数据如性别（男性、女性），序数数据如教育程度（小学、中学、大学）。定量数据则提供了可以量化的数值，如收入、销售额等，进行数值运算。定量数据又分为区间数据和比率数据。区间数据如温度，其没有绝对零点，而比率数据如身高、体重，则具有绝对零点。

对于名义尺度的定性数据，使用频数分布表和列联表进行描述和分析，频数分布表用于统计每个类别出现的次数，而列联表用于分析两个或多个名义变量之间的关系。对于序数尺度的定性数据，使用中位数、众数等统计量，以及秩和检验等非参数统计方法。中位数表示数据的中间值，众数表示数据中最常出现的值，秩和检验用于检验两个或多个独立样本的分布是否相同。

对于比率尺度的定量数据，使用几何均值、调和均值等特殊统计量，以及方差分析、相关分析等复杂统计方法。几何均值用于计算一组正数的乘积的 n 次方根，调和均值用于计算一组正数的倒数的算术平均数的倒数，方差分析用于检验多个样本均值之间的差异是否显著，以分析两个变量之间的相关程度。比率尺度数据的常用公式包括：

$$几何均值(G) = \left(\prod_{i=1}^{n} x_i\right)^{\frac{1}{n}}$$

$$调和均值(H) = \frac{n}{\sum_{i=1}^{n} \frac{1}{x_i}}$$

为了进一步说明统计数据的应用，假设在市场调查中，研究人员收集了消费者的性别、年龄、收入和购买偏好等数据。性别是名义尺度数据，通过频数分布表统计不同性别消费者的比例；年龄是比率尺度数据，可以通过计算均值和方差描述消费者年龄的集中趋势和离散程度；收入也是比率尺度数据，可以通过回归分析研究收入与购买偏好之间的关系；购买偏好是名义尺度数据，可以通过列联表分析不同购买偏好之间的关联性。通过这种方式，统计学方法帮助研究人员从复杂的数据中提取有用的信息，揭示数据背后的规律，为市场决策提供科学依据。

2. 统计数据的特性

统计数据的特性是指数据所具有的内在属性，属性影响着数据的收集、处理和分析，统计数据的主要特性包括可测量性、可分类性、可比较性和可解释性。可测量性指数据通过一定的度量尺度进行量化，例如身高和体重用厘米和千克来量化。度量尺度分为名义尺度、顺序尺度、间隔尺度和比率尺度，其中名义尺度仅用于分类，如性别分类，顺序尺度用于表示顺序关系，如教育程度分类，间隔尺度用于表示差异且具有相等间隔，如温度。最常用的度量尺度是比率尺度，其具有绝对零点，如长度、重量等（见表1-3）。可分类性指数据可以根据一定的标准进行分类，如将人按照年龄分为儿童、青少年、成人等，分类标准应具有互斥性和穷尽性，即每个数据只能归属于某一类别且所有数据都有对应的类别。

表1-3 不同度量尺度

度量尺度	示例
名义尺度	性别（男、女）
顺序尺度	教育程度（小学、初中、高中、大学）
间隔尺度	温度（摄氏度）
比率尺度	长度（米）、重量（千克）

可比较性指不同数据之间可以进行比较，如比较不同地区的人均收入水平，比较方法包括直接比较、间接比较和标准化比较，其中直接比较是最简单的方法，通过比较绝对数值来判断差异，间接比较则通过比例或百分比等相对数值来比较，而标准化比较则是将数据转换为同一标准后进行比较，如将不同地区的收入标准化后进行比较（见表1-4）。

表1-4 不同地区的人均收入及其比较

地区	人均收入（元）	标准化收入（元）
地区A	30 000	1.2
地区B	25 000	1.0
地区C	20 000	0.8

可解释性指数据能够提供对现象进行解释，如通过分析销售数据来解释

市场趋势，解释性分析包括描述性统计分析和推断性统计分析，描述性统计分析主要通过计算平均数、标准差、中位数等指标来描述数据的特征，而推断性统计分析则是通过样本数据推断总体特征，如利用回归分析、假设检验等方法对数据进行深入分析（见表1-5、表1-6）。

表1-5 产品在不同月份的销售数据

月份	销售额（元）
1月	5 000
2月	6 000
3月	5 500
4月	7 000
5月	6 500
6月	8 000

表1-6 描述性统计

指标	数值
平均数	6 333.33
中位数	6 250
标准差	1 110.72

　　在实际应用中，统计数据的特性需要与数据收集的方法相结合，在进行市场调查时，根据调查目的设计问卷，确保收集到的数据具有可测量性和可分类性，在数据分析阶段，通过计算描述性统计量来体现数据的可比较性和可解释性，在市场调查中，设计问卷问题如"您的年龄是多少"来确保数据具有可分类性，通过统计不同年龄段的受访者比例来进行分组分析；在分析市场销售数据时，通过计算不同时间点的销售额来体现数据的可比较性，通过回归分析模型解释销售额与广告投入的关系来体现数据的可解释性。在实际操作中，通过表格和图表的方式直观展示数据特性，如使用频数分布表展示分类数据的分布情况，利用折线图展示时间序列数据的变化趋势，通过散点图展示变量之间的关系。

三、统计学的基本术语与概念

1. 总体与样本

在统计学中，总体是指研究中所关注的所有个体的集合。总体可以是具体的，如国家的所有人口，也可以是抽象的，如所有可能的掷硬币结果。总体的大小可以是有限的，也可以是无限。总体的特点是它包含了研究问题所涉及的所有信息，但由于资源和时间的限制，通常无法对整个总体进行研究。样本是总体的子集，是从总体中随机抽取的一部分个体，通过对样本的研究来推断总体的特征。样本的大小通常用 n 表示，而总体的大小用 N 表示。样本的选择应当尽量保证其代表性，即样本中的个体应当能够反映总体的多样性。

在统计研究中，样本的代表性直接影响到从样本推断总体的准确性，为了评估样本对总体的代表性，统计学中引入了抽样分布的概念。抽样分布是样本统计量（如样本均值）的概率分布。通过研究抽样分布，了解样本统计量的稳定性和变异性，从而评估样本对总体的估计精度，假设要估计城市居民的平均收入，总体是该城市的所有居民，假设其数量为 N。由于无法对所有居民进行调查，可以从中随机抽取样本，假设样本大小为 n，然后计算样本的平均收入 $\overline{X}$ 作为总体平均收入 μ 的估计值。为了确保抽取的样本具有代表性，通常采用随机抽样的方法，使每个个体被抽中的概率相等。

假设总体的平均收入为 μ，总体的标准差为 σ，从总体中抽取样本的均值 $\overline{X}$ 的分布称为样本均值的抽样分布。根据中心极限定理，当样本容量 n 足够大时，样本均值的抽样分布近似服从正态分布，其均值为 μ，标准误差为 $\dfrac{\sigma}{\sqrt{n}}$。即，样本均值的抽样分布可以表示为：

$$\overline{X} \sim N\left(\mu, \frac{\sigma}{\sqrt{n}}\right)$$

此结论为使用样本统计量估计总体参数奠定了理论基础，通过计算样本均值 $\overline{X}$ 及其标准误差 $\dfrac{\sigma}{\sqrt{n}}$，可以构建总体均值 μ 的置信区间，从而评估估计的精度，若总体标准差 σ 已知，则样本均值 $\overline{X}$ 的 95% 置信区间为：

$$\overline{X} \pm 1.96 \times \frac{\sigma}{\sqrt{n}}$$

若总体标准差未知，可以使用样本标准差 s 代替 σ，此时样本均值的置信区间为：

$$\overline{X} \pm t_{(n-1,\ 0.025)} \times \frac{s}{\sqrt{n}}$$

其中，$t_{(n-1,\ 0.025)}$ 是自由度为 $n-1$ 的 t 分布在双侧检验下的临界值。

表 1-7　样本均值的抽样分布及其 95% 置信区间

样本容量 n	样本均值 $\overline{X}$	样本标准差 s	置信区间（95%）
30	50 000	10 000	$50\,000 \pm 1.96 \times \dfrac{10\,000}{\sqrt{30}}$
50	52 000	9 500	$52\,000 \pm 1.96 \times \dfrac{9\,500}{\sqrt{50}}$
100	51 000	9 800	$51\,000 \pm 1.96 \times \dfrac{9\,800}{\sqrt{100}}$

样本均值的抽样分布和置信区间计算表明，通过增加样本容量，减小估计的标准误差，可以提高估计的精度。抽样分布的理论为估计总体参数提供了统计依据，并通过样本数据对总体特征进行推断。在实际应用中，抽样方法和样本量的选择需要根据研究目的和实际条件进行合理设计，确保所选样本具有代表性和足够的样本量，从而使统计推断具有可靠性和科学性。

2. 变量与常量

在统计学中，变量指的是可以在不同条件下取不同值的量。变量分为随机变量和确定性变量两种类型。随机变量的值在每次实验或观察中都是不确定的，如掷骰子的结果；而确定性变量在给定条件下是固定的，例如圆的周长与直径的比值（π）。与变量相对的是常量，常量值在研究过程中保持不变，通常用于描述环境条件或实验设置，例如地球表面的重力加速度 g（见表 1-8）。对于连续型随机变量，使用均值、方差等描述性统计量来描绘其分布特征。对于离散型随机变量，则使用概率分布来描述其取值的概率。

在实际研究中，经常需要分析变量之间的关系，涉及相关性分析和回归分析等统计方法，使用相关系数 r 来衡量两个连续型随机变量之间的线性关系强度：

$$r = \frac{\sum_{i=1}^{n}(x_1 - \overline{x})(y_i - \overline{y})}{\sqrt{\sum_{i=1}^{n}(x_1 - \overline{x})^2 \sum_{i=1}^{n}(y_i - \overline{y})^2}}$$

其中，x_i 和 y_i 分别表示第 i 个观测值在两个变量上的值，$\overline{x}$ 和 $\overline{y}$ 分别表示这两个变量的样本均值。

表 1-8　不同类型的变量

类型	示例
随机变量	掷骰子的结果
确定性变量	圆的周长与直径的比值 π
常量	地球表面的重力加速度 g

变量的分析是统计学研究的基础，通过对变量类型的理解和适当的统计方法选择，可以更准确地揭示数据背后的规律和关系，为科学研究和决策提供有效支持。

第三节　财务会计与统计学的关系

一、财务会计与统计学的联系

1. 数据的共享与交互

企业经济活动的记录通过会计准则的规范处理，转化为标准化的财务报告，为内部管理层和外部利益相关者提供决策依据。统计学在此过程中发挥关键作用，通过对财务数据的深入分析，揭示了数据背后的经济现象和趋势。

在财务比率分析中，描述统计均值（$\overline{x}$）和标准差（σ）的计算，可以量化财务比率的集中趋势和离散程度，评估企业的财务稳定性和风险水平。均值的计算公式为：

$$\bar{x} = \frac{\sum x_i}{n}$$

其中，x_i 代表各个财务比率的值，n 代表比率的数量。标准差的计算公式为：

$$\sigma = \sqrt{\frac{\sum (x_i - \bar{x})^2}{n - 1}}$$

计算均值和标准差有助于衡量财务比率的波动性，为风险评估提供数据支持，进一步地，相关性分析和回归分析等统计方法的应用，能够探索不同财务指标之间的相关性，为财务预测和决策提供更为精确的依据，皮尔逊相关系数（r）的计算可以量化两个财务指标之间的线性关系强度：

$$r = \frac{\sum (x_i - \bar{x})(y_i - \bar{y})}{\sqrt{\sum (x_i - \bar{x})^2 (y_i - \bar{y})^2}}$$

其中，x_i 和 y_i 分别代表两个财务指标的值，$\bar{x}$ 和 $\bar{y}$ 分别代表这两个指标的均值。回归分析则可以建立多个自变量与因变量之间的关系模型，如简单线性回归：

$$Y = \beta_0 + \beta_1 X + \varepsilon$$

其中，Y 是因变量，X 是自变量，β_0 是截距项，β_1 是斜率，ε 是误差项。

统计学在财务会计中的应用不仅限于数据分析，还包括数据的收集、整理和质量控制。数据收集应遵循科学的方法和步骤，以确保数据的准确性和完整性。数据整理则需要技术手段，如数据分类和编码，以便于后续的分析和解释。数据质量的控制则涉及数据清洗和校验，确保分析结果的可靠性。

2. 方法的借鉴与融合

随着经济活动的复杂化，传统的会计方法已经难以满足对财务信息深度分析的需求，统计学的方法，如假设检验、时间序列分析、回归分析等，在财务会计领域的应用越来越广泛。在财务会计中，假设检验用来评估会计估计的合理性，通过 t 检验来评估存货计价方法的变动是否显著影响了企业的财务状况。假设检验的基本思想是通过构建原假设和备择假设，利用样本数据进行统计推断。假设检验的步骤包括设定假设、选择适当的检验统计量、计算 p 值以及做出统计决策。具体来说，即通过 t 检验公式计算检验统计量：

$$t = \frac{\bar{x} - \mu}{\frac{s}{\sqrt{n}}}$$

其中，$\bar{x}$ 为样本均值，μ 为总体均值，s 为样本标准差，n 为样本容量。通过计算得到的 t 值与临界值进行比较，从而判断存货计价方法的变动是否显著影响财务状况。时间序列分析则可以用来分析企业的财务数据随时间的变化趋势，预测未来的财务表现。时间序列分析中的常用方法包括移动平均、指数平滑、ARIMA 模型（自回归积分滑动平均模型）等。ARIMA 模型常用于建模和预测财务时间序列数据，其数学表达式为：

$$Y_t = c + \varphi_1 Y_{t-1} + \varphi_2 Y_{t-2} + \cdots + \varphi_p Y_{t-p} + \theta_1 \varepsilon_{t-1} + \theta_2 \varepsilon_{t-2} + \cdots + \theta_q \varepsilon_{t-q} + \varepsilon_t$$

其中，Y_t 为时间 t 的观察值，c 为常数项，φ_i 和 θ_i 分别为自回归系数和移动平均系数，ε_t 为随机误差项。通过对财务数据进行时间序列建模，可以识别数据中的季节性和长期趋势，从而为企业的财务规划提供依据。回归分析则可以用来评估不同因素对企业财务状况的影响程度，为管理层提供决策支持。例如，可以通过多元回归分析研究多个独立变量对企业净利润的影响，其基本模型为：

$$净利润 = \alpha + \beta_1 \cdot 销售收入 + \beta_2 \cdot 成本收入 + \beta_3 \cdot 运营费用 + \varepsilon$$

其中，α 为截距项，β_i 为回归系数，ε 为随机误差项，通过对历史数据进行回归分析，可以估计回归系数 β_i 的值，从而评估销售收入、生产成本和运营费用等因素对净利润的影响程度。此外，统计学中的相关性分析可以用来探索不同财务指标之间的关系，例如，通过计算相关系数，评估企业销售收入与净利润、资产回报率与股东权益回报率等指标之间的相关性。相关性分析的计算公式为：

$$r = \frac{n(\sum xy) - (\sum x)(\sum y)}{\sqrt{[n\sum x^2 - (\sum x)^2][n\sum y^2 - (\sum y)^2]}}$$

其中，r 为相关系数，n 为样本容量，x 和 y 分别为两个变量的观测值，通过计算相关系数，判断两个财务指标之间的线性关系强度和方向。财务会计与统计学的结合，通过定量分析手段，揭示财务数据中的规律和趋势，为企业管理层和外部利益相关者提供科学的决策支持。统计学方法在财务会计中的应用，提升了财务分析的深度和广度，使财务信息的解读更加全面和精确。

二、财务会计与统计学的区别

1. 目标与功能的差异

财务会计工作的主要目标是提供关于企业财务状况、经营成果和现金流量的信息，以满足外部投资者、债权人等利益相关者的需求，其功能侧重于记录、分类和报告企业的经济交易，遵循特定的会计准则和法规。通过编制资产负债表、利润表和现金流量表，财务会计展示企业的财务状况和经营成果，资产负债表显示企业在特定时间点的资产、负债和所有者权益，利润表反映企业在一定时期内的收入、费用和净利润，而现金流量表则揭示企业在经营、投资和筹资活动中的现金流入和流出情况。具体来说，资产负债表通过列示资产（如现金、应收账款、存货和固定资产）和负债（如应付账款、长期借款）来反映企业的财务结构，资产负债表公式为：

$$资产 = 负债 + 所有者权益$$

利润表则通过列示收入（如销售收入、服务收入）和费用（如营业成本、管理费用），计算出净利润，利润表的基本公式为：

$$净利润 = 收入 - 费用$$

而现金流量表通过列示经营活动（如销售商品收到的现金、支付供应商的现金）、投资活动（如购买固定资产支付的现金、出售固定资产收到的现金）和筹资活动（如借款收到的现金、偿还借款支付的现金）的现金流量，揭示企业的现金流动情况。现金流量表的公式为：

期末现金＝期初现金+经营活动现金流量+投资活动现金流量+筹资活动现金流量

与财务会计相比，统计学的目标是通过收集、分析、解释和呈现数据，揭示数据背后的模式和关系，功能侧重于数据的量化分析和推断，广泛应用于科学研究、工业生产、经济管理等领域。例如，统计学中的描述性统计通过计算数据的平均值、标准差、方差等指标，描述数据的集中趋势和离散程度，而推断统计则通过假设检验、置信区间等方法，从样本数据推断总体特征。时间序列分析是统计学中的一种常用方法，通过对时间序列数据进行建模和分析，揭示数据的趋势、季节性和周期性变化。时间序列分析中的ARIMA 模型常用于预测未来的数据变化，ARIMA 模型由三个参数（p, d, q）构成，分别表示自回归阶数、差分次数和移动平均阶数，模型公式为：

$$(1 - \sum_{i-1}^{p} \varphi_i B^i)(1 - B)^d Y_t = (1 + \sum_{j-1}^{q} \varphi_j B^j) \varepsilon_t$$

其中，Y_t 表示时间序列数据，B 为滞后算子，φ_i 和 φ_j 分别为自回归系数和移动平均阶数，ε_t 为白噪声项。统计学与财务会计的差异在于，财务会计强调数据的准确记录和报告，以满足外部监管和信息披露要求，而统计学则侧重于通过数据分析揭示潜在模式和关系，支持决策和预测，财务会计中的资产评估和收益确认，通常基于历史成本原则和实现原则，而统计学则使用时间序列分析等方法，预测资产的未来价值和收益的变动趋势，差异体现了财务会计的规范性和统计学的预测性。

2. 数据处理方法的区别

财务会计的数据处理通常遵循固定的流程和规则，如会计循环、会计政策和估计变更等，这些流程和规则确保了财务信息的一致性和可比性。会计循环通常包括识别交易、记录交易、编制试算平衡表、调整账目、编制财务报表和结账等步骤。例如在处理存货时，财务会计可能采用先进先出法或加权平均法等会计政策，这些方法在不同情况下对财务报表的影响是固定的。先进先出法假设最早购买的存货最先售出，适用于存货成本趋涨的情形，从而提高利润。而加权平均法则通过加权计算所有存货的平均成本，平滑了成本波动的影响。具体公式为：

$$加权平均成本 = \frac{期初存货成本 + 本期购入存货成本}{期初存货数量 + 本期购入存货数量}$$

统计学在数据处理上则更加灵活，根据研究目的和数据特性选择合适的统计方法，如描述统计、推断统计、回归分析等。描述统计通过计算数据的平均值、中位数、标准差等指标，概述数据的集中趋势和离散程度，例如，通过箱线图识别数据的异常值。箱线图中包含中位数、上四分位数和下四分位数，通过识别上限和下限以外的数据点，识别潜在的异常值。推断统计通过抽样和假设检验，从样本数据推断总体特征，如通过 t 检验或卡方检验等方法验证假设。

在回归分析中，统计学通过建立模型解释变量之间的关系，例如，简单线性回归模型，公式为：

$$Y = \beta_0 + \beta_1 X + \varepsilon$$

其中，Y 为因变量，X 为自变量，β_0 和 β_1 为回归系数，ε 为误差项。通过最小二乘法估计回归系数，最小化残差平方和，从而得到最佳拟合直线。此外，统计学中还可以使用移动平均法来平滑时间序列数据，减少数据的波动性，从而更清晰地识别趋势和季节性变化。移动平均法的公式为：

$$MA_t = \frac{1}{n} \sum_{i=0}^{n-1} Y_{t-i}$$

其中，MA_t 为 t 时刻的移动平均值，n 为移动平均的时间窗口，Y_{t-i} 为前 i 时刻的数据点。通过选择合适的时间窗口，移动平均法能够有效平滑数据，去除短期波动。

财务会计和统计学在数据处理方法上的差异还体现在数据呈现和解释方面，财务会计的报表如资产负债表、利润表和现金流量表，强调数据的准确性和规范性，以满足外部投资者、债权人和监管机构的需求。统计学则更侧重于通过数据可视化技术，如散点图、折线图和直方图等，揭示数据的内在模式和关系，辅助决策。散点图用于展示两个变量之间的关系，通过观察数据点的分布，可以初步判断变量之间是否存在线性关系。折线图适用于时间序列数据，展示数据随时间的变化趋势，而直方图用于展示数据分布的频率，通过观察频率分布，可以了解数据的集中程度和分散情况。财务会计还遵循历史成本原则和实现原则，确保交易记录的客观性和可验证性，企业的资产通常按购置时的历史成本计价，而收入的确认则基于交易完成和收入实现的标准。统计学则可以根据数据的性质和研究需求，采用不同的估计方法和预测模型，在时间序列分析中，除了 ARIMA 模型，还可以使用指数平滑法、季节分解等来捕捉数据的复杂模式。指数平滑法通过对历史数据赋予不同权重，逐步减少对过去数据的影响，从而更好地预测未来趋势，公式为：

$$S_t = \alpha Y_t + (1 - \alpha)S_{t-1}$$

其中，S_t 为 t 时刻的平滑值，Y_t 为 t 时刻的实际值，α 为平滑系数，介于 0 和 1 之间。

三、财务会计与统计学的互补性

财务会计作为一门以货币为主要计量单位，记录、汇总和分析企业经济活动的学科，其核心在于提供财务信息以供决策使用。统计学则侧重于数据的收集、处理、分析与解释，通过定量方法揭示数据背后的规律性。两者的结合，为财务会计领域带来了更为丰富和深入的分析工具和方法。

在财务会计中，统计学的引入有助于提高数据处理的准确性，通过运用统计方法对财务数据进行清洗与校验，可以有效地剔除异常值和错误数据，确保数据的可靠性。此外，统计学在财务分析与预测方面的应用，如统计描述和推断，为财务决策提供了更为科学的依据。例如，通过统计描述可以揭示财务数据的集中趋势和离散程度，而统计推断则可以用于对总体参数的估计和假设检验，从而为预测分析提供理论支持。进一步地，风险评估是财务决策中不可或缺的一环，统计学的方法可以帮助评估和量化潜在风险，为决策者提供更为精确的风险评估结果。同时，构建决策支持系统时，统计学的应用可以提升系统的预测能力和决策效率，通过定量分析辅助决策者做出更加合理的选择。

统计方法在财务会计中的应用，还体现在对数据的深入挖掘和分析上，通过运用描述性统计和推断性统计，可以对财务数据进行多维度的分析，从而揭示数据之间的内在联系和趋势。例如，通过相关性分析可以识别不同财务指标之间的关系，而回归分析则可以建立财务指标之间的数学模型，为预测和决策提供定量依据。在财务会计信息系统的构建中，数据挖掘技术可以帮助企业从海量的财务数据中发现有价值的信息，而大数据分析则可以提供更宏观的视角，辅助进行更为全面的财务分析。云计算和人工智能技术的发展，为财务数据处理和分析提供了更为强大的技术支持，同时也对统计数据的保护提出了更高要求。

第四节　统计方法在财务会计中的应用价值

一、提高数据处理的准确性

1. 数据清洗与校验的重要性

数据清洗的目的是确保数据的准确性和可靠性，包括数据验证、错误纠正、格式标准化和数据去重等，在数据验证阶段，需要对数据进行范围检查，确保数值数据处于合理的区间，如果公司的日销售额异常高，表明可能出现了数据录入错误或系统故障。通过设置阈值或使用统计方法，如标准差，可以识别出异常值。

$$Z - score = \frac{X - \mu}{\sigma}$$

其中，X 是观察值，μ 是平均值，σ 是标准差。如果 $Z\text{-}score$ 的绝对值超过某个阈值（如3），那么该观察值则被认为是异常值。

格式验证确保所有数据项都遵循预定的格式，如日期字段应符合 YYYY-MM-DD 的格式，货币字段应包含两位小数。通过正则表达式或内置的格式函数，可以自动化这一验证过程。逻辑一致性检验进一步确保数据之间的关系符合业务逻辑，如果交易记录的日期晚于发票日期，表明数据录入错误。通过编写逻辑规则或使用条件语句，可以识别并纠正这些逻辑错误。数据去重是防止重复记录影响分析结果的重要步骤，通过比较记录的特定字段，如交易 ID 或客户 ID，可以识别并删除重复项，通常涉及集合操作或使用数据去重函数。构建系统化的数据清洗框架须先进行数据审查，对数据集进行初步检查以识别潜在的数据质量问题，数据预处理步骤涉及数据类型转换和缺失值处理，以确保数据的一致性和完整性，接着，数据验证与校验环节通过应用范围检查、格式验证和逻辑一致性检验来进一步确保数据的准确性和符合性。在异常值处理阶段，通过统计分析方法识别并处理那些显著偏离正常范围的值。数据去重则专注于识别并删除数据集中的重复记录，以避免分析结果的偏差。清洗后的数据通过数据整合汇集到统一的数据集中，便于进一步的分析和使用，数据质量评估环节对清洗后的数据进行综合评估，以确保其满足分析和决策的需求。

在财务会计中，数据清洗的自动化可以通过编写脚本或使用专业软件来实现，使用 Python 的 Pandas 库可以方便地进行数据清洗操作。以下是简单的常用的 Python 代码，展示了如何使用 Pandas 进行数据清洗：

```python
import pandas as pd
# 假设 df 是包含财务数据的 DataFrame
df=pd.read_csv(' financial_data.csv' )
# 范围检查
df=df[ (df[ ' sales' ]>=0) & (df[ ' sales' ]<=df[ ' sales' ].mean()* 3)]
# 格式验证
df[ ' date' ]=pd.to_datetime(df[ ' date' ], errors=' coerce' )
df=df[ df[ ' date' ].notnull()]
# 逻辑一致性检验
df=df[ df[ ' invoice_date' ]<=df[ ' transaction_date' ] ]
# 数据去重
df=df.drop_duplicates(subset=[ ' transaction_id' ])
# 数据质量评估
missing_values=df.isnull().sum()
```

2. 统计方法在处理财务数据中的应用

统计方法的应用为财务数据的处理提供了一套强大的分析工具，描述性统计为理解数据的集中趋势和离散程度提供了量化描述，均值提供了数据的中心位置，而标准差则衡量了数据的波动性，统计量的应用，使财务分析师能够快速把握数据的基本特征。

频率分布的构建，如频率表和直方图，进一步揭示了数据的分布特性，通过工具，分析师可以识别数据的偏态和峰态，从而对数据的分布形态有直观的认识，偏斜的直方图表明数据集中存在极端值或异常值，这可能需要进一步的调查和分析。相关性分析通过计算相关系数来衡量变量间的线性关系强度，为财务分析师提供了评估不同财务指标之间相互影响的量化手段，相关系数的值在-1~1，值越接近 1 或-1，表明变量间的线性关系越强。回归分析则进一步建立了变量间的数学模型，允许分析师预测一个变量如何影响另一个变量。在财务会计中，回归分析常用于预测销售趋势、评估成本驱动因素等，线性回归模型可以表示为：

$$Sales\ Revenue = \beta_0 + \beta_1 \times Advertising\ Expense + \varepsilon$$

在模型中，β_0 代表截距，β_1 代表斜率，而 ε 是误差项，$Sales\ Revenue$ 为销售收入，$Advertising\ Expense$ 为广告支出。通过最小二乘法，可以估计出 β_0 和 β_1 的值，从而量化广告支出对销售收入的影响。

异常值的识别和处理通过箱线图或标准差方法，分析师可以识别那些远离平均值的数据点，箱线图通过四分位数和四分位距来确定数据的正常范围，任何超出这个范围的点都被视为异常值。统计方法在财务会计中的应用还包括风险评估和预测，时间序列分析能够揭示数据随时间变化的趋势和季节性模式，为财务预测提供了强有力的支持。假设检验则允许分析师评估某些财务指标是否符合预期，或者是否存在统计显著性差异。

二、支持财务分析与预测

财务分析是企业决策过程中的核心环节，是对企业财务状况、经营成果和现金流量等关键指标的全面评估。统计方法通过提供一系列定量分析工具，显著提升了财务数据的解释力和预测的精确性。统计方法通过时间序列分析，揭示销售额随时间变化的规律性，为未来销售情况的预测提供依据，使用移动平均或指数平滑模型，对销售额进行平滑处理，以消除随机波动的影响，从而更清晰地识别出长期趋势。此外，回归分析能够评估不同财务指标之间的相关性，如通过构建销售收入与广告支出之间的回归模型，可以量化广告支出对销售的边际效应。在财务预测方面，统计方法的应用不仅限于简单的线性模型，复杂的统计模型，如 ARIMA 模型，能够捕捉数据的季节性变化和非线性特征。ARIMA 模型通过三个主要参数：自回归（AR）、差分（I）和移动平均（MA）来描述时间序列的特性。例如，ARIMA（p, d, q）模型中的 p 代表自回归项的阶数，d 代表差分阶数，q 代表移动平均项的阶数。通过确定参数，构建出适合特定数据特性的预测模型。统计方法在风险评估和敏感性分析中的应用同样不可忽视，通过对财务指标的变异性进行量化，评估企业面临的潜在风险，并制定相应的风险管理策略，计算财务比率的标准差和变异系数，可以量化企业的财务稳定性和盈利能力的波动性。这些量化指标有助于企业识别风险点，从而采取预防措施。为了进一步增强财务分析的准确性，构建了财务比率分析表，该表列出了多个关键财务比率，如流动比率、速动比率、资产负债率等，并计算在不同时间段内的平均值和标准差，通过对比不同时间段的财务比率，可以评估企业的财务状况是否稳定，以及是否存在潜在的风险点。敏感性分析是评估不同因素对企业财务状况影响的重要工具，通过构建敏感性分析表，量化关键变量（如利率、税率、销售量等）的变化对企业净利润的影响，可以使用以下公式来计算敏感性系数：

$$\text{敏感性系数} = \frac{\text{变量的变化百分比}}{\text{净利润的变化百分比}}$$

通过计算敏感性系数，可以确定哪些因素对企业的财务状况影响最大，从而在决策过程中给予更多的关注。

三、优化财务决策过程

统计方法在财务决策过程中为量化不确定性和评估决策方案提供了一套

科学的工具，在决策制定的早期阶段，统计方法的应用始于数据的收集与分析。通过设计调查问卷和实施市场调研，可以收集消费者偏好、需求和满意度等关键信息。描述性统计分析，如频率分布、中心趋势度量（均值、中位数）和离散程度度量（方差、标准差）等，为理解数据提供了基础。例如通过计算消费者对产品价格的接受度，可以确定产品定价的合理区间。进一步地，统计方法在决策评估阶段的应用体现在对决策效果的量化分析上。实际结果与预期结果的对比分析可以通过假设检验来完成。假设检验，如 t 检验或卡方检验，可以用来评估决策是否达到了预期效果。此外，构建统计模型，如决策树或蒙特卡洛模拟，可以模拟不同决策方案的潜在结果，从而帮助决策者全面理解各种选择的潜在影响。在决策流程的优化方面，统计方法的应用有助于识别和改进决策过程中的瓶颈。例如通过收集和分析决策过程中的时间和成本数据，可以应用排队理论来优化决策流程。排队理论中的相关公式，如 $little's\ Law(L = \lambda W)$，其中 L 是系统中的顾客数，λ 是到达率，W 是顾客在系统中的平均等待时间，可以用来评估和改进服务流程的效率。

为进一步增强决策的科学性，可以构建决策分析表，该表列出了不同决策方案的预期收益、风险水平和相关成本。通过计算每个方案的预期货币价值（Expected Monetary Value，EMV）或进行敏感性分析，量化不同因素对决策结果的影响。敏感性分析通过计算不同变量变化时决策结果的变化率来进行（见表1-9），公式可以表示为：

$$敏感性指数 = \frac{决策结果的变化}{变量的变化}$$

表 1-9 敏感性分析表

变量	方案 A 影响	方案 B 影响	方案 C 影响	敏感性排名
利率	5%	-3%	7%	1
税率	-2%	4%	-1%	3
销售量	10%	8%	12%	2

变量：影响决策结果的关键因素。

方案影响：每个变量变化对不同方案收益的百分比影响。

敏感性排名：根据变量对方案收益影响的大小进行排名，数值越小表示越敏感。

此外，利用统计软件进行多变量分析，如主成分分析（PCA）或因子分析，来识别影响决策结果的关键因素，有助于简化决策问题，提取出影响决策的主要驱动因素。在风险管理方面，统计方法的应用可以量化不同决策方案的风险水平，通过计算方案的风险调整回报（Risk-Adjusted Return，RAR），可以评估方案在考虑风险因素后的吸引力。风险调整回报的计算可以结合标准差或方差等风险度量，以及预期回报，公式可以表示为：

$$RAR = \frac{预期回报 - 无风险回报}{标准差}$$

表 1-10　敏感性分析表

决策方案	预期收益	标准差（风险度量）	风险调整回报（RAR）	敏感性指数（以利率为例）	EMV（预期货币价值）
方案 A	$ 100 000	$ 15 000	5.67	0.2	$ 102 000
方案 B	$ 80 000	$ 10 000	6	0.15	$ 82 000
方案 C	$ 120 000	$ 20 000	4.5	0.25	$ 115 500

预期收益：每个决策方案预期带来的收益。

标准差：衡量每个方案收益的波动性或风险。

风险调整回报：其中无风险回报通常参考国债的收益率。

敏感性指数：以利率变化对方案收益的影响为例，显示方案收益对利率变动的敏感程度。

EMV：使用公式 $EMV = 预期收益×概率$ 计算，考虑了不同结果的概率加权。

第五节　财务会计数据的统计处理基础

一、数据收集与整理的原则

1. 数据收集的方法与步骤

数据收集作为财务会计统计处理的起点，其方法的选择与实施过程必须确保数据的代表性和准确性，在财务会计领域，数据收集的方法主要包括调查法、观察法、实验法和文献法。

调查法是一种主动获取数据的方法，通过设计问卷或进行访谈来收集信息，问卷设计须考虑问题的准确性、逻辑性和可理解性，以确保受访者能够提供准确信息。例如，设计问卷时可使用李克特量表（Likert Scale）来量化受访者对某一财务政策的态度，问卷中可能包含如下问题："您对公司当前的财务透明度满意度如何？"受访者可以选择"非常不满意"到"非常满意"的五个等级进行回答。观察法则是一种更为被动的数据收集方式，适用于那些不易通过直接询问获得的数据。例如，在审计过程中，观察法可以用来记录员工处理财务事务的具体流程，从而发现潜在的内部控制问题。实验法通过在控制条件下进行实验来收集数据，常用于探索变量间的因果关系。例如，为了测试新的财务软件对工作效率的影响，可以在实验组中使用新软件，而在对照组中继续使用旧软件，通过比较两组的工作效率来评估新软件的效果。文献法则是通过查阅已有的文献资料来获取数据，适用于对历史数据或理论研究的回顾，在进行财务会计理论发展的研究时，可以通过文献法收集不同时期的会计准则变化情况。

数据收集的步骤是系统化的，需要确定目标，明确数据收集的目的和需求，随后，应根据目标设计问卷或观察表，以确保能够收集到所需的信息。在设计完成后，进行预测试，有助于发现并修正问卷或观察表中存在的问题。预测试可以通过小规模的样本进行，例如选择10%的预期样本量进行测试。正式收集阶段，按照设计好的方案全面开展数据收集工作。收集完毕后，数据需要经过整理，包括分类、编码等，以便于后续的分析。在数据整理过程中，可以使用表格来展示数据的结构和分布，使用 Excel 创建表格对问卷数据进行汇总，通过 COUNTIF 函数可以统计选择特定选项的受访者数量。此外，数据的编码过程可以通过 IF 函数实现，如将"非常满意"编码为 5，"满意"编码为 4，以此类推。

2. 数据整理的技术与工具

数据整理的目的是将原始数据转化为适合分析的格式，以提高数据处理的效率和质量，数据整理涉及多个步骤，包括数据分类、编码、转换和清洗。

数据分类是将数据根据其性质和分析需求划分为不同的类别，在财务会计中，将数据按照时间序列、地区、部门等维度进行分类，以便于进行比较和趋势分析。数据编码则是将定性数据转换为定量数据的过程，将客户满意度的"高""中""低"等级转换为 1、2、3 的数值，以便于进行数学运算和统计分析。数据转换通常包括标准化和归一化处理。标准化处理是将数据缩放到均值为 0，标准差为 1 的分布，公式为：

$$z = \frac{(x - \mu)}{\sigma}$$

其中，x 是原始数据，μ 是均值，σ 是标准差。归一化处理则是将数据缩放到 0~1 的范围内，公式为：

$$r = \frac{x}{\max(x) - \min(x)}$$

这有助于消除不同量纲的影响，使不同指标可以在同一尺度上进行比较。

在现代财务会计统计处理中，Excel 作为一种基础工具，其数据排序、筛选、图表制作等基本功能，非常适合初步的数据整理和分析。对于更复杂的数据分析需求，SPSS 作为一款专业的统计分析软件，提供了全面的数据管理、描述性统计、推断性统计等功能。R 语言以其开源的特性，为高级的数据分析和统计建模提供了丰富的数据处理和建模包。而 Python，借助 NumPy、Pandas 等库，展现了其在大规模数据处理和分析方面的强大能力。

表 1-11 数据整理

交易日期	交易金额（万元）	交易类型	客户类别	地区
2024 年 5 月 1 日	1 200	销售	A	华北
2024 年 5 月 2 日	800	销售	B	华东
…	…	…	…	…

在表 1-11 中，数据被分类和编码，以便于进行进一步的分析，通过数据透视表来分析不同地区和客户类别的销售情况。此外，以下是使用 R 语言进行数据转换的常用代码：

```
# 载入数据
data<- read.csv("sales_data.csv")
# 数据标准化
data $ normalized_amount<- scale(data $ transaction_amount)
# 数据归一化
data$normalized_amount<- (data$transaction_amount- min(data$transaction_amount)) / (max(data$transaction_amount)- min(data$transaction_amount))
# 异常值检测
outliers<- boxplot.stats(data $ normalized_amount) $ out
data<- data[! data $ normalized_amount % in% outliers, ]
```

这段代码对交易金额进行标准化和归一化处理，通过箱线图的方法检测并移除异常值。

二、数据质量的控制与管理

1. 数据清洗与校验的标准

数据清洗与校验的目的是去除数据中的噪声和异常，保证数据的可用性和可靠性。在进行数据清洗与校验时，需要遵循一系列标准，这些标准奠定了数据质量控制的基础。

完整性要求数据集中的每个记录都应包含所有必要的字段，并且每个字段的值都应被正确填写，不存在空值。完整性的缺失会导致数据集的分析结果不全面，从而影响决策的准确性，如果财务数据集中缺少了关键的交易日期或金额字段，将无法进行有效的时间序列分析或财务状况评估。一致性确保了数据集中的所有记录都遵循统一的格式和标准，包括日期格式、货币单位、编码系统等。一致性问题将导致数据比较和聚合时出现错误，如果日期字段在数据集中以不同的格式存在，如"YYYY-MM-DD"和"DD/MM/YYYY"，则在进行时间序列分析时，必须先将所有日期改为同一格式。准确性是数据清洗中的核心，要求数据集中的数值和文本信息必须与实际业务情况相符合。不准确的数据会导致错误的分析结论和决策，如果财务报表中的收入数据由于录入错误而高于实际值，将会导致利润预测过高，从而影响公司的财务规划。及时性标准强调数据的时效性，确保数据能够及时反映业务的最新状态。在财务会计中，及时性对于满足报告要求和进行实时监控至关重要，如果库存数据更新不及时，会导致库存短缺或过剩，进而影响生产和销售计划。可追溯性要求数据的来源和处理过程有清晰的记录，这不仅有助于审计和复查，也是数据质量管理的重要组成部分。可追溯性确保了数据的来源清晰，处理过程透明，从而增强了数据的可信度。

在实际操作中，数据清洗与校验可以通过多种技术手段实现，使用 SQL 语句进行数据的查询和筛选，可以有效地识别和去除重复记录或不完整的数据。正则表达式是一种强大的文本处理工具，用来验证数据格式的一致性，通过计算字段间的逻辑关系，验证数据的一致性，例如检查销售额是否总是大于或等于销售成本。

为了更具体地说明数据清洗与校验的过程，可列出财务交易数据集，如表 1-12 所示。

表 1-12　财务交易数据集

单位：元

交易 ID	日期	客户 ID	销售额	成本	利润
1	2024/7/1	1001	1 000	800	200
2	01/07/2024	1002	1 200	1 000	-200

交易 ID	日期	客户 ID	销售额	成本	利润
3	2024/7/2	1003	1 500	1 300	200

可以看到日期字段存在格式不一致的问题，需要统一为"YYYY-MM-DD"格式。同时，注意到第二条记录的销售额大于成本，而利润为负值，这是录入错误，需要进一步验证和修正。

数据清洗与校验的过程通过以下公式来进一步说明：

$$利润=销售额-成本$$

如果利润的计算结果不符合预期（例如，出现负利润），则需要对相关数据进行审查和调整。

2. 数据质量的评估与监控

数据质量的评估通过量化分析数据清洗与校验的结果，为数据的进一步使用提供了质量保证，评估指标的设计旨在反映数据集中存在的问题和数据的完整性，其主要指标包括错误率、缺失率、异常值比例和数据覆盖率。错误率是衡量数据集中错误记录所占的比例，错误记录包括数据录入错误、计算错误或逻辑错误，如果财务数据集有 10 条记录，其中 1 条记录存在错误，则错误率为 10%。缺失率指的是数据集中缺失值的比例，缺失值影响数据分析的准确性和完整性，如果包含 100 个观测值的数据集中有 10 个缺失值，则缺失率为 10%。异常值比例反映了数据集中不符合常规分布的记录所占的比例。异常值是由于录入错误或测量误差造成的，也是真实的极端值。异常值的识别和处理对于保证数据分析结果的准确性至关重要。数据覆盖率则是指数据集覆盖业务流程的广度和深度，反映了数据集的代表性和全面性。数据覆盖率高意味着数据集能够全面反映业务活动的各个方面。

数据质量的监控是持续的过程，通过定期或实时的检查来确保数据质量的稳定性。监控方法包括自动化监控系统、人工审核和反馈机制。自动化监控系统利用软件工具自动检测数据的异常和错误，人工审核则定期由专业人员对数据进行抽查和评估，而反馈机制则在数据使用者和数据提供者之间建立了沟通渠道，确保数据收集和处理流程的及时调整。

在财务会计领域，高质量的数据可以提供更准确的财务指标，帮助管理者做出更合理的决策，在进行财务报表分析时，数据质量直接影响到财务比率的计算结果和财务状况的评估，数据质量的高低也直接影响到审计工作的效率和效果。审计人员依赖高质量的数据来识别潜在的风险和问题。为了具体实施数据质量的控制与管理，可以建立一套完整的数据质量管理流程，包括数据收集、清洗、校验、评估和监控等环节，还可以制定相应的数据质量标准和操作手册，确保数据质量管理工作的标准化和规范化。

在实际应用中，数据质量管理还可以结合统计学的方法，如使用描述性统计分析数据的分布特征，利用假设检验评估数据的异常情况，以及运用回归分析探索数据间的相关性，可以使用公式来计算错误率、缺失率和异常值比例：

$$错误率 = \frac{错误记录数}{总记录数} \times 100\%$$

$$缺失率 = \frac{缺失值失值}{总观测值数量} \times 100\%$$

$$异常值比例 = \frac{异常值数量}{总记录数} \times 100\%$$

通过量化指标，可以更准确地评估数据质量，并采取相应的措施进行改进，如果错误率较高，需要重新审查数据录入流程；如果缺失率较高，需要考虑数据补全或删除缺失值；如果异常值比例较高，则需要进一步分析异常值的来源和影响。数据质量的评估还可以通过构建数据质量评分卡来进行，该评分卡可以综合考虑错误率、缺失率、异常值比例和数据覆盖率等多个指标，为数据质量提供综合评分，可以设计加权评分系统，为每个指标分配不同的权重，然后计算总得分：

$$数据质据质量 = w_1 \times 错误率 + w_2 \times 缺失率 +$$
$$w_3 \times 异常值比例 + w_4 \times 数据覆盖率$$

其中，w_1，w_2，w_3，w_4 分别为各个指标的权重，可以根据实际情况进行调整。

第六节　统计学对财务会计决策的支持作用

一、提供决策所需的信息

1. 统计数据的收集与分析

统计数据的收集是构建财务会计决策支持系统的基础，涉及对历史财务报表、市场数据、经济指标等关键信息的系统性搜集。定量数据的收集包括收入、成本、利润等关键财务指标，而定性数据则可能涵盖客户满意度、市场趋势等非数值型信息，数据的整合与分析是揭示业务表现和市场动态的关键步骤。

描述性统计作为统计分析的初步阶段，其目的是通过计算均值（$\bar{x}$）、中位数、众数、方差（σ^2）、标准差（σ）等统计量来描述数据的基本特征，对于公司过去五年的年收入数据，计算其均值可以提供盈利水平的中心趋势，而标准差则反映了盈利的波动性（见表1-13）。

表1-13　年度收入统计与增长率分析

年份	年收入（万元）	备注
2019	500	—
2020	520	增长4%
2021	480	下降8%
2022	550	增长14.58%
2023	600	增长9.09%

通过数据，计算出年收入的均值为 $\bar{x} = \dfrac{500+520+480+550+600}{5} = 530$ 万元，

标准差为 $\sigma = \sqrt{\dfrac{\sum (x_i - \bar{x})^2}{n}}$，其中 x_i 代表每一年的收入，n 代表年份总数。

进一步的统计分析涉及相关性分析，通过计算皮尔逊相关系数（r）来评估两个变量之间的线性关系强度和方向，分析销售量与广告支出之间的关系，

相关系数的绝对值接近 1 表明两者之间存在强相关性。如果 $r>0$，则表明随着广告支出的增加，销售量也倾向于增加。回归分析则用于预测变量（因变量）如何依赖多个其他变量（自变量），使用线性回归模型可以预测公司未来的销售收入，基于广告支出、市场趋势等因素。线性回归模型可以表示为：

$$销售收入 = \beta_0 + \beta_1 \times 广告支出 + \beta_2 \times 市场趋势 + \varepsilon$$

其中，β_0 是截距项，β_1 和 β_2 是各自变量的系数，ε 是误差项。

在实际应用中，统计方法不仅帮助财务会计人员理解数据之间的关系，也为决策提供了量化依据，如果回归分析显示广告支出与销售收入之间存在正相关关系，公司会决定增加广告预算以提高销售，通过构建预测模型，公司可以预测未来的财务表现，并据此制定相应的策略。

2. 决策信息的整理与呈现

决策信息的整理与呈现涉及将复杂的数据转化为易于理解的可视化格式，如图表、图形和仪表板等工具的使用，有助于直观地展示数据的趋势、模式和关键特征。

数据可视化技术的选择应基于所要传达的信息类型，柱状图适用于比较不同类别或时间段的数据，如展示不同季度的销售量；折线图则适用于展示数据随时间变化的趋势，如月度收入的变化情况；散点图则能清晰地揭示两个变量之间的相关性，如销售量与市场营销支出之间的关系。在整理决策信息时，信息的呈现应遵循决策者的思维逻辑，通常从宏观到微观，从总体到具体，在财务报告中，可以先展示公司的总体财务状况，包括总收入、总成本和净利润等关键指标，然后深入分析各个部门或产品线的表现，以及对总体财务状况的贡献。考虑到受众的特点，决策信息的呈现应当使用受众易于理解的语言和表达方式。对于非专业受众，应简化统计术语和公式，采用直观的图表和简单的解释来传达信息。对于专业受众，则可以提供更深入的分析，包括使用更复杂的统计方法和详细的数据解释。

在实际操作中，专业的统计软件和财务分析工具的使用可以大大提高数据处理的效率和准确性。工具通常具备数据导入、清洗、分析和可视化的功能，使从原始数据到最终决策报告的整个流程更加流畅和自动化。

表 1-14　年度财务表现分析

指标	2019 年	2020 年	2021 年	2022 年	2023 年	变化趋势
总收入（万元）	500	520	480	550	600	上升
总成本（万元）	400	410	390	450	470	上升
净利润（万元）	100	110	90	100	130	波动上升

表 1-14 清晰地展示了三年内公司收入、成本和净利润的变化情况，并提供了简单的变化趋势描述。通过表格，决策者可以迅速把握公司的财务状况和发展趋势。为了更深入地分析数据，可以使用公式来计算增长率和比较不同时间段的财务表现：

$$增长率 = \left(\frac{本期数 - 上期数}{上期数} \right) \times 100\%$$

利用此公式，可以计算每一年相对于前一年的增长率，进而分析公司业务的增长动态。

二、辅助决策制定与评估

1. 统计方法在决策分析中的应用

统计方法在财务会计决策中从准确定义决策问题和收集相关数据开始，在财务会计领域，通常涉及对市场趋势、成本效益、投资回报等关键因素的深入分析，时间序列分析能够揭示销售数据的趋势和季节性模式，为库存管理和生产计划提供数据支持。通过分析不同时间段的销售数据，可以预测未来的销售情况，从而做出更合理的库存和生产安排。回归分析作为一种强有力的统计工具，能够评估营销策略或成本控制措施对销售或利润的影响。构建回归模型可以量化自变量对因变量的影响，并预测在不同决策情境下的潜在结果，通过分析广告支出与销售量之间的关系，可以建立如下线性回归模型：

$$销售量 = \beta_0 + \beta_1 \times 广告支出 + \varepsilon$$

其中，β_0 是截距项，β_1 是广告支出的系数，ε 是误差项。通过估计 β_1，可以了解每增加一定量的支出对销售量的影响程度。

假设检验允许对财务指标或业务假设进行检验，通过设定零假设（H_0）和备择假设（H_1），检验新的会计政策是否对公司的财务表现产生了显著影响。假设检验的一般形式为：

$$H_0 : \mu = \mu_0$$

$$H_1 : \mu \neq \mu_0$$

μ 是总体均值，μ_0 是假设的总体均值，通过计算检验统计量并将其与临界值进行比较，决定是否拒绝零假设。

在实际应用中，利用统计软件进行假设检验，能够自动计算检验统计量、p 值等，并根据结果提供决策建议，如果 p 值小于显著性水平（如 0.05），则有足够的证据拒绝零假设，认为新的会计政策对财务表现有显著影响（见表 1-15）。

表 1-15 会计政策对财务表现影响的统计分析

会计政策	样本均值	样本标准差	样本容量	p 值
政策 A	100	15	100	0.03
政策 B	95	20	100	0.2

通过比较不同政策下的样本均值和 p 值，评估不同会计政策对公司财务表现的影响。如果 p 值较低，表明新政策对财务表现有显著的正面影响。

2. 决策效果的统计评估与反馈

决策效果的统计评估是量化分析过程，通过比较决策实施前后的数据，使用统计推断方法来评估决策的效果，评估通过对比新营销策略实施前后的销售数据，可以量化策略对销售的具体影响，从而评估其有效性。

在实施统计评估时，构建控制组和实验组是一种常见的做法，控制组维持原有操作不变，而实验组则应用新的决策方案。通过方差分析（ANOVA），可以检验不同组别间的差异是否具有统计学意义。如果 ANOVA 结果显示显著差异，表明新决策方案对结果变量有显著影响。反馈机制通过对决策效果的统计评估，可以收集到关于决策效果的反馈信息，如果统计评估显示某个成本节约措施并未达到预期效果，决策者应重新审视和调整成本管理策略。在实际操作中，统计软件和财务分析工具的使用极大地提高了统计方法应用和决策效果评估的效率和准确性，通常包括数据导入、清洗、分析和可视化等功能，为决策者提供了一体化的解决方案（见表1-16）。

表1-16　不同决策方案的财务效果预测分析

决策方案	预期销售增长（%）	预期成本节约（%）	预期利润增长（%）
方案A	5	3	8
方案B	10	1	11
方案C	8	2	10

通过对比不同方案的预期效果，决策者可以选择预期利润增长最大的方案。为了评估预测的不确定性，可以使用公式来计算预期效果的置信区间：

$$置信区间 = 预期值 \pm Z \times 标准误差$$

其中，Z 是标准正态分布的临界值，标准误差是根据样本数据计算得到的。置信区间的计算为决策者提供了预期效果可能的范围，帮助他们理解预测的不确定性。此外，可以使用以下公式来计算样本均值的置信区间：

$$置信区间 = \bar{x} \pm Z \times \frac{s}{\sqrt{n}}$$

其中，$\bar{x}$ 是样本均值，s 是样本标准差，n 是样本容量，此公式可以帮助决策者评估不同决策方案的预期效果的可靠性。

在评估决策效果时，还可以使用假设检验来确定结果的统计显著性，使用 t 检验来比较两个独立样本均值的差异，或者使用配对样本 t 检验来比较同一样本在不同条件下的变化。t 检验的公式如下：

$$t = \frac{\bar{x}_1 - \bar{x}_2}{Spooled / \sqrt{n}}$$

其中，$\bar{x}_1$ 和 $\bar{x}_2$ 分别是两个样本的均值，$Spooled$ 是合并标准差，n 是样本容量。通过统计方法，决策者可以更全面地评估决策的效果，并对策略进行必要的调整。统计评估和反馈机制的结合，为持续改进决策过程奠定了坚实的基础。随着数据分析技术的发展，统计学在财务会计决策中的作用将更加凸显，为决策者提供了更加科学和精确的决策支持工具。

第二章　财务会计数据的收集与整理

第一节　财务会计数据收集的原则与方法

一、数据收集的基本原则

1. 完整性原则

完整性原则要求会计人员全面记录企业的财务活动和交易，确保涵盖所有相关的财务信息，以充分反映企业的财务状况和经营成果。在实践中，意味着会计人员不可遗漏任何可能影响会计决策的重要信息，包括资产、负债、所有者权益、收入和费用等关键会计要素。为了达到完整性原则的要求，会计数据的收集和记录必须遵循一系列严格的标准和程序，数据收集过程中应确保覆盖本企业所有的财务活动和交易，通过建立详尽的账务系统来实现，包括记账凭证、账簿和财务报表等，以确保每一笔交易都能得到准确记录和反映。完整性原则要求数据的记录和报告应当清晰明了，并符合会计准则的规定，包括使用适当的会计政策和估计方法，确保所记录的数据能够真实地反映企业的经济实质和财务状况，按照国际财务报告准则或国家会计准则（GAAP）的要求，会计人员应当对资产、负债和所有者权益进行全面的分类和确认，确保财务报表的完整性和可比性。为了进一步保证数据的完整性，会计人员还应当遵循审计的原则和程序，对财务数据进行独立和客观的审查。审计过程不仅有助于发现可能存在的错误或误差，还能够验证财务报表的准确性和可靠性，从而增强财务信息的透明度和信任度。

2. 准确性原则

准确性原则在财务会计数据收集中占据核心地位，确保数据真实无误地反映企业的财务状况和经营成果，要求会计人员在数据收集过程中采取一系列措施以提高数据的精确性和可靠性。具体而言，会计人员须对原始凭证进行严格核对，确保每一项财务记录均基于真实发生的交易或事件。此外，使用精确的计量工具和方法，如电子秤、计数器、度量衡等，对于确保数据的准确性至关重要。

在实际操作中，准确性原则的实施涉及对数据收集流程的细致规划和监控，会计人员在记录销售收入时，应确保所有销售合同、发票和收据等凭证的一致性，通过核对凭证上的金额、日期和交易双方信息，来验证数据的准确性。同时，对于存货的盘点，应采用科学的抽样方法和准确的计量技术，以准确记录存货数量和价值。为进一步增强数据的准确性，会计人员还须对数据进行定期的复核和校对，包括对会计分录的双重检查，以及对财务报表的内部审计。在此过程中，可以运用统计学中的抽样技术，如随机抽样或分层抽样，来选取代表性的数据样本进行详细审查，在不增加过多工作量的前提下，有效提高数据的准确性。

准确性原则还要求会计人员在数据收集过程中，采用适当的误差控制机制，在进行财务数据的录入时，设置数据验证规则，以防止录入错误。同时，通过实施数据的双重录入和交叉验证，可以进一步降低数据错误的可能性。在财务会计领域，准确性原则的实现还依赖于先进的信息技术。现代会计信息系统通常具备自动校验和错误提示功能，这些功能可以在数据输入时即时发现并提示潜在的错误，从而提高数据的准确性，系统可以设置阈值，当录入的交易金额超出正常范围时，自动发出警告。为量化数据收集的准确性，会计人员可以采用统计学中的误差分析方法。通过计算数据收集过程中的误差率，可以评估数据收集的准确性水平。使用 $E = \dfrac{|X - Y|}{X} \times 100\%$ 来计算相

对误差，其中 X 代表实际值，Y 代表测量值。通过持续监控，会计人员可以对数据收集的准确性进行量化管理。

3. 及时性原则

及时性原则确保会计信息的时效性，从而为企业管理决策提供有力支持，要求会计人员严格按照既定的时间表进行数据收集，确保数据的及时更新和报告。在实际操作中，及时性原则的实施需要会计人员对数据收集流程进行精确的时间规划和管理。会计人员在数据收集过程中，应依据企业的财务周期和报告需求，制定详细的数据收集时间表，月末、季末或年末时，会计人员须确保所有财务数据在截止日期前完成收集和初步处理，以便进行财务报表的编制，对于日常发生的交易，如销售、采购、支付等，也须在规定的时间内完成数据的记录和汇总。为了提高数据收集的及时性，会计人员可以利用现代信息技术，如自动化数据采集系统、在线财务软件等，实现数据的实时录入和更新，这不仅可以提高数据收集的效率，也减少了人为错误的可能性，从而确保了数据的准确性和时效性。

在数据收集过程中，会计人员还须对数据的时效性进行持续监控和评估，通过设定数据收集的截止时间点，会计人员可以跟踪数据收集进度，确保数据收集工作按计划进行，通过定期审查数据收集的进度报告，可以及时发现并解决数据收集过程中的延误问题。为量化数据收集的及时性，会计人员采用统计学中的时效性指标，如数据收集周期、数据更新频率等，通过计算数据收集周期 $T = t_2 - t_1$（其中 t_1 和 t_2 分别代表数据收集的开始和结束时间）可以评估数据收集的效率，通过监控数据更新频率，可以确保数据的实时性。在特殊情况下，如市场环境的快速变化或企业内部的突发事件，会计人员需要灵活调整数据收集的时间表，以适应这些变化。这可能涉及对数据收集流程的重新规划，或者对数据收集方法的调整。及时性原则的实施还需要会计人员具备高度的责任感和专业素养，会计人员应不断更新知识，提高专业技能，以应对不断变化的财务环境和数据收集需求。通过这些措施的综合运用，财务会计数据的及时性将得到有效保障，为企业的决策提供准确的信息支持。在数据收集的最后阶段，会计人员还须对收集到的数据进行最终的审查和验证，确保数据的完整性和准确性，并对数据进行再次核对、分析和整理，以确保数据收集工作的高质量完成。

4. 安全性原则

安全性原则核心目标是确保数据的保密性、完整性和可用性，在数字化时代，数据的价值日益凸显，同时数据安全风险也随之增加，会计人员必须采取一系列技术手段和管理措施来保障数据安全。

数据的加密技术通过使用强加密算法，如高级加密标准（AES），可以对敏感财务数据进行加密，确保即使数据被截获，也无法被轻易解读，会计信息系统应采用安全的通信协议，如安全套接层（SSL）或传输层安全（TLS），以保证数据在传输过程中的安全。访问控制通过设置用户权限和身份验证机制，确保只有授权人员才能访问敏感数据，如使用多因素认证、权限最小化原则和定期审计用户访问记录等方法，可以防止内部人员的不当访问和外部人员的非法入侵。数据备份和灾难恢复计划也是安全性原则的重要组成部分，定期备份财务数据，并将其存储在安全的位置，可以在数据丢失或系统故障时迅速恢复，制订灾难恢复计划，明确在发生数据安全事件时的应对流程和责任分配，可以最大限度地减少数据丢失对企业运营的影响。

在数据收集过程中，还应实施数据分类和数据生命周期管理，对不同类型的数据根据其敏感程度进行分类，并采取相应的保护措施，对数据的创建、使用、存储、归档和销毁等各个阶段进行管理，确保数据在整个生命周期中的安全。安全性原则还要求会计人员对数据收集和处理过程中使用的软件和硬件定期进行安全评估和更新，包括及时安装安全补丁、更新防病毒软件和监控系统漏洞等，以防止安全风险。会计人员还应关注最新的数据保护法规和标准，如通用数据保护条例（GDPR）等，并确保数据收集和处理活动符合这些法规的要求，这不仅有助于保护数据安全，还可以避免因违反法规而产生的法律风险。安全性原则的实施还需要会计人员定期进行安全培训和提升安全意识。通过教育和培训，提高会计人员对数据安全风险的认识，使其能够在日常工作中采取正确的安全措施。

二、数据收集的主要方法

1. 原始凭证收集法

原始凭证作为经济业务发生时的第一手资料，为确保会计信息的真实性和合法性对其的收集有着极其严密的要求，此方法包括对交易或事件发生时产生的所有文档进行全面搜集和整理，涵盖发票、收据、合同等。收集过程中应严格遵循凭证的完整性和合规性，确保所有相关信息被准确无误地记录。

以一笔销售交易为例，原始凭证应包括销售合同、发票副本以及客户付款证明，确保每个细节都有据可查。对原始凭证的收集不仅需要关注每个凭证的内容，还要注意其形式要件，发票上应详细注明商品或服务的名称、数量、单价、总价及税额等信息，并加盖发票专用章；收据则须明确付款方、收款方、付款金额和日期，并有签章确认，合同中要列明交易双方的信息、交易内容、数量、价格、交货期限和支付条件，并需双方签字盖章确认。对于电子凭证，还须保证其电子签章的有效性和合法性。

原始凭证的保管也须遵循严格的档案管理规定，以防丢失或损坏。一般来说，原始凭证的保管期限至少应达到法律法规规定的最低年限，如《会计档案管理办法》规定会计凭证的保管期限为 15 年。保管过程中，须采取防火、防潮、防虫等措施，并做好凭证的分类、编号和归档工作，确保查阅时能够快速找到所需资料，原始凭证的管理应有专人负责，并建立相应的交接、查阅和销毁制度，以防止因管理不善造成的凭证丢失或信息泄露。

对于原始凭证的归档，可以采用电子档案管理系统，通过扫描和存储电子化的凭证图像，提高查阅和管理的效率。涉及金额较大的经济业务时，通常还须对原始凭证进行审核，以确保其真实性和合法性。审核时可以采用抽样检查和全数检查相结合的方法，对凭证的内容和形式进行全面审查。针对一些特定类型的经济业务，如固定资产购置、大额投资等，还应要求对方提供相关的背景资料和证明文件，确保凭证信息的全面和完整。在此基础上，通过建立凭证的审核表和记录表，详细记录每一笔凭证的审核情况和结果，并将审核表与凭证一并归档保管。

对于跨国交易或涉及外币结算的业务，还须注意汇率的正确使用和外汇管理规定的遵守。在原始凭证的基础上，通过制定详细的核算流程和内控措施，确保每一笔经济业务的记录和处理符合会计准则和法律法规的要求，通过建立收入确认、费用报销和资产管理等模块化的会计核算体系，结合会计软件和信息系统，提高原始凭证的处理效率和准确性。在财务报表编制过程中，还须对原始凭证进行系统性和逻辑性的分析和整理，以确保报表数据的准确和真实。通过建立凭证到报表的勾稽关系和审核流程，可以有效提高财务报告的质量和可靠性。在实际操作中，通过制定凭证的处理时间表和工作流程图，明确各环节的责任人和工作要求，确保每一笔业务的凭证能够及时、准确地处理和归档。对于原始凭证的电子化管理，可以采用加密技术和访问控制，确保凭证数据的安全性和隐私性。此外，通过引入区块链技术，实现凭证的防篡改和可追溯，提高凭证的可靠性和可信度。在会计信息系统中，可以通过建立凭证数据库和数据挖掘工具，对大量原始凭证数据进行分析和利用，为财务决策提供数据支持，通过分析销售发票数据，了解客户的购买习惯和市场需求，从而制定更加科学的销售策略。

在原始凭证管理中，还应定期进行内审和外审，确保凭证管理的合规性和有效性。通过建立完善的内部控制和风险管理体系，有效防范因凭证管理不善而导致的财务风险和法律风险。在实践中，通过建立凭证的备份和恢复机制，确保在发生意外情况时，能够及时恢复凭证数据，保障会计信息的连续性和完整性。

2. 调查问卷法

调查问卷法是一种通过设计问卷来收集特定信息的有效方法，在财务会计中，该方法常用于收集客户满意度、市场趋势或内部员工的意见等相关数据。问卷设计的过程中须确保问题的清晰性和逻辑性，以便于受访者理解和准确回答。设计问卷时，可包括选择题、填空题、量表题等多种形式，以获得全面和详尽的信息。例如，关于客户满意度的问卷可能包含多个维度的问题，如产品价格、服务质量和客户支持等，每个问题都设有量化的评分标准，如1~5的评分系统，以便进行数据的统计分析。问卷的分发和回收过程须精心组织，以提高回收率和数据质量。可以通过线上和线下两种方式分发问卷，线上问卷可以通过邮件、社交媒体或专用调查平台分发，而线下问卷则可以通过邮寄、面访或活动现场分发。在分发问卷时，可以设置合适的激励机制，如抽奖或小礼品，以提升受访者的参与意愿。为了保证数据的真实性和有效性，问卷设计时应避免使用诱导性或模糊不清的问题，确保每个问题都能够客观地反映受访者的真实意见和感受。

问卷回收后，需要对数据进行整理和分析，在数据整理过程中，采用Excel或其他统计软件对数据进行分类和编码，将定性数据转化为定量数据，便于后续的统计分析。在数据分析时，可以使用描述统计分析、相关分析和回归分析等多种统计方法，以深入挖掘数据中的规律和趋势，在分析客户满意度问卷时，可以通过计算各维度的平均分和标准差，了解客户对产品价格、服务质量和客户支持等方面的满意程度，并通过相关分析探讨各维度之间的关系。在数据分析过程中，可以使用图表和图形工具，如柱状图、饼图和散点图等，直观地展示分析结果，以便于理解和决策。

在问卷调查中，还可以设计开放性问题，收集受访者的详细意见和建议。对于开放性问题的回答，可以通过内容分析法，将回答的内容进行分类和编码，提取出关键的观点和主题。在分析开放性问题的回答内容时，可以使用词频分析和主题分析等方法，了解受访者的主要关注点和意见倾向。

在问卷调查法的应用中，还须注意样本的代表性和有效性。样本的选择应符合随机抽样原则，以确保调查结果具有广泛的代表性和推广性。在实际操作中，可以根据调查目的和目标群体的特点，确定合理的样本规模和抽样方法，对于客户满意度调查，可以根据客户的购买频率、购买金额和地域分布等因素进行分层抽样，确保样本的多样性和代表性。在问卷调查法的实践中，可以结合现代信息技术和数据分析工具，提高调查的效率和数据质量，通过在线问卷调查平台，实时收集和分析数据，生成自动化的调查报告和分析图表。还可以使用数据挖掘和机器学习技术，对问卷数据进行深入分析，发现隐藏的规律和趋势，提供决策支持。

在财务会计中，问卷调查法不仅用于客户满意度和市场趋势的调查，还可用于内部控制和风险管理的评估，通过设计内部员工问卷，了解员工对内部控制制度的执行情况和风险管理措施的认知度，以发现潜在的内部控制漏洞和风险点。通过问卷调查，可以获得大量的一手数据，为企业的管理决策提供科学依据。

3. 信息系统自动收集法

随着信息技术的不断进步，财务会计数据的自动收集已成为现代企业管理的常态，企业资源规划（ERP）系统、会计软件以及其他自动化工具的应用，使交易数据的实时记录和更新成为可能，通过集成的模块，能够自动处理从销售订单的生成到库存的调整，再到收款的确认等一系列财务活动，ERP 系统中的订单处理模块，自动记录客户订单的详细信息，包括产品数量、单价、交货日期等，并通过内置的公式计算出订单的总金额。库存管理模块则根据订单的出库情况，自动调整库存数量，确保库存数据的准确性。收款模块则跟踪每笔订单的收款状态，记录收款日期和金额，为应收账款管理提供数据支持。

自动收集法的优势在于其高效率和减少人为错误，通过自动化流程，大幅减少手工输入数据的时间和出错率，提高数据处理的速度和准确性，自动化工具还可以实现数据的实时更新，为管理层提供及时的决策支持。然而，自动化收集法也存在一定的局限性和风险，如系统故障、数据安全和隐私保护等问题。因此，确保系统的准确性和安全性是实施自动收集法的关键。在实施自动收集法时，需要对系统进行严格的测试和验证，确保其计算公式和逻辑的正确性，销售收入的计算公式可以表示为：

$$销售收入 = \sum（销售数量 \times 单价）$$

其中，销售数量和单价均由系统自动从订单数据中提取，还需要建立数据备份和恢复机制，以防数据丢失或损坏。此外，须加强系统的安全性措施，如访问控制、数据加密和网络安全等，以确保数据的完整性和保密性。

4. 外部数据获取法

外部数据获取法涉及从企业外部获取的对企业决策具有重要影响的数据，包括市场利率、汇率变动、行业平均成本等关键经济指标，对于评估企业的财务状况、制定预算、进行风险管理和战略规划等至关重要。在获取外部数据时，企业通常需要订阅专业服务或利用公开的数据源。专业服务如金融信息服务机构提供的市场数据，往往具有高度的准确性和时效性，涉及一定的成本。公开数据源如政府发布的统计数据、行业报告等，虽然免费，但可能在时效性或详细程度上有所不足。企业在选择数据来源时，必须评估数据的时效性和可靠性。时效性指的是数据的更新频率和反映市场变化的速度，对于需要快速响应市场变化的企业尤为重要。可靠性则涉及数据来源的权威性和数据收集方法的科学性，确保所获得的数据能够真实反映市场情况。企业在获取外部数据时，必须遵守相关的法律法规，尊重数据版权和隐私保护，跨国公司在获取汇率数据时，不仅要确保数据来源的合法性，还要考虑不同国家对数据使用的限制和规定。

为更准确地计算外币交易的损益，企业可以建立汇率跟踪和预测模型。该模型可以基于历史汇率数据，通过统计分析方法，如时间序列分析、回归分析等，预测未来的汇率走势。设 E_t 为时间 t 的汇率，X_t 为影响汇率的自变量（如经济指标、政策因素等），则线性回归模型可以表示为：

$$E_t = \beta_0 + \beta_1 X_t + \varepsilon_t$$

其中，β_0 和 β_1 分别为截距项和斜率，ε_t 为误差项。企业通过收集历史汇率和相关自变量数据，运用最小二乘法估计模型参数，进而预测未来的汇率。企业还可以利用统计软件或编程语言（如 R、Python 等）来自动化数据收集和分析过程。通过编写脚本定期从指定的数据源抓取数据，然后应用统计模型进行分析，可以大大提高数据处理的效率和准确性。

三、数据收集的注意事项

1. 避免数据冗余与重复

冗余数据不仅增加了存储成本，还会导致数据分析结果的偏差，为避免此类问题，需要在数据收集前进行详细的需求分析，明确所需数据的类型和范围。比如在收集客户交易数据时，应确定需要收集的客户信息、交易时间、交易金额等具体参数。需求分析阶段应充分考虑数据使用的场景和目的，避免无关数据的收集。在此基础上，建立数据收集的标准操作流程（SOP），确保数据收集人员按照既定流程操作，减少因操作不当导致的重复收集。标准操作流程应包括数据收集的步骤、方法、工具使用等方面的详细说明，确保每一位参与数据收集的人员都能准确理解和执行。在数据收集过程中，利用数据去重技术可以有效避免数据重复。主键约束和唯一性索引是两种常见的去重技术。主键约束通过设置唯一标识符，确保每条记录的唯一性；唯一性索引则通过索引机制，防止重复数据的录入。以数据库中的客户信息表为例，将客户 ID 设置为主键，可以确保每个客户信息记录在数据库中都是唯一的。此外，还可以使用 MD5 或 SHA-1 等哈希算法对数据进行哈希处理，并将其结果存储在数据库中，利用哈希值的唯一性来检测和去除重复数据。在数据分析阶段，数据清洗也是去重的关键步骤之一。数据清洗技术包括数据过滤、数据转换和数据规范化等。数据过滤是指根据预设条件筛选出符合要求的数据，去除冗余数据；数据转换是将不同格式的数据转换为统一格式，方便后续处理；数据规范化是指对数据进行统一标准的处理，如统一时间格式、数值单位等。

表 2-1　数据重复与冗余处理

客户 ID	交易时间	交易金额（万元）	交易 ID
001	2024/6/1 10：00	100	TX001
002	2024/6/1 10：05	150	TX002
001	2024/6/1 10：00	100	TX001

其中，客户 ID 为 001 的交易记录重复出现，交易时间和交易金额完全相同。通过设置客户 ID 和交易时间的组合为唯一性索引，可以有效防止此类重复数据的录入。具体操作如下：

CREATE UNIQUE INDEX idx_unique_transaction ON transactions（customer_id，transaction_time）；

在尝试插入重复数据时，数据库将反馈错误，提示违反唯一性约束，从而避免了重复数据的产生。再比如利用哈希算法对数据进行去重时，可以对交易记录中的关键字段（如客户 ID、交易时间、交易金额）进行哈希处理，生成唯一的哈希值。假设使用 SHA-1 算法进行哈希处理，具体步骤如下。

（1）对交易记录中的客户 ID、交易时间和交易金额进行字符串拼接：

data_string＝customer_id + transaction_time + transaction_amount

（2）计算拼接字符串的 SHA-1 哈希值：

hash_value＝SHA1(data_string)

（3）将哈希值存储在数据库中，并对哈希值设置唯一性索引：

ALTER TABLE transactions ADD COLUMN hash_value VARCHAR(40);

CREATE UNIQUE INDEX idx_unique_hash ON transactions(hash_value);

当尝试插入重复数据时，由于哈希值相同，数据库将反馈错误，提示违反唯一性约束，从而避免了重复数据的产生。通过需求分析、标准操作流程的制定和数据去重技术的应用，可以有效避免数据冗余和重复，提高数据质量，降低存储成本，确保数据分析结果的准确性。

2. 确保数据源的可靠性

数据源的可靠性直接影响到数据收集的质量，选择可靠的数据源需要从多个维度进行评估，包括数据的来源、数据的采集方法、数据的更新频率等，在选择财务数据源时，应优先考虑来自官方统计部门、行业协会或经过审计的财务报告等权威渠道。数据的来源决定了数据的权威性和可信度，因此在选择数据源时，应选择那些由可靠机构提供的数据，包括政府统计部门、行业协会、科研机构和权威媒体等。数据的采集方法则影响数据的完整性和准确性，采用科学的采集方法和标准化的采集流程，能够确保数据的质量。常见的采集方法包括问卷调查、实验观测、自动化数据采集等。对于财务数据，选择经过审计的财务报告作为数据源，可以有效保证数据的真实性和准确性。数据的更新频率也是评估数据源可靠性的重要维度，及时更新的数据可以反映最新的情况，从而提高数据分析的时效性和准确性。因此，应选择那些能够定期更新的数据源，并对数据源进行定期评估和更新。可以通过建立数据源评估体系，对数据源的各个维度进行量化评估，设定评估指标和权重，以便对数据源进行综合评估。评估指标包括数据的权威性、完整性、准确性、时效性和可访问性等。通过量化评估，可以客观地对数据源的可靠性进行评估，并选择最优的数据源。为了更直观地展示数据源评估体系，可以使用表格和公式进行量化评估。假设某评估体系包括五个指标：权威性（A）、完整性（B）、准确性（C）、时效性（D）和可访问性（E），每个指标的评分范围为 0 到 10分，各指标的权重分别为 w_1、w_2、w_3、w_4、w_5。综合评分公式如下：

$$综合评分 = w_1 \times A + w_2 \times B + w_3 \times C + w_4 \times D + w_5 \times E$$

表 2-2 权重评分

指标	权重（w）	评分（0~10）
权威性	0.3	9
完整性	0.2	8
准确性	0.25	9
时效性	0.15	7
可访问性	0.1	8

根据评分公式，计算综合评分：

综合评分 = 0.3×9+0.2×8+0.25×9+0.15×7+0.1×8 = 8.4

通过量化评估方法，可以客观地评价数据源的可靠性，并选择综合评分较高的数据源。在实际操作中，数据源评估体系应根据具体需求进行调整，设定合理的评估指标和权重，以确保数据源的选择符合实际需求。选择可靠的数据源并定期进行评估和更新，可以有效提高数据的时效性和准确性，从而保证数据分析结果的可靠性和科学性。

3. 遵循法律法规与道德规范

法律法规和道德规范是数据收集过程中必须遵守的基本原则，在收集数据时，必须确保不侵犯个人隐私，不违反数据保护法规，在收集员工薪酬数据时，应确保数据的收集和使用符合《个人信息保护法》等相关法律法规，数据收集过程中应遵循道德规范，如诚实、公正、透明等原则。在实际操作中，通过建立数据收集的合规性审查机制，对数据收集活动进行监督和审查，确保数据收集的合法性和合规性。在数据收集过程中，还应注意数据的安全性和保密性，建立数据安全管理体系，对数据的存储、传输和访问进行严格控制，防止数据泄露或被未授权者访问，对敏感数据进行加密存储，对数据访问进行权限控制，定期进行数据安全审计等。此外，数据收集的效率和成本也是需要考虑的因素，通过优化数据收集流程，提高自动化水平，可以降低数据收集的成本，提高数据收集的效率，利用数据采集软件自动从网页或数据库中提取数据，使用数据录入模板规范数据录入格式，减少人工录入的错误和时间成本。为了确保数据收集的合规性和效率，可以采用以下措施。

第一，建立数据收集的合规性审查机制，对数据收集的各个环节进行监督和审查，确保数据收集活动符合相关法律法规和道德规范。合规性审查机制可以包括数据收集计划的制订、数据收集过程的监督和数据收集结果的审查等。第二，建立数据安全管理体系，对数据的存储、传输和访问进行严格控制，防止数据泄露或被未授权者访问。数据安全管理体系可以包括数据加密、权限控制和数据安全审计等措施。对于敏感数据，采用加密技术对数据进行加密存储，防止数据在存储和传输过程中被非法访问。对数据访问进行权限控制，确保只有授权人员才能访问和使用数据。定期进行数据安全审计，检查数据安全管理体系的运行情况，及时发现和解决数据安全问题。第三，通过优化数据收集流程，提高数据收集的效率和降低数据收集的成本，优化数据收集流程可以包括使用数据采集软件自动从网页或数据库中提取数据，使用数据录入模板规范数据录入格式等。数据采集软件可以自动从多个数据源提取数据，减少人工操作的错误和时间成本。数据录入模板可以规范数据录入的格式，确保数据的一致性和准确性，设计数据录入模板，将数据录入的各个字段进行标准化，确保数据录入人员按照统一的格式录入数据，减少数据录入的错误和时间成本，可以提高数据收集的合规性和效率，降低数据收集的成本。在实际操作中，可以根据具体情况，灵活调整数据收集的合规性审查机制和数据安全管理体系，确保数据收集活动的合法性和合规性，提高数据收集的效率和降低数据收集的成本。

第二节　数据收集工具与技术

一、传统数据收集工具

1. 纸质表单

纸质表单作为一种传统的数据收集工具，其历史悠久且应用广泛，在记录交易、调查问卷、员工信息等方面发挥着作用，纸质表单之所以被广泛使用，主要得益于其简单性和普遍性，不依赖于复杂的技术设备，易于分发和填写。然而，纸质表单在数据录入效率、抗物理损害能力以及大规模数据处理方面存在局限。在设计纸质表单时，良好的表单设计应包含清晰的标题、列名和填写说明，以确保填写者能够准确无误地提供所需信息，如表2-3所示。

表2-3 销售交易记录表单

单位：美元

交易日期	客户名称	产品编号	数量	单价	总金额
YYYY-MM-DD	客户A	1	10	100	1 000
YYYY-MM-DD	客户B	2	5	200	1 000

在表单中，"交易日期"字段用于记录交易发生的日期，"客户名称"记录交易对象的名称，"产品编号"标识交易的具体产品，"数量"和"单价"分别记录交易的数量和产品的价格，而"总金额"则通过公式总金额＝数量×单价计算得出。表单设计时还须考虑到数据的逻辑关系，例如"数量"字段应只接受正整数输入，"单价"字段应接受货币格式的输入。为了减少填写错误，表单设计中应包含必要的验证规则，可以设定"单价"字段的输入范围，确保填写的价格在合理范围内，表单的填写说明应详细说明每个字段的填写要求，如日期格式、货币单位等。由于纸质表单需要手动录入数据，不仅耗时而且容易出错，为了提高效率，可以采用光学字符识别（OCR）技术将纸质表单上的信息转换为电子格式，进而进行数据分析和处理。尽管纸质表单存在诸多局限，但在某些特定场合，如现场无法提供电子设备支持的环境，纸质表单仍然是一种有效的数据收集手段，纸质表单的物理形式也有助于在法律或审计过程中提供原始记录的证据。

2. 电话访谈

电话访谈在于通过电话与受访者进行实时交流，获取特定人群的意见或信息，该方法的灵活性体现在可以迅速触达分散在不同地理位置的受访者，互动性则允许访谈者根据受访者的回答即时调整提问策略，深入挖掘信息。电话访谈的实施需要精心设计访谈流程和问题，访谈指南的编制是确保数据收集效率和质量的前提。访谈指南通常包括以下关键部分：一是访谈目的明确化，确保访谈的方向与研究目标一致；二是问题列表具体化，列出访谈中将要提出的问题，问题应具有针对性且避免引导性；三是回答选项标准化，为封闭式问题提供预设的答案选项，以便于数据的统计和分析；四是记录格式规范化，制定统一的记录方式，确保数据的一致性和可比性（见表2-4）。

表 2-4　客户满意度电话访谈问卷

问题编号	问题描述	回答选项	记录说明
Q1	您对我们的产品质量满意吗？	非常满意/满意/一般/不满意/非常不满意	根据受访者回答记录相应的选项编号
Q2	您认为我们的服务水平如何？	同上	同上
Q3	您觉得我们产品的价格是否合理？	同上	同上

在电话访谈中，访谈员需要接受专业培训，掌握有效的沟通技巧和访谈技巧，以减少受访者回答的偏差，培训内容包括如何建立访谈的初始信任、如何引导受访者表达真实想法、如何处理突发情况等。电话访谈样本选择的偏差往往是电话号码的可获取性或受访者的接听意愿等因素造成，受访者的回答受到访谈者语气、提问方式的影响，导致回答的社会期望偏差。为了减少此类影响，采用如角色扮演、模拟访谈等方法进行访谈员培训，并通过录音或笔记的方式记录访谈内容，以便事后审核和质量控制。访谈结束后，需要对收集到的数据进行整理，包括数据的转录、编码和输入。数据分析阶段，可以运用描述性统计分析受访者的一般态度和意见，运用推断性统计分析评估客户满意度与特定因素之间的关系。

3. 实地调查

实地调查通过直接观察和面对面交流来获取信息，尤其适用于对特定环境或人群的深入理解，优势在于能够提供直观和深入的第一手资料，允许调查者在不受先入为主观念影响的情况下，直接观察和记录现象。实地调查的实施需要周密的计划，包括明确调查目的、确定调查对象、选择调查地点、规划调查时间和方法。若要对企业的财务状况进行实地调查，调查计划包括对企业财务报表的详细审查、与财务人员的深入交谈，以及对企业运营环境的直接观察，这样的设定有助于收集企业收入、支出、资产和负债等方面的详细信息。在实地调查过程中，调查者需要使用标准化的工具和方法来确保数据的一致性和可比性。可以设计包含具体问题的调查问卷，以及用于记录观察结果的观察表，如表2-5所示。

表 2-5　简化的实地调查问卷

问题编号	问题描述	回答格式	备注
Q1	企业上年度总收入是多少？	数值	需提供财务报表支持
Q2	主要收入来源是什么？	多选题	包括产品销售、服务等
Q3	企业的主要支出项目有哪些？	开放题	描述具体支出项目

实地调查还须遵循严格的伦理和法律标准，这意味着在收集数据时，必须尊重受访者的隐私权和知情同意权，在进行面谈之前，应向受访者说明调查的目的、过程和数据的保密性，并获得其同意。实地调查的成本和时间投入通常较高，因为需要调查者亲自前往现场，涉及差旅、住宿等费用，实地调查的数据分析也需要更多的时间和专业知识，以确保收集到的数据能够准确反映实际情况。

二、现代数据收集技术

1. 网络爬虫技术

网络爬虫，也称为网页蜘蛛或爬虫，是一种自动获取网页内容的计算机程序，其工作原理是通过模拟用户浏览器访问网页，并从中提取所需信息。在财务会计领域，网络爬虫技术的应用广泛，例如对公开财务报告、股票市场数据、宏观经济指标等信息的自动采集，通过编写特定的爬虫程序，可以从证券交易所官网上定期抓取上市公司的季度和年度财务报告，从而为投资者提供及时准确的财务数据支持。网络爬虫的设计涉及多个技术参数的选择和优化，第一，爬取深度决定了爬虫访问网页的层级。爬取深度较浅时，爬虫只访问特定层级的网页内容，而较深的爬取则可以获取更多层级的嵌套网页信息，对于全面获取网站上的数据尤为必要。第二，爬取频率直接影响数据的时效性，高频率的爬取能够保证数据的实时更新，但也需要考虑网站服务器的负载能力和反爬机制。第三，用户代理设置涉及爬虫模拟的浏览器类型，不同网站对浏览器的兼容性要求不同，通过合理设置用户代理，可以使爬虫更好地适应不同网站的访问要求，避免被识别和封禁。第四，robots.txt文件定义了网站允许和禁止访问的部分，通过解析和遵循robots.txt文件，可以确保爬虫的合法性和规范性，避免非法爬取行为。

网络爬虫在实现过程中通常采用多线程或分布式架构，以提高数据采集的效率和速度，多线程技术允许爬虫同时处理多个网页请求，从而加快爬取速度。而分布式架构则可以将爬虫任务分配到多个节点，进一步提高数据采集的并行处理能力，采用Apache Nutch与Hadoop相结合的分布式爬虫系统，可以高效地处理大规模数据爬取任务。在财务会计领域，网络爬虫的应用不仅限于数据采集，还包括数据清洗和分析。爬取到的原始数据往往包含大量噪声和冗余信息，通过数据清洗可以提取出有用的财务数据，结合机器学习和大数据分析技术，可以对财务数据进行深度分析，挖掘出潜在的投资机会和风险，利用自然语言处理技术对上市公司财务报告进行文本分析，可以评估企业的经营状况和发展前景（见表2-6）。

表2-6　网络爬虫设计中的关键参数及其影响

参数	描述	影响
爬取深度	爬虫访问网页的层级	决定了获取数据的全面性，深度越大，获取的信息越丰富
爬取频率	爬虫访问网页的频率	影响数据的时效性，频率越高，数据更新越及时
用户代理设置	爬虫模拟的浏览器类型	影响爬虫的兼容性和隐蔽性，不同用户代理可模拟不同浏览器访问页面
robots.txt文件	网站定义的爬虫访问规则	确保爬虫的合法性和规范性，避免非法爬取
多线程/分布式架构	爬虫的并行处理能力	提高数据采集的效率和速度，多线程和分布式架构可加快大规模数据的爬取处理

2. 自动化采集工具

自动化采集工具是一类专门设计的软件或服务，能够自动从特定数据源中提取信息，无须人工干预，通常具备用户友好的界面，允许用户通过配置规则来定义数据采集的参数和流程。在财务会计中，自动化采集工具应用广泛，例如，用于收集银行账户交易记录、自动更新库存数据、实时监控竞争对手的财务状况等。利用该工具，财务人员可以大幅减少手动数据输入和处理的时间，提高工作效率和数据准确性。自动化采集工具的有效运用依赖于精确的数据映射和转换规则，数据映射是指将采集到的数据字段与目标数据库中的字段相对应，而数据转换则是将原始数据转换成适合分析和报告的格式，从银行提供的 CSV 交易记录文件中，自动化工具可以识别交易日期、金额、对方账户等字段，并将数据转换为财务报表中的相应条目。具体操作过程中，自动化工具需要对原始数据进行解析，并依据预定义的规则对数据进行整理、清洗、归类，最终存储到目标数据库中。自动化采集工具的不同应用场景及其对应的技术参数和影响如表 2-7 所示。

表 2-7　不同应用场景及其对应的技术参数和影响

应用场景	技术参数	影响
银行账户交易记录收集	数据源接口、数据格式支持	提高数据获取的及时性和准确性
库存数据自动更新	数据同步频率、API 集成	确保库存信息的实时更新，减少人工干预
竞争对手财务状况监控	数据抓取频率、数据解析规则	提供市场竞争态势的及时洞察

在财务数据处理过程中，以处理银行账户交易记录为例，自动化工具从 CSV 文件中提取数据后，需要将字段如交易日期（Transaction Date）、交易金额（Transaction Amount）、对方账户（Counterparty Account）映射到目标财务系统的相应字段中。随后，数据转换会将日期格式标准化（例如，将 MM/DD/YYYY 格式转换为 YYYY-MM-DD 格式）、转换金额单位（例如，从分转换为元）以及按交易类型分别记录（如收入、支出、转账等），精确的映射和转换规则确保了数据的一致性和准确性，为后续的财务分析和报告提供了可靠的数据基础。自动化采集工具在实施过程中还需要考虑数据安全和隐私保护，在处理银行账户交易记录时，必须确保数据传输和存储过程中的加密，

防止敏感信息泄露。同时，工具需要具备访问控制和日志记录功能，以便跟踪数据采集过程中的操作记录，确保数据处理的透明性和合规性。

自动化采集工具还可以与各种数据分析和可视化工具集成，进一步提升财务分析的效率和深度，通过将自动采集的数据导入统计分析软件中，应用各种统计模型进行财务预测和风险评估。常用的统计模型如回归分析和时间序列分析在财务预测中应用广泛。回归分析模型可以用以下公式表示：

$$y = \beta_0 + \beta_1 x_1 + \beta_2 x_2 + \cdots + \beta_n x_n + \varepsilon$$

其中，y 是预测变量，x_1，x_2，$\cdots$，x_n 是自变量，β_0 是截距项，β_1，β_2，$\cdots$，β_n 是回归系数，ε 是误差项。通过对历史财务数据进行回归分析，可以预测未来的财务趋势，为企业决策提供科学依据。

3. 移动端数据收集应用

随着智能手机和平板电脑的普及，移动端数据收集应用利用设备的便携性和多功能性，允许用户在任何时间和地点进行数据的输入和上传。在财务会计领域，移动端数据收集应用的使用场景非常广泛，包括现场审计、库存盘点、费用报销等，现场审计人员通过移动端数据收集应用实时记录审计数据，拍摄相关证据照片并上传至云端；在库存盘点过程中，工作人员通过移动设备扫描条码，快速记录库存数量和位置；费用报销时，员工直接通过移动应用拍照上传发票和收据，并填写报销申请，大大提高了报销流程的效率和透明度。移动端数据收集应用的设计需要综合考虑用户体验和数据安全，用户体验是指应用的界面设计、操作流程和响应速度等方面，以确保用户能够快速、准确地输入数据，应用界面应简洁明了，操作步骤应直观易懂，响应速度应足够快，以减少用户等待时间，移动设备的触摸屏特点要求应用的交互设计须适应手指操作，按钮和输入框应具有适当的大小和间距，以提高用户操作的准确性和舒适度。

在数据安全方面，移动端数据收集应用须确保数据在传输和存储过程中的安全性，传输数据时，应采用加密技术，如 SSL/TLS 协议，确保数据在网络传输过程中不被截获或篡改。在存储数据时，应使用加密存储机制，确保即使设备丢失或被盗，数据也不会被非法访问，应用应具备完善的身份验证和权限控制机制，确保只有授权用户才能访问和操作数据。移动端数据收集应用的设计和实现还涉及多种技术参数和标准，在数据输入方面，应支持多种数据格式和输入方式，如文本、数值、图像、语音等，以满足不同场景的需求。在数据传输方面，应考虑网络条件的多样性和不稳定性，支持断点续传和离线数据保存，以确保数据传输的可靠性。在数据存储方面，应合理设计数据库结构，优化数据存取速度，并定期进行数据备份，防止数据丢失（见表2-8）。

表2-8　移动端数据收集应用设计中的主要技术参数及其影响

技术参数	描述	影响
用户界面设计	应用的界面布局、颜色搭配、按钮和输入框设计	影响用户操作的便捷性和舒适度
数据加密传输	数据在网络传输过程中的加密技术	确保数据在传输过程中的安全性
加密存储	数据在设备存储过程中的加密机制	确保数据在设备丢失或被盗时的安全性
身份验证和权限控制	用户身份验证和操作权限的管理机制	确保只有授权用户才能访问和操作数据
多种数据输入支持	支持文本、数值、图像、语音等多种数据输入方式	满足不同场景的数据收集需求
断点续传和离线数据保存	网络不稳定时的数据传输和存储机制	确保数据传输的可靠性，避免数据丢失

在数据分析方面，移动端数据收集应用可以与后台服务器和云端数据库无缝连接，实现实时数据同步和分析。通过将移动端收集的数据上传至云端，可以利用云计算和大数据技术对海量数据进行实时处理和分析，财务数据的实时上传和分析可以帮助企业及时发现财务异常和风险，做出快速反应，移动端应用还可以与各种数据可视化工具集成，将数据分析结果以图表、仪表盘等形式直观展示，帮助用户更好地理解和利用数据。

三、技术选择与应用场景

1. 根据数据类型选择合适的技术

数据类型的多样性对财务会计领域数据收集技术提出了具体要求，结构化数据，例如交易记录和账户余额，通常以表格形式存在，具有固定的格式和明确的数据类型。数据的收集通过自动化采集工具或直接的数据库查询实现，能够高效地处理和分析标准化格式的数据。自动化采集工具通过预设的规则，可以定期从数据库中提取所需数据，而数据库查询则允许用户根据特定条件检索数据。对于半结构化或非结构化数据，如文本报告和网页内容，其格式不如结构化数据规范，数据的组织形式更为灵活。在这种情况下，网络爬虫技术提供了一种有效的数据收集手段。网络爬虫能够从网页中提取所需信息，并将非结构化数据转换为结构化格式，便于后续处理和分析。在选择数据收集技术时，还须考虑数据的更新频率和采集的实时性，股票价格和外汇汇率这类需要实时监控的数据，自动化采集工具和 API 接口可以提供即时的数据流，确保数据的时效性。而对于周期性报告的数据，如季报或年报，网络爬虫可以按照预定的时间表进行采集，确保数据的周期性更新（见表 2-9）。

表 2-9　不同数据类型与收集技术的关系

数据类型	特点	适用技术	优点
结构化数据	固定格式，明确类型	自动化采集工具/数据库查询	高效处理标准化数据
半结构化数据	格式灵活，部分可解析	网络爬虫	适应性强，适用于非规范数据
非结构化数据	格式多样，难以直接解析	网络爬虫/文本分析工具	提取和转换非结构化信息

在选择数据收集技术的过程中，还应考虑到技术实施的可行性和成本效益，自动化采集工具需要与现有的数据库系统兼容，而网络爬虫的开发需要专业的编程技术。此外，数据的存储、处理和分析也需要相应的技术支持和资源投入，数据收集技术的选择应基于对数据特性的深入理解，以及对技术能力、成本和效益的综合评估。通过合理选择和应用数据收集技术，财务会计人员可以确保

数据的准确性和可用性，为财务分析和决策提供坚实的数据基础。

2. 评估技术成本与效益

技术的成本效益分析（CBA）是决策过程中不可或缺的，尤其在选择财务会计数据收集技术时，成本效益分析涉及对技术相关成本和预期效益的全面评估，以确定技术投资的合理性。成本涵盖初始购置成本，包括了技术维护、升级和操作过程中的持续成本。效益则体现在通过技术应用实现的数据处理效率提升、人工成本节约，以及对决策质量的正面影响上。

成本效益分析的实施通常基于以下公式：

$$CBA = 总效益 - 总成本$$

其中，总效益是技术应用带来的所有可量化的利益，包括时间节省、错误减少、效率提升等；总成本则包括所有直接和间接成本，如设备购置费、软件许可费、人员培训费、维护费等。

表2-10　自动化数据采集工具成本效益分析表

成本/效益类别	描述	数值	单位
初始购置成本	自动化采集工具的购买费用	50 000	美元
年度维护成本	工具的年度维护和技术支持费用	5 000	美元
人员培训成本	对操作人员进行培训的费用	3 000	美元
时间节省	减少人工数据录入时间，假设每人每天节省2小时	2	小时/日
错误减少	降低数据录入错误率，假设减少50%的错误	50	%
决策质量提升	通过更准确数据支持决策，假设提升效益为错误减少成本的2倍	10 000	美元/年

在表2-10中，"初始购置成本"是购买自动化采集工具的一次性费用；"年度维护成本"是为确保工具正常运行而支付的年度费用；"人员培训成本"是使员工能够熟练操作工具所需的培训费用；"时间节省"和"错误减少"是技术应用带来的直接效益，其中时间以每日节省的小时数来量化，错误减少则以百分比表示；"决策质量提升"是因减少错误而带来的间接效益，此处假设为错误减少成本的2倍。假设自动化采集工具的使用减少了人工录入的需

求，原先每人每天需要花费 4 小时进行数据录入，现在节省了 2 小时，那么每年（以 250 个工作日计算）每人节省的时间为 500 小时。如果数据录入人员的时薪为 20 美元，则每年每人节省的人工成本为：

$$总效益 = 10\,000 + 10\,000 \times 50\% + 10\,000 \times 2$$
$$= 25\,000 \text{ 美元／年}$$

将总成本和总效益代入 CBA 公式，得到：

$$CBA = 25\,000 - (50\,000 + 5\,000 + 3\,000)$$

假设维护和培训成本在第一年发生，则第一年的 CBA 为：

$$CBA_1 = 25\,000 - 58\,000 = -33\,000$$

从第二年开始，不考虑培训成本，CBA 变为：

$$CBA_{以后各年} = 25\,000 - (50\,000 + 5\,000)$$

成本效益分析的结果将指导财务会计人员做出是否采用某项技术的决策，如果 CBA 结果为正，表明技术投资能够带来净收益；如果为负，则需要进一步评估技术选择或考虑其他替代方案。

3. 确保技术使用的合规性

法律法规的遵守是确保数据收集合法性的基础，涉及数据保护法、隐私法和知识产权法等多个方面，行业标准和道德规范也是技术应用过程中必须遵循的原则。在实施数据收集技术时，需要根据合规性要求对技术进行调整或限制，网络爬虫技术在采集数据前，必须检查并遵循目标网站的 robots.txt 文件规定，以确保不侵犯版权或违反服务条款。对于个人数据的收集，需要依据数据保护法规进行适当的数据加密和匿名化处理，以保护数据主体的隐私权益。

表 2-11　数据收集技术成本效益与合规性分析表

技术类型	初始成本（美元）	年度维护成本（美元）	预期效益	合规性考虑
自动化采集工具	10 000	2 000	提高数据处理速度，减少人工成本	须确保数据来源合法，保护个人隐私

续表

技术类型	初始成本（美元）	年度维护成本（美元）	预期效益	合规性考虑
网络爬虫技术	5 000	1 500	实时获取数据，适应性强	遵守网站爬虫协议，避免版权问题
移动端数据收集应用	15 000	3 000	方便现场数据收集，提高数据准确性	确保数据传输安全，用户知情同意

　　"初始成本"代表了技术购置或开发的一次性费用；而"年度维护成本"涵盖了技术维护和升级的年度费用；"预期效益"是对技术投入应用后所能带来的正面影响的预测，包括提高效率、减少错误、增强决策支持等；"合规性考虑"则概述了使用技术时必须考虑的法律和道德约束，确保技术应用不会违反现行法律法规。合规性要求对数据收集技术的选择有着直接影响，如果某项技术无法确保个人数据的保护，即使其初始成本较低，也会因为后续的法律风险和潜在罚款而不被采用，如果技术能够显著提高数据处理的效率和准确性，但其违反行业标准或道德规范，那么这种技术同样需要被重新评估或调整。在进行成本效益分析时，应综合考虑直接成本、间接成本、直接效益和间接效益。直接成本包括技术购置、维护和操作成本，间接成本包括因技术故障导致的业务中断成本。直接效益体现在效率提升和成本节约，间接效益包括通过数据分析带来的新业务机会或市场竞争力增强。数据收集技术的选择应基于全面的技术评估和成本效益分析，确保所选技术不仅能够带来经济效益，而且符合法律法规和道德标准。

第三节　数据整理的步骤与要点

一、数据整理的步骤

1. 数据筛选与过滤

　　数据筛选与过滤是数据整理过程中的基础环节，其目的是确保财务分析和决策所依据的数据集既准确又相关，核心在于从原始数据集中剔除那些不符合分析需求的信息，同时保留和突出对决策有价值的数据。在具体操作中，数据筛选通常利用逻辑表达式来定义筛选规则，在交易记录分析中，筛选条件可以设定为仅包括特定日期范围内且交易金额超过预设阈值的记录（见表2-12）。具体的筛选逻辑可以表示为：

筛选条件 = （交易日期 ≥ 起始日期）（∧）（交易日期 ≥ 结束日期）∧（交易金额 > 最小金额小金）

"交易日期"须落入指定的时间窗口内，同时"交易金额"须大于既定的金额下限。

数据过滤则涉及对数据完整性和准确性的处理，缺失值的处理是数据过滤中的一项重要任务，处理方法包括记录的删除或缺失值的估算，缺失值的估算通过多种统计方法实现，比如可以使用数据集中的均值、中位数或众数来填充缺失值。

$$缺失值 = 均值 = \frac{\sum 非空值}{非空值数量}$$

异常值会扭曲分析结果，因此需要特别关注，一种常见的方法是使用标准差来确定数据的异常范围，通常认为，位于平均值±2或±3个标准差之外的数据点为异常值。

表 2-12　财务交易数据筛选记录表

交易 ID	交易日期	交易金额（美元）	客户 ID	操作
T001	2024/6/1	1 200	C001	保留
T002	2024/5/15	450	C002	过滤
T003	2024/6/1	2 500	C003	保留
T004	2024/6/1	100	C004	过滤

"交易日期"和"交易金额"字段被用于筛选操作，只有满足特定条件的记录（如交易日期为 2024-06-01 且金额超过 1 000 美元）被标记为"保留"，其余记录则被标记为"过滤"。

2. 数据排序与分组

数据排序通过将数据项按照特定标准顺序排列，使观察者能够快速识别数据集中的模式和趋势，在财务会计中，对销售数据按金额进行降序排序，可以直观地展示哪些产品或客户贡献了最多的收入，而升序排序则有助于识别低销售额的项目。数据分组则是在排序的基础上，根据数据项的共同属性将它们归入不同的类别，有助于对数据进行更细致的分析。销售数据可以按照产品类型分组，以分析哪一类产品在市场上表现最佳；或者按照地区分组，来评估不同地区销售业绩的差异。分组的结果通常用于生成报表，进行统计分析，或作为进一步数据挖掘的基础。

在技术实现上，数据分组可以通过 SQL 查询中的 GROUP BY 语句来完成，该语句能够将结果集按照多个列进行分组，并配合聚合函数如 SUM（）、COUNT（）、AVG（）等来计算每个组的统计数据。在 Excel 等电子表格软件中，数据透视表是一种强大的工具，允许用户通过拖放字段到不同的区域来快速分组和汇总数据。按产品类型分组后，各组销售总额的排序结果如表 2-13 所示。

表 2-13 产品类型汇总的销售总额排序表

产品类型	销售总额（美元）
电子产品	150 000
书籍	90 000
服装	80 000

数据排序和分组的应用不仅限于单一维度，多维度排序和分组能够提供更为丰富的视角，在按产品类型分组的基础上，进一步按照销售季度进行子分组，并计算每个子分组的总销售额，然后对子分组进行排序，以识别销售表现最佳的时间段。在实际操作中，数据排序和分组需要考虑数据的完整性和一致性，在进行分组之前，确保数据已经被适当地清洗和验证，以避免错误的分析结果，排序和分组的结果应当以直观易懂的方式呈现，以便决策者迅速把握数据所传达的关键信息。

3. 数据汇总与计算

数据汇总与计算通过聚合操作对数据进行综合分析，为编制财务报告和决策提供量化基础，涉及对数据集进行求和、计算平均值、识别最大值和最小值等操作，从而揭示数据的关键趋势和特征。在实际操作中，数据汇总可以通过多种技术手段实现自动化，以提高效率和准确性，在 Python 编程环境中，Pandas 库提供了强大的数据处理能力。通过使用 groupby（）函数，可以根据多个键对数据进行分组，然后使用 aggregate（）函数对分组后的数据应用各种聚合操作，如 sum（）、mean（）、max（）和 min（）等。以下是使用 Pandas 进行数据汇总的简化常用代码：

```
import pandas as pd
# 假设 df 是包含产品类型和销售数据的 DataFrame
df=pd.DataFrame({
'产品类型':['A','A','B','B','C','C'],
'销售数量':[10, 90, 50, 150, 80, 70],
'总收入':[5000, 45000, 30000, 50000, 35000, 25000]
})
# 按产品类型分组并计算销售数量和总收入的总和
summary=df.groupby('产品类型').agg({
'销售数量':'sum',
'总收入':'sum'
})
```

在数据库管理中，SQL 查询通过 GROUP BY 子句对数据进行分组，并使用 SUM（）、AVG（）等函数进行聚合计算。如 SQL 查询示例，用于汇总不同产品类型的销售总额：

```
SELECT 产品类型, SUM（销售数量）AS 总销售数量, SUM（总收入）AS 总收入
FROM 销售数据
GROUP BY 产品类型;
```

在 Excel 等电子表格软件中，数据透视表提供了直观的界面，允许用户通过拖放字段到行标签、列标签和值区域来快速进行数据汇总，Excel 的公式如

SUMIF（）和 AVERAGEIF（）可以根据特定条件对数据进行汇总。表 2-14 为按产品类型记录的销售数量和总收入的汇总结果。

表 2-14　产品类型销售汇总表

产品类型	总销售数量（个）	总收入（美元）
A	100	50 000
B	200	80 000
C	150	60 000

"总销售数量"是对每个产品类型的销售数量求和得到的，而"总收入"则是将每个产品类型的收入进行汇总，汇总数据为财务分析提供了量化的视角，帮助理解不同产品类别的市场表现。数据汇总与计算的结果需要以准确和易于理解的方式呈现。在财务报告中，通常以图、表格和文本分析的形式出现，以便于快速把握关键的财务指标，使用条形图来展示不同产品类型的销售总额，或使用饼图来展示各产品类别在总收入中的比例。

二、数据整理的要点

1. 保留原始数据备份

在数据整理的初始阶段，必须创建原始数据的备份，并将其妥善保存于安全位置，应涵盖所有收集的数据，不区分数据的来源是自动化工具还是手动输入。数据备份的周期性更新反映了数据演变的最新状态，是数据管理中不可或缺的一环。数据备份的过程应包括数据完整性的校验，确保备份数据的准确性与原始数据无异，通过计算数据的校验或使用散列函数（如 SHA-256）来验证数据的完整性。备份文件的索引化允许快速检索和恢复特定时间点的数据快照。为有效管理数据备份，需制定备份策略，包括备份的频率、类型（全备份、增量备份或差异备份）以及存储介质的选择。备份的存储介质可以是本地服务器、网络附加存储（NAS）、云存储或外部硬盘等。每种存储介质都有其优缺点，选择时应考虑数据的访问频率、存储成本和安全性（见表 2-15）。

表 2-15 财务会计数据备份策略表

备份类型	频率	存储介质	描述
全备份	每周一次	云存储	包含所有数据的完整副本
增量备份	每日一次	外部硬盘	自上一次备份以来变化的数据
差异备份	每月一次	NAS	自上一次全备份以来变化的数据

除了定期备份，还应实施数据恢复计划，以确保在数据丢失或损坏时能够迅速恢复，数据恢复计划应包括恢复点目标（RPO）和恢复时间目标（RTO），即数据丢失可接受的最大量和数据恢复可接受的最大时间。

2. 安全性与保密性

在财务会计领域，数据整理过程中，采取一系列措施以保护数据免遭未授权访问、篡改或丢失是基本要求，包括数据的加密、访问控制、保密协议的制定以及数据访问行为的监控和审计。

数据加密是保护存储和传输中数据的一种有效手段，通过加密算法，如高级加密标准，将明文数据转换成难以解读的密文，从而保护数据不被未授权的第三方读取。在数据传输过程中，使用安全套接层或传输层安全性协议可以确保数据在网络中的安全。访问控制策略通过定义角色和权限，确保只有授权用户才能访问特定的数据资源，可以设置权限，只有财务分析师才能访问详细的财务报告，而一般员工则无权访问。数据保密协议的建立是确保所有接触敏感财务数据的人员都了解并遵守保密义务的法律保障，通常包括对数据使用、存储和传输的具体规定，以及违反保密义务时的法律后果。数据泄露的预防措施也应到位，通常涉及对数据访问行为的监控和审计。通过日志记录系统，可以追踪数据访问的时间、访问者身份和访问的数据内容。此外，定期的审计可以帮助发现潜在的安全漏洞，并确保安全措施的有效执行（见表 2-16）。

表 2-16 数据访问控制

用户角色	权限类型	可访问数据范围	访问限制
财务分析师	读取/写入	所有财务报告	无

用户角色	权限类型	可访问数据范围	访问限制
会计职员	读取	部分财务数据	仅限执行日常任务
审计员	读取/审计	所有审计相关数据	仅限审计期间
一般员工	受限读取	基本财务信息	仅限个人费用报告

3. 自动化与智能化

在数据整理的自动化与智能化领域，技术手段的应用旨在提升数据处理的效率和质量，自动化技术通过预设规则自动执行数据的筛选、排序和汇总等任务，而智能化技术则利用机器学习等高级技术识别数据模式、预测趋势，并在一定程度上实现自主决策。自动化技术在数据预处理阶段的应用包括数据的快速筛选和提取，利用 SQL 查询语句，根据日期范围或数值条件自动提取特定数据集。数据排序与分组环节中，自动化工具能够按照业务逻辑对数据进行排序和分组，确保数据组织结构满足分析需求。自动化汇总工具能够快速计算统计指标，如总和、平均值等，为财务分析提供基础数据，使用以下 SQL 语句可以计算特定数据集的平均值：

SELECT AVG（transaction_amount）AS average_transaction FROM transactions；

智能化技术进一步加大了数据整理的深度与广度，机器学习算法能够识别数据中的模式和趋势，可以使用 K-means 聚类算法分析客户交易行为，识别出不同的客户群体和交易模式。预测分析方面，智能化系统利用历史数据预测未来财务指标，为决策提供支持。异常值检测方面，智能化系统通过算法模型分析数据分布和变化，及时发现异常情况，使用 Z-score 方法进行异常值检测的公式如下：

$$Z = \frac{transaction\_amount_i - \mu}{\sigma}$$

其中，μ 表示平均值，σ 表示标准差，$transaction\_amount_i$ 表示第 i 个交易金额。如果 Z 值超过预设阈值，则认为该交易金额为异常值。

实现自动化与智能化的有效应用需要制定相应策略，技术选型应基于企业需求和资源，选择适合的工具。流程优化确保技术应用带来最大效益，需要对现有数据处理流程进行评估和调整。数据治理机制的建立是保障数据质量和安全的基础，为技术应用提供支持。对相关人员进行培训，提高技术理解和操作能力，是成功实施的关键。实施过程中，持续监控与优化是必不可少的，自动化和智能化系统需要定期检查和调整，以确保其性能和准确性。风险管理同样重要，需要识别和评估技术应用过程中可能存在的风险，并制定相应管理措施。

三、数据整理的质量控制

1. 质量检查与评估

数据整理的质量控制始于质量检查与评估，涵盖了数据完整性、准确性、一致性和及时性四个维度的细致检验。完整性检查的目的是确保数据集中包含所有预期的数据字段，通过统计数据字段的缺失情况，计算出数据的完整性比率：

$$完整性比率 = \frac{包含完整数据的记录数量}{记录总数量}$$

准确性检查则通过比对数据记录与原始数据源或业务逻辑，验证数据项是否正确无误，通过检查交易记录的日期是否符合逻辑顺序，可以识别录入错误。准确性可以通过以下公式进行量化：

$$准确率 = \frac{正确记录数量}{记录总数量}$$

一致性检查确保数据集中的数据遵循统一的格式和标准，例如日期格式、货币单位和数值精度等。一致性问题可通过数据格式验证和转换规则来识别和纠正。一致性比率可以用以下公式表示：

$$一致性比率 = \frac{符合格式要求的记录数量}{记录总数量}$$

及时性检查则关注数据的时效性，确保数据能够反映最新的业务活动，通常涉及数据采集和更新的时间戳记录，及时性通过数据的最近更新时间与当前时间的比较来评估。质量评估还包括对数据来源的可靠性和数据收集方法的有效性进行评估，涉及对数据采集过程的详细审查，包括数据源的选择、数据采集工具的准确性以及数据采集人员的操作规范性。通过构建数据质量评分卡，可以综合考虑上述各维度，对数据集的整体质量进行评分：

$$数据质量评分 = w_1 \times 完整性比率 + w_2 \times 准确率 + w_3 \times 一致性比率 + w_4 \times 及时性评分$$

其中，w_1、w_2、w_3、w_4 分别是对应维度的权重，权重根据业务需求和数据特性进行分配。为进一步细化质量评估，设计包含多个指标的数据质量评估表，表 2-17 列出了数据集中各个指标的期望值、实际值、偏差和改进措施。

表 2-17　数据质量评估表

指标名称	期望值	实际值	偏差	改进措施
完整性比率	1	0.95	-0.05	增加数据验证步骤
准确性比率	1	0.98	-0.02	重新校准数据源
一致性比率	1	0.97	-0.03	统一数据格式
及时性评分	100	90	-10	加强数据更新流程

2. 异常数据处理

异常数据处理在数据整理中占据核心地位，其目的是确保数据集的准确性和分析的有效性。异常数据通常指那些不符合预期模式的数据点，源于错误录入、数据丢失或逻辑不一致。对数据点的识别和处理，要求明确定义和标准化的流程。缺失值是异常数据的一种形式，处理方法多样。若数据缺失是随机发生的，使用统计方法如均值、中位数或众数来填充缺失值。均值填充适用于连续数据，而众数填充适用于分类数据。中位数填充则在数据分布偏斜时更为适用，还可以使用基于回归或其他预测模型的方法来估计缺失值，同时需考虑数据集中其他变量与缺失值的关系。异常值的检测通常通过统计方法来实现，标准差方法是一种常见的异常值检测技术，它利用了数据的均值和标准差。箱型图的 IQR 方法提供了另一种有效的异常值识别手段。IQR 计算公式为：

$$IQR = Q_3 - Q_1$$

其中，Q_1和Q_3分别是数据的第一四分位数和第三四分位数。基于 IQR，可以确定数据的下界和上界：

$$下界 = Q_1 - 1.5 \times IQR$$

$$上界 = Q_3 + 1.5 \times IQR$$

任何低于下界或高于上界的值均被视为异常值，识别出异常值后，并非直接删除或修正，而是需要进一步分析其成因。如果异常值是由数据录入错误造成的，则应进行修正；如果异常值是由真实的业务事件导致的，则需要保留，并在分析中予以考虑。为了系统地处理异常值，可以构建异常值处理流程表，详细列出异常值的类型、检测方法、处理策略和负责人，如表 2-18 所示。

表 2-18　异常值处理策略一览表

异常值类型	检测方法	处理策略	负责人
缺失值	观察缺失模式	均值填充/预测模型	数据分析师
录入错误	逻辑校验	修正错误	数据录入员
逻辑不一致	业务规则检查	修正或删除	业务专家
异常波动	IQR 方法	进一步分析原因	分析师

3. 数据质量改进

数据质量改进是动态且持续的过程，其目标是通过识别问题根源并实施相应的解决方案来提升数据集的整体质量，涉及对数据收集、输入验证、人员培训以及数据清洗技术的全面审视与优化。量化数据质量是改进过程的起点，通过实施数据质量评分系统来实现。该系统通过公式计算数据质量评分：

$$数据质量评分 = \frac{高质量数据点的数量}{数据点的总数量}$$

数据质量评分系统综合考虑了多个维度，包括准确性、完整性、一致性和及时性。每个维度均根据既定标准进行评分，以反映数据在该维度上的表现，准确性通过数据项与真实值的对比来评估，完整性可以通过记录的完备性来衡量，一致性可以通过数据格式和单位的统一性来检查，而及时性则通过数据的时效性来评定。为进一步细化数据质量的评估，可以构建包含多个指标的数据质量评估表，列出数据集中各个指标的期望值、实际值、偏差和改进措施，如表 2-19 所示。

表 2-19　数据质量关键指标评估与改进计划表

指标名称	期望值	实际值	偏差	改进措施
准确性	100%	98%	-2%	增强数据验证规则
完整性	100%	95%	-5%	优化数据收集流程
一致性	100%	97%	-3%	统一数据格式和单位
及时性	当日	延迟 1 天		加强数据更新提醒机制

通过表 2-19 可知，可以直观地识别数据集中存在的问题，并制定相应的改进措施，定期的数据质量报告可以为管理层提供决策支持，帮助他们了解数据质量的现状和改进的进展。

在实施数据整理的质量控制时，数据质量管理软件可以提供数据清洗、验证和监控的功能，帮助自动化质量控制流程，数据可视化工具则通过图形化展示数据分布，辅助识别数据中的模式和异常值。建立数据质量控制的标准和流程包括定义数据质量的指标、制定数据审核的规则、建立数据质量的反馈机制以及制订持续改进的计划，确保数据整理过程中的质量控制是系统性的、可量化的和可改进的。数据质量改进的最终目标是提高数据的可信度和分析的准确性，从而为财务会计决策提供坚实的数据支撑。随着数据量的不断增长和数据分析需求的提高，数据质量控制的重要性将变得更加显著。

第四节　数据清洗与校验

一、数据清洗的目的与意义

1. 去除无效与错误数据

数据收集过程中可能出于多种原因产生错误，如人为输入失误、系统故障或数据传输错误等，均可导致数据集中出现无效或错误的记录，在财务报表中，资产总额出现负值、成本费用比例超出合理范围或日期格式错误等情形，均属此类问题。错误若未得到及时识别与处理，将直接影响数据分析结果的准确性，进而可能误导财务决策。针对此类问题，首先必须进行数据清洗，数据清洗包括逻辑检查、范围检查和一致性检查，逻辑检查着重于数据的内在合理性，资产总额应始终大于或等于负债总额，这是基本的会计等式所要求的，利润率的检查也是逻辑检查的一部分，确保其不会超过100%，因为利润率超过100%意味着收入被高估或成本被低估，这在实际业务中是不合理的。范围检查则关注数据值是否处于预期的合理区间内，对于利润率，企业的利润率通常不会超过100%，除非存在非常特殊的情况。通过设定阈值识别出超出正常范围的数据点，然后进一步调查或修正。一致性检查则确保数据在不同记录或不同时间点上保持一致性，包括数据格式、单位和度量标准的统一，货币单位在不同财务报表中应保持一致，无论是美元、欧元还是其他货币，都应统一表示，以避免因单位不一致而导致的误解或错误。在数据清洗过程中，可以采用公式来识别和处理错误数据：

$$利润率 = \frac{净利润}{营业收入} \times 100\%$$

如果计算出的利润率超过100%，则需要进一步审查相关数据，为此可以设定逻辑规则，比如：

$$资产总额 \geq 负债总额$$

如果该规则不成立，则表明存在数据错误，需要进行调整或删除。

数据清洗过程中，还可以使用表格来组织和展示数据，以便于识别异常值，创建包含记录编号、资产总额、负债总额、利润率等的表格，可以快速地对数据进行视觉检查，以识别不符合逻辑的数据点。

2. 提升数据质量

数据质量的提升是数据清洗的核心目标之一，高质量的数据不仅能够减少分析过程中的误差，还能显著提高分析结果的可信度。数据质量的提升包括数据的完整性、准确性、一致性和时效性四个方面。

完整性要求数据集中包含所有必要的信息，确保没有遗漏，在财务报表中，所有相关的会计科目都应被记录和报告。为了确保数据的完整性，可以使用表格来列出所有必要的信息，并检查是否有遗漏，如表2-20所示。

表2-20　财务报表摘要

会计科目	金额（元）	备注
销售收入	1 000 000	
采购成本	500 000	
管理费用	200 000	
销售费用	100 000	
利润总额	200 000	

准确性则要求数据能够正确反映实际情况，没有误差，为了确保数据的准确性，在财务报表中，可以使用利润总额=销售收入-采购成本-管理费用-销售费用来验证利润总额。

一致性要求数据在不同时间点或不同来源之间保持一致，不同季度的财务数据应使用相同的会计政策和估计方法。可以使用时间序列分析方法来检查数据的一致性（见表2-21）。

表2-21　季度财务数据汇总

季度	销售收入（元）	采购成本（元）	管理费用（元）	销售费用（元）	利润总额（元）
Q1	1 000 000	500 000	200 000	100 000	200 000
Q2	1 200 000	600 000	240 000	120 000	240 000
Q3	1 100 000	550 000	220 000	110 000	220 000
Q4	1 300 000	650 000	260 000	130 000	260 000

时效性强调数据的更新频率，确保基于最新的数据进行分析，为了确保数据的时效性，可以使用自动化工具定期更新数据，使用脚本定期从数据库中提取最新数据，并更新分析模型。

3. 便于后续数据分析

数据清洗的终极目标是为后续的数据分析提供便利，确保清洗后的数据能够满足统计分析、预测建模和决策支持的需要。为此，数据清洗不仅包括识别和剔除无效或错误的数据，还涉及数据转换和数据编码的步骤，这些对于数据的进一步处理和分析至关重要。数据转换包括数据规范化、标准化和归一化，数据规范化是将数据转换为统一的格式，将日期和时间的表示统一为国际标准格式（ISO 8601），有助于数据的一致性和比较性。标准化则是通过减去平均值后除以标准差的方式，将不同量纲的数据转换到同一尺度上，使不同指标之间可以进行比较。归一化通常是指将数据缩放到 0 到 1 的范围内，在机器学习算法中可以避免不同特征的数值范围差异对模型训练的影响。数据编码是将非数值型数据转换为数值型数据的过程，以使原本无法直接用于数学计算的数据变得可量化。在财务会计中，会计科目的名称可以转换为数值代码，或者将文本描述的财务状况（如"良好""一般""较差"）转换为量化的指标（如 1、0.5、0），这不仅有助于数据分析，还能增强数据的可读性和可操作性。在数据清洗的过程中，还必须考虑数据的安全性和隐私保护，包括在数据清洗过程中遵守相关的法律法规，对敏感数据进行适当的加密和脱敏处理，对于涉及个人隐私的数据，如员工的薪资信息，应采用哈希函数或掩码技术进行脱敏处理，以保护个人隐私不被泄露。不同方法的数据转换如表 2-22 所示。

表 2-22　不同方法的数据转换

原始数据	日期规范化	标准化	归一化
2024/6/4	2024/6/4	0	0.5
2024/6/5	2024/6/5	1	0.75
…	…	…	…
2024/6/10	2024/6/10	−1	0.25

日期规范化展示了将不同日期格式统一为国际标准格式的过程，标准化和归一化则分别展示了如何将数据缩放到不同的数值范围内，以便于比较和分析。数据清洗和转换的最终目的是提高数据的可用性和分析价值，通过规范化、标准化和归一化，数据变得更加易于处理和分析，通过数据编码，原本无法量化的信息被转换为数值型数据，为统计分析和模型构建奠定了基础。

对数据安全性和隐私保护的考虑，确保了数据清洗过程的合法性和道德性。

二、数据清洗的常用方法

1. 缺失值处理

缺失值处理涉及对数据集中缺失部分的识别与补救，在财务会计数据中，缺失值产生的原因有很多，包括数据收集的不完整性、数据传输的失误或记录的遗漏。处理这些缺失值的策略主要包括三种：删除、填充和预测。删除缺失值是一种简单直接的方法，适用于缺失数据量较小的情况。然而，这种方法会减少数据集的样本量，从而影响分析结果的代表性，删除策略应谨慎使用，尤其是在数据量有限的情况下。相比之下，填充策略则通过替代缺失值来保持数据集的完整性，均值填充是一种常见的方法。可通过计算数据集中非缺失值的平均数来填补缺失值，在处理企业利润数据时，如果某期利润数据缺失，可以使用该企业在相似时间段内的利润平均值进行填充。中位数填充和众数填充也是基于数据集中现有值的统计特性来估计缺失值的方法，中位数填充对异常值不敏感，而众数填充适用于类别数据。除了简单的统计填充方法，回归模型和机器学习方法提供了更为复杂的预测手段，可以根据数据集中其他变量与缺失值变量的关系来预测缺失值，如果利润数据与销售额、成本等其他财务指标存在相关性，可通过建立回归模型来预测利润的缺失值。时间序列分析方法，如 ARIMA 模型，特别适于处理具有时间依赖性的数据，能够根据历史数据预测未来的缺失值。

在实际应用中，选择合适的缺失值处理方法需要考虑数据的特性和分析目标，如果数据集中的缺失值与某些可观察的特征相关联，则使用条件均值填充或基于模型的预测方法，处理缺失值时还应考虑数据的分布特性，避免出现偏差。

表 2-23　不同填充方法对缺失值的处理效果

记录编号	原始数据	均值填充	中位数填充	众数填充	回归预测
1	100	95	90	100	92

续表

记录编号	原始数据	均值填充	中位数填充	众数填充	回归预测
2	缺失值	95	90	80	88
...	...	...	...	...	...
n	120	95	90	100	92

在表 2-23 中，均值填充使用了整个数据集的平均利润 95 来填补缺失值，中位数填充使用了中位数 90，众数填充则使用了在数据集中出现次数最多的利润值 80，回归预测则根据建立的回归模型预测了缺失值 88。

2. 异常值检测与处理

异常值检测与处理旨在维护数据的准确性和可靠性，在数据集中出现异常值有多种原因，包括数据录入错误、测量误差或真实反映的极端事件。对异常值的检测通常采用箱型图、标准差分析或基于分位数的方法。

箱型图是一种直观的图形方法，通过四分位数和四分位距来识别数据中的异常值，箱型图的上下界通常设定为第一四分位数和第三四分位数加减 1.5 倍的四分位距。超出这个范围的点被视为异常值。标准差分析则是基于数据的均值和标准差来识别异常值，通常认为超过均值 ±3 倍标准差的点为异常值。基于分位数的方法，如使用下四分位数（Q_1）和上四分位数（Q_3）的 1.5 倍四分位距来确定异常值的范围，也是一种有效的检测手段。一旦检测到异常值，必须进行深入分析以确定其成因，如果异常值是由于数据录入错误或测量误差造成的，应根据正确的数据进行修正，如果发现财务数据中存在异常值，应首先核查原始凭证和记录过程，以确定是否存在错误。如果异常值是由特殊事件引起的，如一次性的大额销售或市场环境的突变，则应考虑保留该异常值，并在分析报告中对其进行说明和解释。在处理异常值时，还可以采用数学模型和统计方法来进行更精细的分析，利用 Z-score 方法计算数据点与均值的偏差程度，Z-score 的绝对值大于 3 通常被认为是异常值。此外，还可以使用 Grubbs′ test 等统计检验方法来确定异常值的显著性，如表 2-24 所示。

表 2-24　销售额数据的异常值检测分析表

记录编号	销售额（万元）	Z-score	是否异常值
1	100	−1.2	否
2	200	3.5	是
…	…	…	…
n	50	−0.5	否

Z-score 是通过计算每个销售额数据点与均值的偏差程度得到的，如果 Z-score 的绝对值大于 3，如记录编号 2 的销售额，将被标记为异常值。

3. 重复值识别与删除

重复值源于数据录入过程中的疏忽或数据收集方法的不足，在识别重复值时，须对数据集中的记录进行详尽的比较，以发现那些完全相同或高度相似的数据点。一旦识别出这些重复值，便须采取适当的措施予以删除，以避免数据分析时的偏差和误导。删除重复值的技术手段包括使用编程脚本或数据库查询，在数据库环境中，SQL 查询的 GROUP BY 语句是一种有效的工具，根据或多个列对数据进行分组，并结合聚合函数如 COUNT（）来识别重复记录的存在，数据库提供的特定函数如 ROW_NUMBER（）或 DISTINCT 关键字，可以进一步识别并剔除重复项。在处理时间序列数据时，除了基本的重复值删除，还可以应用特定的时间序列分析方法，如滑动窗口平均，通过对数据应用移动平均来减少随机波动，平滑数据趋势。季节性调整也是一种常用的方法，通过消除数据中的季节性变化，揭示潜在的趋势和周期性模式。在数据清洗的过程中，还应考虑数据的多维性和特征，对于具有多个维度的数据集，通过多列组合的条件来识别重复值，数据清洗的过程应与业务逻辑和领域知识紧密结合，以确保清洗结果不仅在技术层面上合理，而且在业务层面上有意义。

表 2-25　基于交易日期和客户 ID 的重复记录识别表

记录编号	客户 ID	交易日期	销售额（万元）	操作
1	C001	2024/6/4	100	保留

记录编号	客户 ID	交易日期	销售额（万元）	操作
2	C002	2024/6/4	200	保留
3	C001	2024/6/4	100	删除
...	...	...	...	...

在表 2-25 中，记录编号 3 由于与记录编号 1 在客户 ID 和交易日期上完全相同，且销售额一致，因此被标记为删除，基于多个关键字段的比较是识别重复记录的常用方法。此外，以下是常用于识别重复记录的 SQL 查询：

SELECT 客户 ID，交易日期，COUNT(*)

FROM 销售数据

GROUP BY 客户 ID，交易日期

HAVING COUNT(*) > 1;

此查询将返回所有在相同客户 ID 和交易日期下出现多次的记录组合，从而帮助识别需要删除的重复项。

三、数据校验的标准与流程

1. 设定校验规则与标准

设定校验规则与标准需要基于业务逻辑和数据分析目标，制定一套明确的数据校验规则和标准，通常涵盖数据格式的规范、数据范围的限制、逻辑关系的验证等多个方面，在财务会计数据中，校验规则需要确保所有金额数据为正数，日期数据符合特定格式，并且不同会计科目之间的数据满足会计平衡等式，数据校验规则还需要包括对数据质量的具体要求，诸如完整性、一致性、准确性和及时性等，如表 2-26 所示。

表 2-26 财务会计数据校验规则

数据项	校验规则	校验标准
金额	必须为正数	金额 > 0
日期	必须符合 YYYY-MM-DD 格式	日期格式：2023-06-01

数据项	校验规则	校验标准
会计科目编码	必须符合预定义的编码规则	编码格式：四位数字，例如 1001
会计平衡等式	资产=负债+所有者权益	公式：总资产=总负债+总所有者权益
交易记录	不得重复	每条记录的唯一标识符应唯一
数据完整性	必须包含所有必填字段	所有必填字段均不为空
一致性	不同系统间的数据应一致	同一数据在不同系统中值相同
准确性	数据应反映真实的业务情况	与实际业务数据完全吻合
及时性	数据应在规定时间内进行更新	数据更新时间不超过 24 小时

通过 2-26 可以清晰地看到，不同数据项对应不同的校验规则和标准，规则和标准确保了数据的可靠性和有效性，对于更复杂的逻辑关系校验，往往需要使用公式进行验证。例如在财务会计中，会计平衡等式是基本的校验标准，该等式表明：资产等于负债加上所有者权益。用公式表示为：资产=负债+所有者权益，这种等式关系可以用于校验财务报表中的数据是否平衡。如果某一时刻资产总额不等于负债总额加上所有者权益总额，就表明数据存在问题，需要进一步核查和修正。除了上述基本的校验规则和标准，数据校验过程中还需要关注数据质量的多维度要求。数据完整性要求所有必需的数据项都应有值，任何缺失的数据都可能导致分析结果的偏差；数据一致性要求同一数据在不同系统或不同时间点的数据应保持一致，如果不同系统中的数据出现差异，表明数据同步过程中出现问题；数据准确性要求数据能够真实反映业务实际情况，任何偏差都可能影响决策的准确性；数据及时性则要求数据能够在规定的时间内进行更新，及时的数据能够帮助管理者迅速做出反应，提高企业的敏捷性。

2. 执行校验操作

执行校验操作是数据清洗流程中的核心环节，其目的是确保数据集中的每条记录都符合既定的校验规则，通常借助自动化工具来实现，以提高校验效率和准确性。自动化校验工具可以是市场上的专业数据清洗软件，专业的数据清洗软件提供了丰富的数据校验功能和用户界面，允许用户根据需求配置校验规则。此外，自动化校验也可以通过自定义脚本实现，例如，使用 Python 或 R 语言编写的程序，脚本能够针对特定的数据集和校验需求进行定制化处理。

在执行校验操作时，自动化工具或脚本会对数据集中的记录进行逐一检查，包括数据格式的校验、数据范围的校验、逻辑关系的校验以及数据一致性的校验等，对于财务会计数据中的金额字段，校验规则可能要求其必须为正数，并且保留两位小数。对于日期字段，校验规则可能要求日期格式必须符合 YYYY-MM-DD 的格式。如果记录中的金额为负或日期格式不正确，记录将被标记为校验失败，并进行后续的人工复查或自动纠正。校验过程中，自动化工具或脚本还会检查数据之间的逻辑关系，在财务数据中，总账余额必须与分类账余额之和相等。如果发现逻辑关系不成立，相关的记录将被标记并提示进行核查。此外，数据的一致性也是校验的重点，包括不同数据源之间的一致性以及同一数据集内部的一致性。

执行校验操作的过程中，自动化工具或脚本的输出结果需要仔细地进行人工复查。对于校验失败的记录，需要根据失败原因进行分类，并采取相应的措施进行处理，包括修正数据错误、重新核查原始数据来源或与数据提供者进行沟通。在某些情况下，如果校验失败的记录数量较多或问题复杂，需要开发更复杂的校验逻辑或使用更高级的数据分析技术来进行处理。

3. 记录校验结果与问题

必须对校验过程中发现的所有问题进行详尽的记录，包括不符合预设规则的数据点、校验失败的具体原因以及校验过程中遇到的任何特殊情况。校验结果的记录通常涉及对数据集中每条记录的检查，以确定其是否满足既定的校验标准。在财务会计数据中，需要检查交易日期是否在合理的时间范围内、金额是否为有效的数值，以及会计科目代码是否正确等。如果发现数据点不符合这些标准，将被标记为问题记录，并在记录表中详细说明问题的性质。校验失败的原因包括数据录入错误、数据传输过程中的损坏或数据生成过程中的系统缺陷。对于这些问题，需要进行分类并记录，以便采取相应的纠正措施。特殊情况包括数据集中的异常模式、意外的数据分布或预料之外的数据关联，这需要更深入的分析或业务上的考量。校验结果的记录有助于监测数据质量的发展趋势，评估数据清洗和校验工作的效果。通过记录，数据管理者可以识别数据质量问题的模式和根源，从而优化数据收集和处理流程。此外，校验结果的详细记录还可以作为数据审计的依据，确保数据的完整性和准确性满足相关法规和标准的要求。

表 2-27 财务会计数据校验结果与问题记录表

记录编号	数据字段	校验规则	校验结果	问题描述	纠正措施
1	交易日期	日期格式正确	失败	日期格式不符合 YYYY-MM-DD	格式修正
2	金额	必须为正数	失败	记录金额为负数	核实后修正或删除
3	科目代码	代码在有效范围内	失败	使用了未定义的科目代码	核实业务逻辑
...	...	...	...	...	...
n	摘要描述	描述清晰且相关	通过	—	—

在表 2-27 中，每条记录的校验结果都被详细记录，包括校验失败的原因和建议的纠正措施，有助于数据管理者快速识别问题所在，并采取相应的行动。此外，也可以使用条形图或饼图来展示校验失败的记录分布，或使用散点图来展示数据点与校验规则之间的关系。图形化表示方法可以更直观地展示数据质量问题，帮助管理者做出决策。在数据校验过程中，还涉及一些统计分析，如计算校验失败的记录占总记录的比例，或分析不同类型问题的分布情况。通过计算校验失败率：效验失败率 $= \dfrac{\text{效验失败的记录数}}{\text{总记录数}} \times 100\%$，可以量化数据质量问题的严重程度，为数据清洗和校验工作提供目标和方向。

第五节 数据分类与编码

一、数据分类的重要性

在财务会计领域，数据分类是对财务会计数据进行逻辑上的分组，以反映数据间的内在联系和差异性。数据分类不仅有助于简化数据结构，还能促进对数据的快速检索和分析。通过合理的分类，可以更有效地组织和理解数据，从而为财务决策提供支持。数据编码则是将分类后的数据转换为方便计算机处理的格式，编码规则的设计须确保唯一性，避免数据混淆，同时保持稳定性，以适应长期的数据存储和查询需求。在设计编码系统时，应考虑业务需求和数据特性，采用合适的编码方式，如数字编码、字母编码或混合编码等，对于财务报表中的利润表数据，可以按照收入、成本、费用等进行分类。每一类别下，进一步细分为具体项目，如主营业务收入、其他业务收入、销售成本、管理费用等。对于这些分类，可以设计一套编码系统，如使用"01"表示收入类，"0101"表示主营业务收入，"0102"表示其他业务收入，以此类推。在进行数据分类与编码的过程中，需要制定明确的分类标准和编码规则，并且基于企业的业务逻辑和数据管理需求。表2-28是基于业务逻辑的分类和编码，其中包含了不同类别的财务数据及其对应的编码。

表 2-28　财务数据分类与编码

类别编码	类别名称	子类别编码	子类别名称
1	收入	101	主营业务收入
1	收入	102	其他业务收入
2	成本	201	销售成本
3	费用	301	管理费用
…	…	…	…

数据分类与编码的过程还应包括对分类和编码规则的定期审查与更新，以适应业务发展和数据管理需求的变化。

二、数据分类的方法与原则

1. 基于业务逻辑的分类

业务逻辑分类是一种基于企业特定业务流程和财务会计需求的数据组织方式，通过将数据按照业务活动的性质进行分组，确保数据结构与企业实际运营紧密相关，增强数据的实用性和相关性，不仅有助于清晰地展示不同业务活动对企业财务状况的影响，而且为管理层提供了深入分析和评估业务表现的依据。在利润表的编制过程中，业务逻辑分类允许企业将收入和成本按照不同的业务类型进行细分。对于产品销售，收入可以细分为产品销售收入，而成本则可以进一步划分为直接材料成本、直接人工成本和制造费用等。对于提供服务的企业，服务收入可以单独列出，而服务提供成本则可能包括人工成本、外包服务费用等。通过细分，企业可以更准确地衡量各类业务对利润的贡献，以及成本控制的效果。表 2-29 是基于业务逻辑的分类，其中详细列出了不同业务类型的收入和成本分类，以及如何通过分类来组织和分析财务数据。

表 2-29　基于业务逻辑的分类

业务类型	收入分类	成本分类	收入公式	成本公式
产品销售	产品销售收入	产品生产成本	产品销售收入 = 销售数量×单价	产品生产成本 = 直接材料成本+直接人工成本+制造费用
提供服务	服务收入	服务提供成本	服务收入 = 服务次数×服务单价	服务提供成本 = 人工成本+外包服务费用
…	…	…	…	…

在表 2-29 中，收入公式和成本公式说明了如何根据业务逻辑分类来计算各类业务的收入和成本，产品销售收入的计算基于销售数量和单价，而产品生产成本则包括了直接材料成本、直接人工成本和制造费用。同样，服务收入的计算是以服务次数和服务单价为基础的，服务提供成本则包括了人工成本和外包服务费用。

业务逻辑分类的实施需要企业对自身的业务流程有深入的理解，并能够准确地识别和定义不同的业务活动，企业还需要建立相应的数据收集和记录机制，确保数据的准确性和完整性，企业可以有效地监控和管理不同业务活动的表现，及时调整策略以优化资源配置和提高经营效率。在实际操作中，业务逻辑分类还应考虑数据的动态性和适应性。随着市场环境的变化和企业战略的调整，原有的分类可能需要进行更新和优化。企业应定期评估分类的有效性，并根据需要进行调整，以确保数据分类始终能够反映企业的业务需求和市场状况。

2. 基于数据特性的分类

数据特性分类是一种以数据的内在属性为依据的分类方法，通过识别数据的特定属性，如数值大小、时间序列、地理位置等，来组织和分析数据，不仅有助于揭示数据的内在规律和趋势，而且可以为企业提供更为细致和深入的数据分析视角。在财务会计领域，时间序列分析是一种常见的数据特性分类方法，通过将销售数据按照时间序列划分为月度、季度、半年度和年度等不同时间段，企业可以更清晰地观察销售活动的周期性变化和长期趋势，月度销售数据可以帮助企业识别月内的销售高峰和低谷，而年度销售数据则有助于分析企业整个财年的销售表现和收入增长情况。地理位置也是数据特性分类中的重要维度，通过将客户数据按照地理位置进行分类，企业可以了解不同区域的市场表现，识别区域市场的特点和需求差异。企业可以根据国家、省份、城市等不同层级的地理位置对客户数据进行分类，进而分析各地区的销售贡献和市场潜力。基于数据特性的分类如表 2-30 所示。

表 2-30　基于数据特性的分类

时间/地区	销售分类	销售金额（万元）	计算公式
2024 年 1 月	月度销售	X	$X = \sum\limits_{i=1}^{n} i$
2024 年 Q1	季度销售	Y	$Y = \sum\limits_{j=1}^{m} j$
北美	地区销售	Z	$Z = \sum\limits_{k=1}^{p} k$

在表 2-30 中，根据不同的销售分类来汇总和计算销售数据，月度销售金额是通过累加当月每日的销售金额来计算的，而季度销售金额则是通过累加该季度内各月的销售金额得出的，地区销售金额是通过累加该地区内各国或地区销售金额来计算的。数据特性分类的实施需要企业具备有效的数据收集和处理能力，以确保数据的准确性和完整性。此外，企业还需要运用适当的数据分析工具和方法，对不同分类下的数据进行深入分析和比较。在实际应

用中，数据特性分类还应考虑数据的多样性和复杂性。企业需要根据数据的特性和业务需求，采用多种分类维度和方法来组织和分析数据，除了时间序列和地理位置，企业还可以根据产品类型、客户群体、销售渠道等属性对数据进行分类。

3. 分类的层级与粒度

数据分类的层级与粒度是财务会计数据组织与管理中的核心概念，直接影响数据的详细程度和分析深度，数据层级指的是分类的等级结构，通常由宽泛到具体分为多个级别，而数据粒度则描述了数据的详细程度，粒度越细，数据越具体，反之则越宏观。在财务报表编制中，资产负债表的资产部分通常按照流动性进行初步分类，分为流动资产和非流动资产。流动资产包括现金及现金等价物、应收账款等，而非流动资产则可能包括固定资产、长期投资等。初步分类有助于快速把握企业的资产结构和流动性状况。进一步地，每个资产大类下可以细分为更具体的子类，流动资产下的现金及现金等价物可以细分为银行存款、其他货币资金等；应收账款可以细分为贸易应收账款、其他应收款等。非流动资产下的固定资产可以进一步细分为房屋建筑物、机器设备、运输工具等。不同层级和粒度的资产分类如表 2-31 所示。

表 2-31　不同层级和粒度的资产分类

资产大类	子类分类	具体项目	分类标准	计算方法示例
流动资产	现金及现金等价物	银行存款	易于转换为已知金额的现金	银行存款 = 账户余额 + 未结算利息
流动资产	应收账款	贸易应收账款	因销售商品或提供劳务产生的应收款项	贸易应收账款 = 销售收入 - 现金收入
非流动资产	固定资产	房屋建筑物	用于生产商品或提供劳务的长期资产	房屋建筑物 = 购置成本 - 累计折旧
...	...	...	...	...

分类标准列描述了每个子类或具体项目的界定条件，而计算方法示例则提供了如何根据这些条件来计算或确定具体项目的金额，银行存款的计算需要考虑账户余额和未结算利息，而贸易应收账款的计算则基于销售收入和现

金收入的差额。数据分类的层级与粒度设计应考虑企业的管理需求、业务复杂度和信息系统的能力。企业应根据自身的规模、业务特点和分析目的，合理确定数据的分类层级和粒度。过细的分类可能会增加管理的复杂度和成本，而过粗的分类则可能无法满足深入分析的需求。数据分类的层级与粒度设计还应具有一定的灵活性和动态性，以适应企业业务发展和市场环境的变化。企业应定期评估和调整数据分类的层级与粒度，确保其始终能够满足管理决策和业务运营的需求。

三、数据编码的规则与技巧

1. 选择合适的编码方式

在财务会计领域，数据编码不仅影响数据的存储和检索效率，还关系到数据分析的质量和决策的准确性，数值编码、字符编码和混合编码是三种基本的编码方式，根据数据的量化特性、分类特性或两者的结合来设计。数值编码适用于可以直接量化的数据，如交易金额、数量等，其优势在于可执行数学运算和进行排序，交易金额可以通过数值编码直接存储为货币单位的数值，便于进行求和、平均等数值分析。数值编码通常采用整数或浮点数格式，根据精度需求确定小数点后的位数。字符编码适用于分类数据，如部门名称、项目类型等，其优势在于可对数据进行分类和分组。字符编码用字符串来表示数据项，可以是单个字符或多个字符的组合。字符编码的关键在于预定义的编码集，每个分类项都有唯一的字符代码与之对应。混合编码结合了数值编码和字符编码的特点，适用于同时包含量化数据和分类数据的复杂场景，客户信息需要同时记录客户的交易金额（数值编码）和客户类型（字符编码）。混合编码的设计需要考虑如何有效地结合数值和字符数据，以支持复杂的查询和分析需求。

在选择编码方式时，应考虑编码的简洁性和可扩展性，简洁的编码可以减少存储空间，提高数据处理的效率，使用紧凑的数值编码可以有效地表示大量的数值数据，而字符编码的长度可以根据实际需要进行优化。可扩展的编码则能够适应数据量增加或数据分类变更的情况，确保编码体系的长期有效性。编码方式的选择还应考虑与现有信息系统的兼容性，确保编码后的数据能够无缝集成到现有的技术框架中，如果现有的数据库系统已经定义了一套编码规则，新的编码方式应与之兼容或能够通过映射关系进行转换。财务会计数据编码方式如表 2-32 所示。

表 2-32　财务会计数据编码方式

数据类型	编码方式	编码规则示例	适用场景	优势与考虑因素
交易金额	数值编码	直接使用货币单位的数值表示，例如：100.50	所有涉及金额的交易记录	便于进行数值运算和排序，节省存储空间，易于比较大小
交易类型	字符编码	使用预定义的字符代码，如"C"表示现金交易，"B"表示银行转账	区分不同类型的交易	便于分类和分组，易于理解，支持文本搜索
客户信息	混合编码	客户 ID 使用数值编码，如"202401"，客户类型使用字符编码，如"I"表示个人，"B"表示企业	包含量化信息和分类信息的客户记录	结合了数值编码和字符编码的优势，适应复杂数据分类，支持多维度分析

2. 确保编码的唯一性与稳定性

编码的唯一性是确保数据准确性和一致性的核心原则，在财务会计中，每项数据的编码必须唯一，以避免因编码重复而产生混淆或错误，在客户信息管理中，为每个客户分配独一无二的客户编码，是区分不同客户记录的关键。唯一性不仅有助于数据的精确识别，也是数据追溯和历史分析的基础。实现编码的唯一性可以通过多种方法。自增编码是一种常见的方法，通过连续的数字序列来保证编码的唯一性，适用于有序的数据集合，如果财务系统每年新增客户数量可预测，那么可以使用年份加上自增序列号的方式来生成客户编码。UUID（通用唯一识别码）是另一种方法，通过复杂的算法生成唯一的编码，适用于需要在分布式系统中确保编码全局唯一的场景。此外，结合时间戳和特定标识符的方法可以提供额外的上下文信息，有助于数据的追溯和分析，例如编码可以是"20240601-001"，表示 2024 年 6 月 1 日的记录。编码规则需要在一定时间内保持不变，以支持数据的长期存储和历史比较，编码的稳定性要求在编码规则中明确变更条件和流程。编码的变更应经过严格的审批，并且所有的变更都应有详细的记录，以防止随意更改导致的混乱。对于已经存在的数据，即使编码规则发生变化，也应通过映射表或其他机制来保持原有编码的稳定性，确保新旧编码之间的关联性和数据的连续性。编码规则如表 2-33 所示。

表 2-33　编码规则

编码类型	编码结构	适用场景	优势	考虑因素
自增编码	年份 + 序列号	有序的数据集合，如客户 ID	简单易实现，便于排序和连续性维护	需要考虑序列号耗尽的情况
UUID	算法生成的唯一码	分布式系统，需要全局唯一性	全局唯一，不受数据集合顺序限制	编码较长，可能需要更多的存储空间
时间戳+特定标识符	时间戳 + 业务特定码	需要时间信息和业务区分的场合	提供时间上下文和业务区分	需要确保时间戳的准确性和业务码的唯一性

3. 编码的维护与更新

随着业务的扩展和数据量的增长，对编码体系进行持续的维护和更新成为必然，其不仅涉及对现有编码的优化，还包括对新分类的引入和对不再适用的编码的淘汰。维护和更新编码体系时，必须遵循一系列原则以确保数据的连续性、一致性和准确性。持续性是编码更新的基本要求，确保了数据的连续性和一致性，避免因编码更新而导致的数据处理中断。透明性要求编码变更应有明确的文档记录和通知机制，以确保所有相关人员对变更内容和影响有充分的了解。兼容性则要求新的编码规则必须能够与旧有数据兼容，保证新旧数据能够无缝对接，维持数据的完整性。可控性强调编码更新应通过严格的控制流程，包括变更申请、审核、实施和验证等步骤，以确保更新的合理性和有效性。

在实际操作中，建立专门的编码管理小组是维护编码体系的有效方式，该小组负责编码规则的制定、更新和维护，确保编码体系能够适应业务发展的需求，通过建立编码审计机制，可以定期检查编码的准确性和有效性，及时发现并纠正编码问题，从而提高数据管理的质量（见表 2-34）。

表 2-34　编码维护和更新原则

原则	描述	应用示例	考虑因素
持续性	保证数据的连续性和一致性	在引入新的客户编码规则时，确保与旧编码平滑过渡	制订详细的过渡计划和数据映射表
透明性	编码变更应有明确的文档记录和通知机制	更新编码规则后，通过内部系统通知所有相关人员	确保通知的及时性和全面性
兼容性	新旧编码规则应能够无缝对接	设计编码规则时，考虑到旧数据的转换和新数据的录入	制定数据转换指南和进行兼容性测试
可控性	编码更新应通过严格的控制流程	建立编码变更的审批流程和记录系统	确保变更的合理性和可追溯性

　　如果需要引入新的客户分类以适应市场的变化，编码管理小组应首先评估现有编码体系的适应性，设计新的编码规则，并确保新规则与现有数据的兼容性。在变更过程中，应通过内部系统通知所有相关人员，并提供必要的培训和支持。同时，建立审批流程，对编码变更进行严格的审核和记录，以确保变更的合理性和有效性。编码审计机制通过定期的编码审计，可以检查编码的准确性和有效性，确保编码体系与业务需求保持一致，审计过程中发现的问题应及时纠正，并根据审计结果对编码规则进行必要的调整。

第六节　数据汇总与展示

一、数据汇总的目的与形式

1. 提取关键信息

　　在财务会计数据汇总的流程中，提取关键信息是核心步骤，涉及识别并选择对财务分析和决策至关重要的数据点。在企业月度财务数据的分析中，关键指标通常包括总收入、总成本、净利润和现金流量，这些数据不仅揭示了企业的财务健康程度，也为企业管理层奠定了评估绩效和制定战略的基础。为了精确地提取关键信息，可以运用多种技术和方法。一是通过设定阈值来识别数据中的异常值，以快速定位可能影响财务分析准确性的数据点。二是应用统计方法，如移动平均或指数平滑，可以帮助确定数据的趋势和周期性模式，揭示数据随时间变化的潜在规律，为预测未来趋势提供依据。

数据的维度和粒度需要根据分析的具体目的进行调整，如果需要评估特定产品线的表现，可以按照产品类别分解数据；如果关注地域性市场表现，则可以按地区划分数据。多维度分析允许从不同角度审视数据，为决策提供更全面的视角。在提取关键信息的过程中，还可以利用以下公式来量化和比较不同指标的表现：

$$总收入增长率 = \left(\frac{本期总收入 - 上期总收入}{上期总收入}\right) \times 100\%$$

$$净利润率 = \left(\frac{净利润}{总收入}\right) \times 100\%$$

$$成本—效益比 = \left(\frac{总成本}{净利润}\right)$$

这些公式提供了衡量企业财务表现的定量工具，有助于管理层理解收入、成本和利润之间的关系（见表2-35）。

表 2-35　产品类别销售数据分析

产品类别	1月销售额（万元）	2月销售额（万元）	增长率（%）	净利润率（%）	成本—效益比
A	1 500	1 600	6.67	20	5
B	800	850	6.25	15	6.67
C	700	780	11.43	25	4

通过表格，可以直观地看到不同产品类别在两个月内的销售额变化，以及通过增长率、净利润率和成本—效益比等指标对产品表现进行量化分析。

2. 形成统计报表或报告

形成统计报表或报告是财务会计数据汇总过程的最终目标，旨在将收集和整理的数据以结构化和系统化的形式展现出来，以便于不同层级的管理人员和利益相关者理解和使用。统计报表的设计应确保数据的清晰性、一致性、相关性和准确性，以支持有效的决策制定。清晰性要求报表和报告在视觉上易于解读，避免信息过载，通过合理的布局和格式，使数据一目了然。一致性则要求报表在格式、颜色、字体和数据呈现方式上保持统一，以确保不同时间点或不同报表之间的可比性。相关性强调报表中所呈现的信息必须与分析目的和用户需求紧密相连，确保报表内容对用户决策具有实际意义。准确性是报表设计的核心，必须确保数据精确无误，避免因数据错误产生误导性的结论。在设计统计报表或报告时，可以采用表格、图表和文本说明等多种方式来呈现数据。表格用于展示具体的数值数据，通过图形化的方式可以展示数据的趋势和关系，而文本说明则提供了对数据的进一步解释和分析。报表可以是定期的，如月度、季度或年度报告，反映企业在一定时间段内的财务表现；也可以是一次性的，针对特定事件或情况进行分析（见表2-36）。

表 2-36　月度财务统计报表

月份	总收入（万元）	总成本（万元）	净利润（万元）	现金流量（万元）	净利润率（%）
1 月	5 000	3 000	2 000	1 500	40
2 月	5 500	3 200	2 300	1 600	41.82
…	…	…	…	…	…

通过表格可以列示不同月份的财务状况，包括总收入、总成本、净利润和现金流量等关键指标。净利润率的计算公式为净利润除以总收入，再乘以100%，提供了对企业盈利能力的量化评估。通过对比不同月份的数据，报表用户可以分析企业的财务趋势和季节性变化，如果发现某月的净利润率较其他月份有显著提高，可以进一步探究其原因，比如成本控制得当、销售策略有效或市场需求增加等。此外，报表中还可以包含对数据的进一步分析，如增长率的计算。增长率可以通过以下公式计算：

$$月度增长率 = \left(\frac{本期数 - 上期数}{上期数} \right) \times 100\%$$

利用该公式，可以计算出相邻两个月之间的财务指标变化率，为管理层提供更多关于企业发展动态的信息。

二、数据展示的技术与工具

1.表格展示法

表格展示法作为一种经典的数据呈现方式,通过行和列的矩阵形式组织数据,使数据的比较和分析变得直观而直接。在财务会计实践中,表格被广泛用于展示交易明细、账户余额、预算与实际支出的对比等关键财务信息。表格的结构化特性,使其成为展示大量数据及其相互关系的理想选择。为了提升可读性和实用性,表格应配备适当的标题和清晰的表头,以明确指出每列数据所代表的具体含义,在交易明细表中,表头可能包括"交易日期""账户编号""交易类型""借方金额"和"贷方金额"等字段。利用条件格式化技术可以增强表格的直观性。通过为关键数据或异常值设置特定的颜色或图标,可以迅速吸引用户的注意力,负数的借方金额可以用红色标记,以警示大额支出;而超预算的支出可以用黄色高亮显示,以提示潜在的财务风险,表格中的数据应通过排序或分组来组织,以符合特定的逻辑顺序。时间顺序是最常见的排序方式,有助于追踪数据随时间的变化趋势;而按照金额大小或其他分类标准进行分组,可以帮助用户快速识别数据的分布情况和集中趋势。

表 2-37　财务会计交易明细表

交易日期	账户编号	交易类型	借方金额(万元)	贷方金额(万元)
2024/6/1	1001	销售	-5	
2024/6/2	1002	采购		3
2024/6/15	1003	费用	-1.5	
...	...	...	...	...

在表 2-37 中,每笔交易的日期、账户编号、交易类型、借方金额和贷方金额都被清晰地列出。通过颜色编码,负数的借方金额以红色显示,而贷方金额则以黑色显示,使得资金流动的方向一目了然。为了进一步分析表格中的数据,可以计算每笔交易的净影响,即借方金额与贷方金额的差额:

净影响＝借方金额-贷方金额

使用公式可以帮助管理人员识别每笔交易对账户余额的净贡献或消耗，如 2024 年 6 月 1 日的销售交易导致借方金额减少了 5 万元，而 6 月 2 日的采购交易则使贷方金额增加了 3 万元。

2. 图表展示法

图表展示法以其图形化的数据表示方式，为财务会计领域提供了一种直观、生动的信息传递手段，通过柱状图、折线图、饼图和散点图等图表类型，有效地揭示了数据背后的趋势、模式和内在联系。柱状图适合展示不同类别的比较，如各月份的销售额或不同部门的开支；折线图则更适用于表现数据随时间变化的趋势，如季度利润增长率；饼图能够展示各部分对整体的贡献比例，如产品销售结构；而散点图则用于探索两个变量间的关系，如成本与销售额的相关性。在设计图表时，必须选择与数据特性和分析目的相匹配的图表类型，若须比较不同产品线的收入，柱状图可以清晰地展示每个产品线的收入水平；若要分析销售随季节变化的趋势，则折线图能够直观地反映增减变化。为保证图表的清晰度应避免使用过多的颜色或不必要的图形元素，以免造成视觉干扰和信息过载。图表应简洁明了，确保信息传递的直接性和

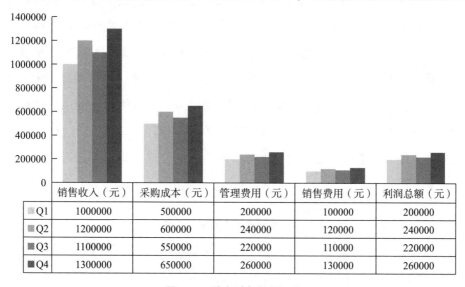

	销售收入（元）	采购成本（元）	管理费用（元）	销售费用（元）	利润总额（元）
Q1	1000000	500000	200000	100000	200000
Q2	1200000	600000	240000	120000	240000
Q3	1100000	550000	220000	110000	220000
Q4	1300000	650000	260000	130000	260000

图 2-1　季度财务数据汇总

准确性。图例应明确指出图表中使用的颜色或形状所代表的数据系列，标签则应提供数据点的具体数值或百分比，而标题则应概括图表所传达的核心信息，图表设计时还应考虑数据的准确性和完整性，确保所有数据点都被准确无误地呈现出来。

3. 交互式数据可视化工具

交互式数据可视化工具在财务会计领域的应用代表了信息技术与数据分析的前沿融合，通过提供点击、拖曳和缩放等交互操作，使用户能够深入探索数据的多个维度和层次，从而获得更为丰富和细致的数据洞察。与传统的静态图表相比，交互式工具的灵活性和动态性极大地增强了数据展示的功能性和用户体验。在设计和应用交互式数据可视化工具时，需要准确把握用户的需求和操作习惯，以此为基础设计直观、易用的用户界面。用户界面应简洁而不简单，既要保证功能的全面性，也要确保操作的便捷性，工具应提供清晰的导航元素，使用户能够快速找到所需的数据视图和分析工具。工具应提供多种视图和分析选项，以满足不同用户从不同角度审视数据的需求，包括数据筛选、数据聚合、数据钻取和交互式图表。数据筛选功能允许用户根据特定条件，如时间范围或账户类型，快速定位到感兴趣的数据子集。数据聚合功能则使用户能够按照月、季度或年度等不同时间尺度查看数据的汇总情况。数据钻取功能支持用户从宏观到微观的数据分析，从总体财务报表深入具体的账户明细。交互式图表则根据用户的筛选和聚合操作动态生成，实时反映数据的变化。确保工具的性能和响应速度对于提供流畅的用户体验至关重要。交互式工具应能够快速响应用户的输入操作，无论是数据的筛选、聚合还是图表的生成，都应尽可能减少等待时间，避免用户因延迟而感到沮丧（见表2-38）。

表 2-38　交互式数据可视化工具功能

功能类型	描述
数据筛选	允许用户根据特定条件筛选数据，如选择特定时间段内的交易记录
数据聚合	提供数据聚合功能，如将年度数据按月或季度进行汇总展示

功能类型	描述
数据钻取	支持用户深入查看数据的详细层次，例如从年度报表钻取到季度报表，再到月度报表
交互式图表	动态生成图表，如根据用户选择的时间范围和账户类型，实时生成销售额和成本的对比图

　　例如，想要分析 2024 年第二季度的财务数据，通过数据筛选功能，可以选定 2024 年 4 月至 6 月的时间范围，利用数据聚合功能，可以看到季度内每个月的销售额和成本的汇总数据。如果需要进一步分析某个特定月份的详细情况，数据钻取功能可以让用户深入月度报表，查看具体的交易记录和账户余额。此外，交互式图表可以展示这一季度每个月的销售额和成本的对比，用户可以通过拖动时间轴来查看不同月份的数据变化。

第三章　统计描述在财务会计中的应用

第一节　描述统计的基本概念

一、描述统计的定义与作用

描述统计作为统计学中的一个重要分支，通过对数据进行整理、概括和总结，采用图表和指标等方式，直观地展示数据的分布特征和内在规律。其定义在于通过对数据的分类、排序和汇总，将原始数据简化为更为简洁和有意义的形式，而不是复杂的推断和预测，其目的是将复杂的数据集简化为关键指标，使数据的核心特征一目了然。描述统计的作用主要体现在数据的整理和概括、数据的可视化展示、数据的总结和报告、支持决策和分析以及数据质量的控制等方面。通过分类、排序和汇总，描述统计能够使庞杂的数据简化为几个代表性的指标，例如频数分布通过计算各个数据值的出现频率展示数据的分布情况，集中趋势分析通过计算均值、中位数和众数等指标揭示数据的中心位置，离散程度分析通过方差、标准差和极差等指标衡量数据的分散程度。此外，描述统计还采用图表等可视化工具使数据的特征和规律更加直观，直方图、饼图和箱线图等图形化表示方式能够发现数据中的异常点和模式。描述统计通过计算和展示关键统计指标，为数据分析提供了简洁明了的总结和报告，在财务会计领域，通过对资产负债表、利润表等财务报表数据进行描述统计分析，揭示企业的财务状况和经营成果，为管理层决策提供依据。描述统计在财务会计、市场研究、质量控制等领域具有广泛的应用，揭示数据的主要特征和规律，帮助管理层和分析人员进行有效的决策和深入的分析。在财务会计中，描述统计能够帮助会计人员发现财务数据中的异常值和错误，确保财务报告的准确性和可靠性。同时，通过揭示数据中的异常和不一致，描述统计还可以提高数据质量，通过计算和分析各类统计指标，发现和纠正数据中的错误和遗漏，确保数据的完整性和准确性。

二、描述统计的基本方法

1. 集中趋势度量

集中趋势度量是描述统计中用于确定数据集中心位置的方法。最常用的集中趋势度量包括均值（$\bar{x}$）、中位数（M_d）和众数（M_o）。均值是所有数据点的总和除以数据点的数量，即数据集中所有数值的平均值。其计算公式为：

$$\bar{x} = \frac{\sum_{i=1}^{n} x_i}{n}$$，其中，x_i 是第 i 个数据点，n 是数据点的总数。均值反映了数据集整体的集中程度，对于呈正态分布的数据集，均值具有较高的代表性。然而，在数据集中存在极端值或分布不对称的情况下，均值会受到较大影响，不能准确反映数据的中心位置。为了更好地描述数据的中心趋势，中位数作为另一种重要的度量方法被广泛应用。中位数是将数据集中所有数值按从小到大排序后位于中间位置的数值。如果数据点数量为奇数，中位数是中间的数值；如果是偶数，则中位数是中间两个数值的平均值。中位数的计算过程相对简单且不受极端值的影响，因此在处理偏态分布数据时具有较好的稳定性和代表性。众数是数据集中出现次数最多的数值。在实际应用中，尤其是财务数据中，众数的存在性和唯一性并不总是确定的。某些数据集中可能没有任何数值重复，导致众数不存在；而某些数据集中可能多个数值重复次数相同，导致多个众数的出现。众数的计算方法主要依赖于频数分析，通过统计各数据点的出现频次，确定出现频次最高的数值即众数。为了更直观地理解这三种集中趋势度量方法，可以使用表格对比不同数据集的均值、中位数和众数。

表 3-1　数据点与对应数值

数据点	数值
1	3
2	5
3	7
4	5
5	9

在表 3-1 中，均值为：$\bar{x} = \dfrac{3+5+7+5+9}{5} = 5.8$。中位数的计算过程为：将数据点从小到大排序，得到 3、5、5、7、9，由于数据点数量为奇数，中位数为中间的数值，即 $M_d = 5$。众数的计算过程为：在数据集中，数值 5 出现了两次，为出现次数最多的数值，因此 $M_o = 5$。

2. 离散程度度量

离散程度度量用于衡量数据的变异性或分散程度。主要的离散程度度量包括方差（σ^2）、标准差（σ）和四分位数间距（IQR）。方差是每个数据点与均值差的平方的平均值，反映了数据点偏离均值的程度。其计算公式为：

$\sigma^2 = \dfrac{\sum_{i=1}^{n}(x_i - \bar{x})^2}{n-1}$，其中，$x_i$ 是第 i 个数据点，$\bar{x}$ 是数据集的均值，n 是数据点的总数。方差提供了一个整体数据分散程度的量化指标，数值越大表示数据点偏离均值的程度越大，如表 3-2 所示。

表 3-2　数据点与对应数值

数据点	数值
1	2
2	4
3	4
4	4
5	5
6	5

数据点	数值
7	7
8	9

计算均值：

$$\bar{x} = \frac{2 + 4 + 4 + 4 + 5 + 5 + 7 + 9}{8} = 5$$

然后，计算每个数据点与均值差的平方，并求其平均值：

$$\sigma^2 = \frac{(2-5)^2 + (4-5)^2 + (4-5)^2 + (4-5)^2 + (5-5)^2 + (5-5)^2 + (7-5)^2 + (9-5)^2}{8-1}$$

$$= \frac{9 + 1 + 1 + 1 + 0 + 0 + 4 + 16}{7} = \frac{32}{7} \approx 4.5$$

标准差是方差的平方根，提供了数据点偏离均值的"平均距离"的度量，其计算公式为：

$$\sigma = \sqrt{\sigma^2} = \sqrt{4.57} \approx 2.14$$

标准差作为方差的平方根，具有与数据点原始单位相同的量纲，便于实际应用中的解释和比较。标准差越大，表示数据点围绕均值的波动越大。四分位数间距（IQR）是第三四分位数（Q_3）与第一四分位数（Q_1）之间的差，表示数据集中间 50% 数据的分散程度。计算四分位数间距需要先将数据点排序，然后找到第一四分位数和第三四分位数。

在表 3-2 中，排序后的数据点为：2，4，4，4，5，5，7，9。其中，第一四分位数（Q_1）是位于第 2 个和第 3 个数据点之间的数值，即 $Q_1 = 4$。第三四分位数（Q_3）是位于第 6 个和第 7 个数据点之间的数值，即 $Q_3 = 6$。因此，四分位数间距（IQR）的计算结果为：

$$IQR = Q_3 - Q_1 = 6 - 4 = 2$$

分位数间距提供了数据集内部波动的一种度量方式，特别适用于分析数据集中间部分的分散程度。方差、标准差和四分位数间距作为描述统计中的离散程度度量方法，各有其适用范围和特点。方差和标准差适用于对数据整体分散程度的量化分析，而四分位数间距则侧重于描述数据集中间 50% 的分散程度。

3. 分布形态分析

分布形态分析用于了解数据的分布特征，包括对称性、偏斜性和峰态。常见的分布形态包括正态分布、偏态分布等。正态分布是一种对称的钟形曲线，其均值、中位数和众数相等，特性可以通过均值和标准差来描述。正态分布是许多统计分析的基础，因其具有独特的数学性质。在正态分布中，大约68%的数据点均位于均值加减一个标准差范围内，约95%的数据点位于均值加减两个标准差范围内，几乎所有数据点位于均值加减三个标准差范围内。偏态分布是指数据分布不对称，分为左偏（负偏）和右偏（正偏）。左偏分布的特点是尾部较长的部分在左侧，数据集中在右侧；右偏分布的特点是尾部较长的部分在右侧，数据集中在左侧。偏态可以通过偏度（Skewness）来度量，偏度为负表示左偏，偏度为正表示右偏，偏度接近零表示对称分布。偏度的计算公式为：

$$K = \frac{n(n+1)}{(n-1)(n-2)(n-3)} \sum_{i=1}^{n} \left(\frac{x_i - \bar{x}}{\sigma}\right)^4 - \frac{3(n-1)^2}{(n-2)(n-3)}$$

表3-3 不同数据集的基本统计量及其分布特征

数据集	均值（$\bar{x}$）	标准差（σ）	偏度（Skewness）	峰度（Kurtosis）
数据集1	50	10	0	3
数据集2	50	15	-1.2	5
数据集3	50	8	0.8	2

表3-3中，数据集1的均值为50，标准差为10，偏度为0，峰度为3，符合正态分布的特征。数据集2的均值同样为50，但标准差较大，为15，偏度为-1.2，表示左偏分布，峰度为5，表示高峰态。数据集3的均值为50，标准差较小，为8，偏度为0.8，表示右偏分布，峰度为2，表示低峰态。

三、描述统计的应用领域

1. 财务报告与分析

在财务会计领域，财务报告是企业对外展示其财务状况和经营成果的关键文档，描述统计学通过对财务数据的整理和分析，提供了对企业经济活动的量化描述。描述统计不仅帮助管理人员编制基本的财务报表，如资产负债表、利润表和现金流量表，还涉及财务比率分析和趋势分析，为企业内部管理和外部投资者提供决策支持。描述统计对资产负债表中的项目进行分类和汇总，资产被分为流动资产和非流动资产，负债则分为流动负债和非流动负债，所有者权益通常由实收资本和未分配利润组成，分类汇总的过程可由以下公式表示：

$$总资产=流动资产+非流动资产$$

$$总负债=流动负债+非流动负债$$

$$所有者权益=实收资本+未分配利润$$

进一步地，描述统计通过计算各种财务比率，评估企业的财务状况。比率包括流动比率、速动比率、资产负债率、净利润率和资产周转率，其计算公式分别为：

$$流动比率=\frac{流动资产}{流动负债}$$

$$速动比率=\frac{速动资产}{流动负债}$$

$$资产负债率=\frac{总负债}{总资产}$$

$$净利润率=\frac{净利润}{营业收入}$$

$$资产周转率=\frac{营业收入}{总资产}$$

比率提供了企业偿债能力、盈利能力和运营效率的量化视角，流动比率和速动比率衡量了企业短期内偿还债务的能力，而资产负债率则反映了企业整体的财务杠杆水平。

财务趋势分析通过同比和环比分析，揭示了企业财务指标随时间的变化趋势，同比增长率和环比增长率的计算方法如下：

$$同比增长率=\left(\frac{本期数-同期数}{同期数}\right)\times100\%$$

$$环比增长率 = \left(\frac{本期数 - 上期数}{上期数} \right) \times 100\%$$

假设企业 2019 年的净利润为 500 万元，而 2020 年增长至 600 万元，则同比增长率为 20%，表明企业的盈利能力在一年内有所提升。如表 3-4 所示，企业在 2019 年和 2020 年的财务数据，包括净利润、营业收入、流动资产、流动负债、总资产和总负债，以及计算出的同比增长率，数据和指标为分析企业的财务表现提供了坚实的基础。

表 3-4　企业财务数据及统计指标

年份	净利润（万元）	营业收入（万元）	流动资产（万元）	流动负债（万元）	总资产（万元）	总负债（万元）	同比增长率（%）
2019	500	2 000	1 000	500	3 000	1 000	—
2020	600	2 200	1 100	550	3 200	1 100	20

2. 预算编制与控制

预算编制对企业资源的合理配置、资金使用效率的提升以及财务风险的控制具有显著影响，在此过程中，描述统计的应用为预算编制提供了数据支持，并在预算控制中发挥着分析和调整的作用。描述统计在预算编制中体现在数据收集与整理上，财务人员须搜集历史财务与业务数据，通过描述统计方法快速整理出数据的分布特征和集中趋势，在销售预算的编制中，通过对历史销售数据的集中趋势分析，预测未来销售趋势。预测公式可表示为：

预测销售额=历史销售额平均值+销售增长率×历史销售额平均值

描述统计在预算控制中的应用通过实际与预算数据的对比分析实现，通过偏差分析，识别实际执行与预算计划之间的差异，并探究其原因。偏差分析的计算公式为：

销售额偏差=实际销售额–预算销售额

随着市场和经营状况的变动，企业须对预算进行持续更新，确保其适应性和可行性，描述统计通过对最新财务和业务数据的分析，辅助预算目标和计划的及时调整，在销售预算的滚动调整中，可采用移动平均法对未来销售额进行预测：

$$未来销售额 = \frac{最近几期销售额之和}{最近几期的期数}$$

表3-5 基于移动平均法的销售额预测

月份	销售额（万元）	3个月移动平均销售额（万元）
1月	100	—
2月	120	110
3月	110	110
4月	—	115

如表3-5所示，3个月移动平均销售额是通过将最近三个月的销售额相加后除以3得到的，这种方法可以平滑短期波动，为未来销售额提供一个更为稳健的预测值。

描述统计的应用不仅限于销售额预测，同样适用于成本、利润等其他财务指标的预算编制与控制。通过对指标的历史数据进行描述性分析，企业能够更准确地制定预算，并在执行过程中进行有效监控和调整。描述统计还为预算编制提供了一种系统性的方法论，确保预算过程的科学性和规范性。通过集中趋势、离散程度和分布形态的分析，财务人员能够全面理解财务数据的特性，为预算决策提供坚实的数据基础。

第二节 财务会计数据的集中趋势分析

一、集中趋势的定义与意义

在财务会计领域，集中趋势分析用于揭示数据集的中心位置或一般水平，集中趋势的定义指的是数据集中数值的中心位置，反映了数据集的一般水平或典型特征。在财务会计中，集中趋势的分析有助于理解企业财务状况的典型特征，如资产、负债和所有者权益的一般规模，以及收入和费用的平均水平。通过对集中趋势的度量，会计师能够识别和描述企业财务数据的一般模式，为管理层提供决策支持。通过计算资产负债表中各项资产的均值，可以了解企业资产的一般水平，从而评估企业的资产结构是否合理。同样，通过分析利润表中收入和费用的集中趋势，可以判断企业的盈利能力和成本控制效果。

集中趋势的度量方法主要包括均值、中位数和众数。均值是最常见的集中趋势度量，它通过将所有数值相加后除以数值的个数来计算，提供了数据集中所有数值的平均值。然而，均值对异常值敏感，因此在数据分布不均匀或包含极端值时，中位数和众数可能是更好的集中趋势度量方法。中位数是将数据集中所有数值按从小到大排序后位于中间位置的数值，不受极端值的影响，提供了数据集中心位置的一个稳健估计。众数则是数据集中出现次数最多的数值，反映了数据集中最常见的特征。

在实际应用中，集中趋势的度量方法可以结合使用，以提供更全面的数据分析，如果一个企业的资产主要由现金、应收账款和存货组成，通过计算资产的均值、中位数和众数，可以更全面地了解企业资产的一般水平。此外，集中趋势的度量也可以与其他统计方法结合使用，如标准差和方差，以评估数据的离散程度，进一步深化对企业财务状况的理解。

二、集中趋势的常用指标

1. 算术平均数

算术平均数通过将一组数据的总和除以数据的数量来计算，其在财务会计中广泛应用于衡量各种财务指标的平均水平，如平均收入、平均成本、平均销售额等。算术平均数的计算公式为：$\bar{x} = \dfrac{\sum_{i=1}^{n} x_i}{n}$，其中，$x_i$ 是第 i 个数据点，n 是数据点的总数。在计算公司年度销售额的平均值时，可以将每年的销售额相加，再除以年份数。如表 3-6 所示。

表 3-6　年度销售额

年份	销售额（万元）
2018	500

年份	销售额（万元）
2019	600
2020	550
2021	700
2022	650

假设需要计算 2018 年至 2022 年五年间的平均销售额。根据公式，先将每年的销售额相加，即 $500+600+550+700+650=3\,000$，然后除以年份数 5，得到平均销售额为 $\bar{X}=\dfrac{3\,000}{5}=600$ 万元，算术平均数为管理层提供了一个总体销售趋势的概览，尽管每年的销售额有波动，但平均值能够反映出一个长期的整体水平。

算术平均数在财务分析中的应用也包括投资收益的评估，假设某投资项目在过去五年的年收益分别为 5%、7%、6%、8% 和 9%。要计算该项目的平均年收益率，将各年的收益率相加，得到 $5\%+7\%+6\%+8\%+9\%=35\%$，再除以年份数 5，得到平均年收益率为 $\bar{X}=\dfrac{35\%}{5}=7\%$。平均收益率能够为投资者提供项目总体回报水平的一个概览，有助于决策制定。尽管算术平均数是一个强有力的工具，但在使用过程中需要注意某些局限性，当数据中存在极端值时，算术平均数会受到较大影响，从而不能准确反映数据的中心位置。在这种情况下，可以考虑使用其他集中趋势指标，如中位数和加权平均数来进行补充分析。

2. 中位数

中位数作为集中趋势的度量，在财务会计中具有独特的地位，尤其是在数据分布不均或存在异常值时。其计算方法相对简单，但所蕴含的信息量却非常丰富。确定中位数要求将数据集按照数值大小进行排序，然后根据数据点的总数是奇数还是偶数来确定中位数的值。对于奇数个数据点的情况，中位数是排序后位于中间的数值。例如公司有 5 名员工，他们的月工资分别为

財务会计工作与统计学应用

3 000 元、4 000 元、5 000 元、6 000 元和 7 000 元，那么中位数就是 5 000 元，即排序后的第三个数值。对于偶数个数据点的情况，中位数则是排序后中间两个数值的平均值。以公司 6 名员工为例，月工资分别为 3 000 元、4 000 元、5 000 元、6 000 元、7 000 元和 8 000 元，那么中位数将是 5 000 元和 6 000 元的平均值，即 5 500 元。中位数的计算公式可以表示为：

$$中位数 = \begin{cases} 第\left(\dfrac{n+1}{2}\right)个数值 & \text{如果 } n \text{ 是奇数} \\ \dfrac{第\left(\dfrac{n}{2}\right)个数值 + 第\left(\dfrac{n}{2}+1\right)个数值}{2} & \text{如果 } n \text{ 是偶数} \end{cases}$$

其中，n 表示数据点的总数。

在分析公司的盈利能力时，使用中位数来衡量不同时间段内的平均盈利水平，中位数还可以用于评估资产分布的均衡性，如在对公司资产进行评估时，中位数可以提供资产价值的中心位置，帮助管理层了解资产配置的合理性。在实际应用中，中位数的计算可以通过手动排序和计算，也可以利用现代统计软件来实现。如表 3-7 所示。

表 3-7　员工月工资数据

员工编号	月工资（元）
1	3 000
2	4 000
3	5 000
4	6 000
5	7 000
6	8 000

由于员工总数为偶数，取中间两个数值 5 000 元和 6 000 元，计算得到中位数为 5 500 元。中位数的计算和应用，为财务会计提供了一种稳健的数据分析方法，尤其在数据分布不均或包含异常值时，中位数能够提供一个更加客观和准确的度量。

110

三、集中趋势的计算方法

1. 加权平均数

加权平均数通过考虑各数据点的不同重要性或权重来计算，在财务会计领域，加权平均数的应用尤为广泛，例如在存货评估、成本分析和投资评估等方面。计算加权平均数时对每个数据点赋予一个权重，然后按照权重对数据点进行加权求和，最后除以权重的总和，能够确保在计算平均数时，对那些具有较大权重的数据点给予更多的重视。加权平均数的计算公式如下：

$$X_W = \frac{\sum_{i=1}^{n} w_i \cdot X_i}{\sum_{i=1}^{n} w_i}$$

其中，X_W 表示加权平均数，w_i 表示第 i 个数据点的权重，X_i 表示第 i 个数据点的数值，n 表示数据点的总数。

以库存商品的加权平均成本为例，假设一家公司有三批不同时间购入的商品，每批商品的数量和单位成本如表3-8所示。

表 3-8　库存商品批次信息

批次	商品数量（件）	单位成本（元）
1	100	10
2	150	12
3	200	15

计算加权平均成本时，先计算每批商品的总成本，然后将总成本加总，最后除以商品的总数量。具体计算如下：

$$加权平均成本 = \frac{(100 \times 10) + (150 \times 12) + (200 \times 15)}{100 + 150 + 200}$$

$$加权平均成本 = \frac{1\,000 + 1\,800 + 3\,000}{450}$$

$$加权平均成本 = \frac{5\,800}{450} \approx 12.91$$

通过计算得到加权平均成本约为 12.91 元，能够更准确地反映库存商品的平均成本，有助于公司进行成本控制和定价决策。加权平均数的计算方法不仅适用于成本计算，还可以应用于其他财务指标的分析，如加权平均市盈率等。通过合理选择权重，加权平均数能够更好地反映数据的实际情况，为财务决策提供有力的数据支持。在实际应用中，加权平均数的计算可以通过电子表格软件或专业统计软件来完成，可以自动进行加权求和和平均计算，提高计算效率并减少人为错误，通过表格形式展示加权平均数的计算过程和结果，可以更清晰地传达信息，便于理解和分析。

2. 调和平均数

调和平均数适用于处理速率或比率类型的数据，如收益率、成本效益比等，当数据集中包含极端值或差异较大时，调和平均数能够提供一个更为合理的集中趋势估计。调和平均数的计算基于数据点的倒数，通过求倒数的算术平均，再取其倒数得到最终结果，在处理具有极端值的数据集时，能够减少极端值对平均数的影响。调和平均数的计算公式定义如下：

$$X_h = \frac{n}{\sum_{i=1}^{n} \frac{1}{X_i}}$$

其中，X_h 表示调和平均数，X_i 表示第 i 个数据点的数值，n 表示数据点的总数。

以投资组合的收益率为例，假设有三个投资项目收益率分别为 5%、10% 和 20%。如果使用算术平均数来计算整体收益率，会因为极端值（如 20%）的存在而高估整体收益水平。此时，调和平均数提供了一个更为合适的计算方式：

$$X_h = \frac{3}{\frac{1}{0.05} + \frac{1}{0.10} + \frac{1}{0.20}}$$

$$X_h = \frac{3}{(20 + 10 + 5)}$$

$$X_h = \frac{3}{35} \approx 0.0857 \text{ 或 } 8.57\%$$

通过计算得到调和平均收益率约为 8.57%。这个结果比简单的算术平均数更能反映投资组合的整体收益水平，尤其是在收益率差异较大的情况下。调和平均数的计算过程通过电子表格软件或专业统计软件来实现，工具可以自动进行复杂的数学运算，提高计算效率并减少误差。同时，将计算过程和结果以表格的形式展示，可以更清晰地传达信息，便于理解和分析。

表 3-9　投资项目收益率数据

项目	收益率（%）
投资 A	5
投资 B	10
投资 C	20

根据表 3-9 的数据，通过上述调和平均数的计算公式，得到调和平均收益率，在财务会计中具有重要应用价值。尤其是在处理包含极端值的财务数据时，能够提供更为稳健和合理的分析结果。

第三节　财务会计数据的离散程度分析

一、离散程度的定义与意义

1. 离散程度的基本解释

在财务会计领域，离散程度的作用在于评估数据集中度的不同程度及其分布的广泛性，离散程度被定义为衡量数据分布范围和数据点相对于其平均值的分散程度的统计指标。在财务会计数据中，指标的高低直接反映了财务数据的波动性和不确定性程度，对于管理者和决策者而言，具有重要的决策意义。离散程度分析的目的是帮助决策者理解和评估财务数据的稳定性及风险水平，通过详细分析财务数据的离散程度，管理者可以识别出可能存在较高波动性的财务项目或时段，在财务报表中，某项收入或支出的离散程度高可能表明其受外部经济因素或市场波动的影响较大，这对于风险管理和预算规划具有重要意义。此外，离散程度分析还可以揭示出数据分布的不均匀性，即使在总体数据平均值相近的情况下，不同数据点之间的分散程度也可能存在显著差异，因而其有助于识别出财务数据中的异常或异常波动，进而提升数据的准确性和可信度，在财务审计过程中，通过对财务数据的离散程度进行检验，审计人员可以更加精确地了解是否存在财务风险或欺诈行为。

2. 离散程度在决策中的作用

在财务决策过程中，管理者需要依据财务数据的稳定性来制定战略和规划预算，而离散程度分析则提供了评估数据波动性的关键工具。离散程度能够帮助管理者识别和理解财务数据中的波动性和不确定性，通过分析财务数据的离散程度，管理者可以辨识出那些在特定时间段内波动较大的财务项目或指标。这种识别对于风险管理至关重要，因为高度波动的数据表明受到外部经济条件或市场因素的影响较大，从而可能影响企业的盈利能力或财务稳定性。离散程度分析有助于提升财务数据的可信度和决策的准确性，在财务报告中，数据的稳定性和一致性是审计和财务分析的重要标准。通过定量评估离散程度，管理者可以更准确地判断财务数据的真实性和可靠性，进而为决策提供可信的基础数据。离散程度分析还为决策者提供了评估不同财务策略和方案的工具，在制定预算或制定战略规划时，管理者需要考虑不同决策对财务表现和风险水平的影响。通过对比不同方案的离散程度，可以帮助管理者理解各种决策选择可能带来的财务波动，从而做出更为理性和全面的决策。

二、离散程度的常用指标

1. 变异系数

变异系数作为衡量数据相对离散程度的统计量，提供了一种评估不同规模数据集波动性的有效方法。通过将标准差除以平均值并乘以100%，变异系数能够反映出数据集中数值相对于其平均值的波动程度，而不受数据规模的影响。变异系数的计算公式定义为：

$$变异系数 = \left(\frac{标准差}{\bar{X}}\right) \times 100\%$$

其中，$\bar{X}$ 表示数据集的平均值，标准差表示数据点偏离平均值的程度，变异系数的大小直接关联到数据的波动性：数值越大，表明数据的波动性越高，反之则波动性较低。在财务会计领域，变异系数不仅用于评估单一财务指标的稳定性，如收入或利润的波动性，还可用于比较不同公司或不同时间段内财务指标的稳定性，如果两家公司的年收入分别为 100 万元和 1 000 万元，直接比较它们的收入波动性不太合理，因为规模差异较大，通过计算各自的变异系数，可以更公平地评估它们的收入稳定性，如表 3-10 所示。

表 3-10 两家公司年收入稳定性分析

公司名称	年收入 （万元）	标准差 （万元）	平均收入 （万元）	变异系数
公司 A	100	20	100	20%
公司 B	1 000	50	1 000	5%

尽管公司 B 的年收入波动绝对值大于公司 A（50 万元 > 20 万元），但公司 B 的变异系数（5%）低于公司 A（20%），表明相对于其平均收入而言，公司 B 的收入更为稳定。

变异系数的计算和应用，为财务分析师提供了一种量化和比较不同财务数据波动性的工具，分析师可以更准确地评估财务风险，制定相应的风险管理策略，并在投资决策中考虑不同项目的相对波动性。在实际的财务分析中，变异系数的计算可以通过电子表格软件或专业统计软件来实现，确保计算的准确性和效率。此外，变异系数的分析结果可以与其他统计分析工具结合使用，如偏度和峰度分析，以获得对数据分布特性更全面的了解。

2. 偏度与峰度

偏度和峰度是描述数据分布形状的两个关键统计量，分别提供了关于数据分布对称性和尖锐度的信息。偏度衡量数据分布是否对称，以及分布的尾部延伸的方向，正偏度意味着分布的右尾比左尾更长或更高，而负偏度则意味着左尾更长。峰度则衡量数据分布的尖锐程度，与数据分布的峰值高度有关。高峰度意味着有一个尖锐的峰和薄的尾部，而低峰度则意味着有一个平坦的峰和厚的尾部。

偏度的计算公式如下：

$$偏度 = \frac{n(n+1)}{(n-2)(n-3)} \sum_{i=1}^{n} \left(\frac{X_i - \overline{X}}{标准差}\right)^3 - \frac{3(n+1)}{(n-2)(n-3)}$$

峰度的计算公式如下：

$$峰度 = \frac{n(n+1)}{((n-2)(n-3))^2} \left[\frac{1}{n} \sum_{i=1}^{n} \left(\frac{X_i - \overline{X}}{标准差}\right)^4 - \frac{3(n+1)^2}{(n-2)(n-3)}\right] +$$

$$3 - \frac{6}{(n+1)(n+2)}$$

在财务会计中，如果一家公司的利润分布具有正偏度，表明公司有较高的盈利潜力，但同时也面临较大的经营风险。峰度分析可以帮助分析师评估利润分布的集中程度，高峰度意味着利润数据中有异常值或极端值，影响公司的利润稳定性和预测的准确性，如表3-11所示。

表3-11　不同公司和时间段的财务数据偏度和峰度值

公司/时间段	平均值	标准差	偏度	峰度
公司A	100	15	1.2	4.5
公司B	200	25	-0.8	2.8
时间段1	150	20	0.5	3.2

公司A的利润分布比公司B更不对称，且峰度值更高，表明其利润分布更加尖锐，存在极端值的风险。而公司B的负偏度和较低的峰度值则表明其利润分布较为平坦，波动性较小。偏度和峰度的分析可以为财务决策提供重要的信息支持。通过识别数据分布的特性，分析师可以更好地评估风险，制定风险管理策略，并优化投资组合。此外，统计量的分析还可以应用于预算编制、财务预测和绩效评估等多个领域，为公司的财务健康和可持续发展提供数据支持。

三、离散程度的计算方法

1. 方差与标准差的计算

方差是衡量数据集中各个数值与平均值偏离程度的平方的平均值，是描述数据离散程度的一个统计量。方差的计算公式为：

$$方差(s^2) = \frac{1}{n-1} \sum_{i=1}^{n} (X_i - \overline{X})^2$$

其中，X_i 表示第 i 个数据点，$\overline{X}$ 是数据集的平均值，n 是数据点的总数，方差的单位是原始数据单位的平方，标准差是方差的平方根，与原始数据单位相同，更易于解释和比较。标准差的计算公式为：

$$标准差(s) = \sqrt{方差} = \sqrt{\frac{1}{n-1} \sum_{i=1}^{n} (X_i - \overline{X})^2}$$

在财务会计中，标准差常用于衡量投资收益的波动性、财务指标的稳定性等。例如计算一家公司股票收益率的标准差，可以帮助投资者评估投资风险。假设股票收益率数据如表 3-12 所示。

表 3-12　股票收益率数据

年份	收益率（%）
2019	8.5
2020	12.3
2021	7.8
2022	10.1
2023	9.4

计算这些收益率的平均值（$\overline{X}$）和标准差（s）如下。

（1）计算平均值：

$$\overline{X} = \frac{8.5 + 12.3 + 7.8 + 10.1 + 9.4}{5} = 9.62$$

（2）计算每个数据点与平均值的差的平方和：

$$\sum_{i=1}^{5}(X_i - \overline{X})^2 = (8.5 - 9.62)^2 + (12.3 - 9.62)^2 +$$

$$(7.8 - 9.62)^2 + (10.1 - 9.62)^2 + (9.4 - 9.62)^2$$

$$= 1.254\,4 + 7.184\,2 + 3.385\,6 + 0.230\,4 + 0.048\,4 = 12.101\,2$$

（3）计算方差：

$$s^2 = \frac{12.101\,2}{5 - 1} = 3.025\,3$$

（4）计算标准差：

$$s = \sqrt{3.025\,3} = 1.739$$

通过计算标准差，可以看出该股票收益率的波动性，标准差越大，收益率的波动性越大，投资风险也越高。反之，标准差越小，收益率的波动性越小，投资风险也越低。标准差在财务会计中的应用不仅限于分析投资收益的波动性，还可以用于其他财务指标的稳定性分析，如公司利润、销售额等。通过分析这些财务指标的标准差，帮助企业管理层和投资者更好地理解企业的财务状况和经营风险，从而做出更明智的决策。

2. 四分位距与百分位数的应用

四分位距（IQR）作为描述数据集中趋势的统计量，通过计算第三四分位数（Q_3）与第一四分位数（Q_1）之间的差来衡量数据集中间50%数据的离散程度。四分位距对异常值具有较好的鲁棒性，因为它仅考虑数据集中间的分布情况。四分位距的计算公式为：

$$IQR = Q_3 - Q_1$$

其中，Q_1和Q_3分别代表位于数据集下25%和上25%位置的值。四分位距能够揭示数据集的中间部分的分布范围，其值越大，表明中间50%的数据分布越分散。百分位数（Percentile）则用于描述数据集中各数值相对于整体的相对位置。第p百分位数意味着有$p\%$的数据值低于该百分位数值。百分位数的确定方法可以基于数据的累积分布函数，具体方法可能因数据分布特性和所需精度而异。在财务会计领域，四分位距和百分位数的应用极为广泛，不仅可以评估财务指标的分布特征，还能识别数据中的异常值，辅助进行财务预测和风险评估，公司管理层可以通过计算利润的四分位距来了解利润的波动性及其稳定性，进而评估潜在的经营风险。

表 3-13　公司季度财务指标的四分位数和百分位数

季度	第一四分位数 Q_1	中位数 Q_2	第三四分位数 Q_3	第 90 百分位数
Q1	200	250	300	350
Q2	210	260	310	360
Q3	220	270	320	370
Q4	230	280	330	380

表 3-13 中对不同季度的财务指标分布情况进行了比较，观察到第四季度的四分位距比第一季度的四分位距更大，表明第四季度的财务指标波动性较高，第 90 百分位数的数值在各季度间的变化也反映了高利润水平的分布情况。

第四节　分布形态的描述

一、分布形态的定义与分类

分布形态是统计学中描述数据点在数值轴上排列方式的关键概念，揭示了数据的集中趋势、离散程度以及偏斜性等特征。在财务会计领域，分析分布形态对于评估企业的财务状况和支持决策制定具有重要作用。

正态分布：对称分布，数据点以均值为中心，两侧对称地逐渐减少，形成钟形曲线。正态分布的概率密度函数为：$f(x) = \dfrac{1}{\sigma\sqrt{2\pi}}e^{-\frac{(x-\mu)^2}{2\sigma^2}}$，其中，$\mu$ 表示均值，σ 表示标准差。

偏态分布：数据分布不对称，分为正偏态（右偏态）和负偏态（左偏态），正偏态的尾部向右延伸，而负偏态的尾部向左延伸。

双峰分布：数据集中存在两个明显的高峰，通常指示数据可能来源于两个不同的总体或群体。双峰分布可以通过直方图观察到，其中两个峰值将数

财务会计工作与统计学应用

据集分为三个部分。

均匀分布：数据在整个数值范围内以相同的频率出现，没有明显的集中趋势。均匀分布的概率密度函数为一个常数，表示在任意区间内数据点出现的概率是相同的。

不同分布形态的特征如表 3-14 所示。

表 3-14 不同分布形态的特征

分布类型	均值 μ	标准差 σ	偏度	峰度	特点描述
正态分布	明确	明确	接近 0	接近 3	钟形曲线，数据对称分布
偏态分布	可能不明确	可能不明确	不等于 0	可能大于或小于 3	数据分布不对称，有偏斜
双峰分布	可能不明确	可能不明确	可能存在	可能较高	两个高峰，数据分为三部分
均匀分布	不适用	不适用	不适用	不适用	数据在整个范围内均匀分布

在财务会计中，分析分布形态有助于对企业的财务数据进行深入理解，通过分析企业收入的分布形态，评估企业的盈利稳定性和风险水平。如果收入分布呈现正态分布，表明企业的盈利能力较为稳定；而如果呈现偏态分布，则需要进一步分析导致偏斜的原因，如市场需求的波动或竞争压力的变化。双峰分布指示企业业务的多元化，而均匀分布可能表明企业的盈利能力在不同时间段内保持一致。分布形态的分析还可以应用于财务预测和风险管理，在进行财务预测时，了解收入或成本的分布形态可以帮助管理者预测未来的财务表现。在风险管理中，分析资产回报的分布形态可以评估投资的风险水平，从而制定相应的风险控制策略。为了更准确地描述分布形态，可以使用图形工具，如直方图和箱线图，直方图通过将数据分为若干连续的区间，并计算每个区间内的数据频率或数量，以条形图的形式展示数据的分布情况。箱线图则通过展示数据的中位数、四分位数以及异常值，来揭示数据的集中趋势和离散程度。在实际应用中，分布形态的分析需要结合具体的财务数据和业务场景，通过分析企业季度销售数据的分布形态，可以识别出销售旺季和淡季，从而为生产计划和库存管理提供依据，分布形态分析还可以应用于信用风险评估，通过分析企业应收账款的分布形态，可以识别出

潜在的坏账风险。

二、分布形态的常用指标

1. 偏度

偏度是衡量数据分布偏斜性的统计量，反映了数据分布相对于对称分布的偏离程度。在财务会计领域，偏度对于分析财务指标如收入、成本或利润的分布特性至关重要。通过偏度分析，可以识别数据分布的不对称性，这可能指示潜在的业务风险或市场机会。偏度的计算基于以下公式：

$$偏度 = \frac{n(n-2)(n-3)}{(n-1)^2} \sum_{i=1}^{n} \left(\frac{X_i - \bar{X}}{s} \right)^3$$

其中，X_i 代表每个数据点，$\bar{X}$ 是样本均值，s 是样本标准差，n 是样本大小。偏度的值域为负无穷到正无穷，正值表示数据分布的尾部向右延伸，即正偏态；负值表示数据分布的尾部向左延伸，即负偏态；而接近零的值则表明数据分布接近对称（见表3-15）。

表3-15 不同偏度值所代表的分布特征

偏度值	分布特征
>0	右偏态（正偏态）
<0	左偏态（负偏态）
接近0	对称分布

正偏态意味着数据集中存在一些较大的值，在财务会计中表明企业有较高的盈利潜力，但同时也面临较大的波动性。负偏态则意味着数据集中存在一些较小的值，表明企业的盈利能力较为稳定，但增长潜力受限。偏度分析的一个关键应用是在风险管理中，在评估企业信用风险时，通过分析应收账款的偏度，可以识别出潜在的坏账风险。如果应收账款的偏度较高，表明部分客户存在较大的违约风险。偏度分析还可以应用于投资决策。投资者在评估潜在投资时，会考虑企业的盈利分布特征。一个正偏态的盈利分布为风险偏好型投资者提供了获得高额回报的机会，尽管伴随着较高的风险。在实际

应用中，偏度分析需要结合其他统计量和分析方法，与偏度分析相结合，峰度分析可以提供关于数据分布尖锐程度的额外信息。峰度值较高的分布表明数据集中存在异常值或极端值，对财务预测和决策产生影响。

2. 峰度

峰度作为衡量数据分布尖锐程度的统计量，通过分析数据点与均值的偏离程度来计算，进而揭示数据分布的形态特征。峰度的计算遵循以下公式：

$$峰度 = \frac{n(n+1)}{(n-1)(n-2)(n-3)} \sum_{i=1}^{n} \left(\frac{X_i - \bar{X}}{s}\right)^4 - \frac{3(n+1)^2}{(n-2)(n-3)}$$

其中，X_i 表示每个数据点，$\bar{X}$ 代表样本均值，s 为样本标准差，而 n 是样本大小。峰度值的高低与数据分布的形态紧密相关。高峰度值（>3）表明数据分布具有平坦的峰和厚的尾部，意味着数据分布更加均匀；当峰度值等于 3 时，表示数据遵循正态分布的峰度特征（见表 3-16）。

表 3-16 不同峰度值所代表的分布特征

峰度值	分布特征
>3	高峰度（尖峰态）
<3	低峰度（扁峰态）
等于 3	正态分布峰度

在财务会计领域，峰度的应用为财务数据的分布特性提供了量化描述，公司利润的分布如果展现出高峰度，表明公司面临较大的经营风险，因为极端值的出现可能对利润产生重大影响。相反，低峰度的利润分布可能表明公司的利润更加稳定，没有极端波动。峰度分析与偏度分析相结合，可以提供更为全面的财务数据分布特征。偏度衡量了分布的对称性，而峰度则描述了分布的尖锐程度。两者共同作用，帮助分析师识别和解释财务数据中的潜在模式和风险点。在财务预测和预算编制中通过对历史财务数据的峰度分析，企业可以识别出数据分布的变化趋势，从而为未来的财务规划和决策提供数据支持，如果分析显示销售收入的峰度随时间增加，表明市场需求的不确定

性增加，需要在预算编制时考虑潜在的风险因素。

三、分布形态的图示方法

1. 直方图

直方图是一种重要的数据可视化工具，用于展示数据分布情况，即将数据分为若干个等宽（或不等宽）的连续区间，计算每个区间内数据点的频率或数量，然后将这些频率以条形图的形式展示出来。直方图不仅能够揭示数据的集中趋势、偏斜性和分布密集程度，还能直观地展示数据的分布形态，包括正态分布、偏态分布、双峰分布或均匀分布等。在财务会计领域，直方图用来分析各种财务指标的分布情况，如收入、成本、利润等。通过直方图，分析师可以快速识别数据的集中区域和分散情况，进而对公司的财务状况和经营成果进行评估，例如，公司的收入直方图。大多数值集中在某一区间内，表明公司的收入来源相对稳定，风险较低。而如果直方图显示数据分散在多个区间内，则表明公司的收入来源多样化，但也意味着收入的不稳定性较高，需要进一步分析原因。

表 3-17 使用直方图分析公司收入分布

收入区间（万元）	频率	累计频率（%）
0~100	5	5
100~200	15	20
200~300	40	60
300~400	25	85
400~500	10	100

表 3-17 中的"频率"表示每个收入区间内数据点的数量，而"累计频率"则表示从最低收入区间到当前区间的数据点所占的百分比。可以看出，公司收入在 200 万~300 万元区间的频率最高，累计频率达到 60%，表明该区间是公司收入的主要集中区域。而随着收入区间数据的增加，频率逐渐减少，表明高收入区间的分布较为稀疏。

直方图的构建步骤：确定数据的范围和区间的数量及宽度，然后计算每个区间内的数据点数量，最后绘制条形图。在实际操作中，可以使用统计软件或编程语言（如 Excel、R、Python 等）来自动化直方图的绘制过程。除了基本的直方图，还有一些变体，如累积直方图，展示数据点在某一区间以下或以上的累积比例。此外，直方图还可以与其他图形（如正态分布曲线）叠加，以比较数据分布与理论分布的相似度。在财务会计中，直方图的应用不仅限于单一财务指标的分析，还用于多指标的比较分析，通过对比不同公司或不同时间段的收入直方图，可以识别出业务表现的差异和趋势，直方图还可以用于风险管理，通过分析财务指标的分布形态，评估潜在的风险水平。

2. 箱线图

箱线图是一种高效的数据可视化工具，广泛应用于统计学和财务会计领域，用于展示和分析数据的分布特征，数据的最小值、第一四分位数（Q_1）、中位数（Q_2）、第三四分位数（Q_3）和最大值，提供了数据分布的摘要统计信息。箱线图特别适用于识别数据中的异常值和展示数据的偏斜性，从而帮助分析师快速把握数据的集中趋势和离散程度。在财务会计领域，箱线图用于分析不同时间段或不同部门的财务指标，例如成本、销售额或利润等。通过箱线图，分析师可以识别出哪些时间段或部门的财务表现更为稳定，哪些存在较大的波动性，箱线图还可以用于比较不同公司或不同市场的财务表现，为投资决策和风险管理提供数据支持。

表 3-18　使用箱线图分析公司销售额分布

指标	最小值	第一四分位数	中位数	第三四分位数	最大值
销售额	100	200	300	400	600

表 3-18 中的中位数为 300，表明一半的销售额低于 300，另一半高于 300，最大值和最小值之间的差距揭示了销售额的波动范围。如果最大值和最小值与四分位数的距离较远，表明数据中可能存在异常值或极端值。

箱线图的构建：确定数据的最小值和最大值，计算第一四分位数（Q_1）、中位数（Q_2）和第三四分位数（Q_3）。四分位数将数据分为四个等分，其中

Q_1 和 Q_3 分别表示数据的下半部分和上半部分的边界。箱线图的"箱体"部分由 Q_1、Q_2 和 Q_3 构成，而"须线"通常延伸到最小值和最大值，但不包括异常值。异常值通常单独表示，以区分于正常数据范围。在财务会计中，通过将多个箱线图并排展示，可以进行多指标的比较分析，通过比较不同季度的销售额箱线图，可以识别销售表现的季节性变化，箱线图还可以用于分析财务比率的分布，如资产负债率、净资产收益率等，以评估公司的财务健康状况。箱线图还可以与其他统计工具结合使用，以增强数据分析的深度和广度，箱线图可以与时间序列分析结合，展示财务指标随时间的变化趋势和周期性，箱线图还可以与相关性分析和回归分析结合，探索不同财务指标之间的关系。

第五节　图表在财务会计中的应用

一、图表的定义与类型

1. 图表的定义

早在古代，人们就开始使用简单的图形和符号来记录和传达信息，随着时间的推移，图表的形式和功能不断演变和丰富，特别是在现代财务会计领域，图表的应用变得尤为重要。在财务会计中，图表通过视觉元素如线条、条形、饼状等，直观地展示了数据之间的关系和趋势，视觉元素能够帮助财务人员和决策者快速理解复杂的数据，从而做出更明智的决策，折线图可以展示公司收入的变化趋势，柱状图可以比较不同部门的支出情况，而饼图则可以显示各项费用在总支出中的比例。图表不仅增强了数据的可读性，而且促进了对财务信息的深入理解和分析，通过图表，财务人员可以更容易地发现数据中的异常和趋势，从而及时采取措施，通过分析销售数据的折线图，可以发现某一时期销售额的异常波动，进而调查其原因并采取相应的对策，图表还可以帮助财务人员进行预测和规划，通过历史数据的图表分析，可以预测未来的财务状况和市场趋势，从而制定更有效的财务策略。

随着计算机技术和软件的发展，图表的制作和应用变得更加便捷和多样化，现代财务会计软件如 Excel、Tableau 和 Power BI 等，提供了丰富的图表制作功能，用户可以根据需要选择不同类型的图表，并进行个性化的设置和调整。软件不仅提高了图表制作的效率，而且增强了图表的表现力和互动性，用户通过拖曳操作快速生成图表，并通过点击图表中的元素查看详细数据，还支持动态图表和实时数据更新，使图表能够及时反映最新的财务信息。图表在财务会计中的应用不仅限于数据的展示和分析，还用于报告和沟通。在财务报告中，图表帮助读者快速理解报告中的关键信息，提升报告的可读性和说服力；在年度财务报告中，通过图表展示公司的收入、利润和支出情况，可以让股东和投资者更直观地了解公司的财务状况和经营成果；在内部沟通中，财务人员可以通过图表向管理层和其他部门展示财务数据，促进跨部门的协作和决策。

2. 图表的类型

在财务会计领域，图表作为一种数据可视化工具，其类型多样，各具特点，能够针对不同的数据展示需求提供直观的表现形式。图表的类型主要包括条形图、柱状图、折线图、饼图、散点图、直方图和箱线图等，每种图表都有其特定的应用场景和优势。

条形图通过水平排列的条形来展示不同类别的数据量，其中条形的长度表示数值的大小，若要比较不同部门的年度销售收入，条形图可以清晰地展示每个部门的销售业绩。柱状图则将条形垂直排列，常用于展示时间序列数据，如展示公司季度利润的变化情况。折线图通过折线的起伏来展示数据随时间或其他变量的变化趋势，适用于分析数据的长期走势或周期性变化。饼图以圆形的扇区来表示数据的占比，用于展示各部分占总体的比例，如展示公司不同产品线的收入占比。散点图通过点的分布来展示两个变量之间的关系，常用于分析变量间的相关性或趋势。直方图用于展示数据的分布情况，通过条形的高度来表示数据的频数或频率，有助于识别数据的集中趋势和离散程度。箱线图则通过展示中位数、四分位数等统计量来描述数据的分布特征，适用于识别数据的异常值和分布形态。

在财务会计中，选择合适的图表类型对于有效传达信息至关重要，若展示不同公司的利润总额，可使用条形图，通过比较条形的长度，可以直观地看出各公司的利润规模。若分析时间序列中的利润变化，则柱状图或折线图更为合适，能够清晰地展示利润随时间的变化趋势。图3-1是某公司不同季度的利润总额，每个柱状的高度与该季度的利润总额成正比，从而可以直观地比较不同季度的利润规模。

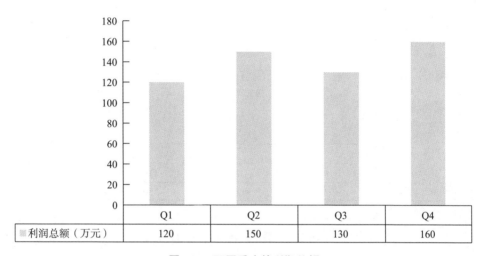

	Q1	Q2	Q3	Q4
▨利润总额（万元）	120	150	130	160

图3-1 不同季度的利润总额

二、图表的分析与解读

1. 图表数据的读取

图表数据的读取是财务会计分析的基础，要求分析者对图表中的数值信息和结构特征进行细致的观察和理解。柱状图作为一种常用的图表类型，通过垂直或水平条形的高度或长度来表示数据的大小，使数据的比较和趋势分析变得更直观。坐标轴的标签、图例以及比例尺，共同构成了理解图表数据的基础框架。以柱状图为例，假设某公司四个季度的销售额分别为S1、S2、S3、S4，柱状图将这些数据以垂直条形的形式展现。每个条形的高度分别对应一定的销售额，通过测量或识别条形的高度，可以将其转换为具体的数值。如果条形的高度为2单位，而比例尺指示每单位代表10万元，则该条形代表的销售额为 20 万元。

在分析柱状图时，除了读取单个数据点的数值，还需关注条形之间的关系，这有助于识别销售趋势和季节性波动，如果 S1 的条形高度低于 S2，表明第二季度的销售情况好于第一季度。进一步地，如果 S3 和 S4 的条形高度高于 S1 和 S2，则揭示出公司销售在下半年的增长趋势。

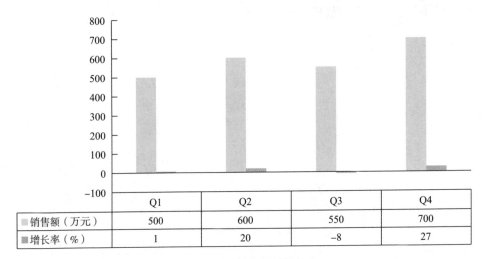

	Q1	Q2	Q3	Q4
销售额（万元）	500	600	550	700
增长率（%）	1	20	−8	27

图 3-2　季度销售额及增长率

如图 3-2 所示，销售额直接反映了每个季度的财务成果，而增长率则提供了销售额变化的百分比，有助于分析者进一步理解销售趋势，从图中可以看出，尽管第三季度的销售额较第二季度有所下降，但第四季度的显著增长表明了年末销售旺季的到来。

在读取柱状图时，如果图表中包含了多个系列的数据，如不同产品线或不同地区的销售额，分析者还须注意不同系列之间的比较，通过为每个系列分配不同的颜色或图案来实现，以使比较更加直观。如果比例尺不正确，会导致对数据的错误解释，如果比例尺每单位代表的金额不明确，分析者就无法准确地从图表中读取销售额的具体数值。在财务会计分析中，除了柱状图，其他类型的图表如条形图、折线图、饼图等，也都有其特定的数据读取方法，在条形图中，水平条形的长度表示数值大小，而在折线图中，折线的起伏表示数据随时间或其他变量的变化趋势。每种图表类型都有其独特的数据表达方式，分析者需要根据图表的特点选择合适的读取方法。

2. 图表信息的提炼

图表信息的提炼要求分析者超越数据的直观表现，深入挖掘数据背后的业务含义和趋势，不仅涉及对数据表面特征的识别，还包括对数据内在联系和潜在模式的探索。以折线图分析利润趋势为例，分析者需从图中读取每个时间点的利润数值，并进一步识别利润随时间变化的趋势，表现为连续增长、下降或呈现周期性波动。

饼图则通过扇区的面积展示不同部分在总体中的占比，在提炼饼图信息时，分析者需关注各扇区的大小，以及对总体的贡献程度，如果某产品线的收入占比为40%，则该产品线对公司总收入的贡献显著。通过计算各扇区的占比，可以清晰地了解各部分的相对重要性，从而为产品组合调整或市场策略制定提供依据。

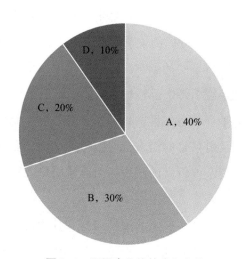

图3-3　不同产品线的收入占比

在饼图中，每个扇区的大小与表中所示的收入占比成正比，从而直观地比较不同产品线的收入贡献。

在散点图分析中，异常点指示数据录入错误、特殊情况或潜在的业务问题，需要分析者进一步地调查和分析，通过观察点的分布形态，可以识别变量间的相关性。如果散点图中的点呈现出从左下角到右上角的上升趋势，则表明两个变量之间存在正相关关系。在进行图表信息提炼时，还需考虑数据的分布特征，通过计算标准差和方差，可以评估数据的离散程度。标准差公式表示为：

$$\sigma = \sqrt{\frac{1}{N}\sum_{i-1}^{N}(x_i - \mu)^2}$$

其中，σ 为标准差，x_i 为数据点，μ 为数据的均值，N 为数据点的总数。

三、图表的应用技巧

1. 图表选择的策略

在财务会计领域，在挑选图表类型时，必须识别数据的属性，包括数据是否表示时间序列、分类或连续变量。时间序列数据，如按月度记录的销售额，适合通过折线图来展示其随时间的变化趋势。对于分类数据，比如不同产品类别的销售量，条形图或柱状图能够清晰地展示各类别之间的比较。而对于展示各部分相对于整体的比例关系，饼图或堆叠条形图则是更佳的选择。图表的选择同样受到分析目的的影响，若目标是评估不同产品线对总收入的贡献，饼图可以直观地展示各产品线的收入占比。若比较不同地区的销售业绩，条形图可以有效地展示各地区的数值大小和排名。此外，目标受众的背景知识、专业水平以及对信息的需求也应被考虑在内。专业投资者更倾向于包含多个数据系列和复杂度较高的图表，而普通用户或管理层可能更偏好简洁明了、易于理解的图表（见图3-4）。

图表的标题应准确反映所展示的数据内容和分析目的，坐标轴的标签应清晰地反映数据的度量单位和范围。在整合图表和其他分析工具时，图表应作为分析报告的一部分，与文本分析、数据表格和统计模型等相互补充。图表可以展示关键的财务指标，而文本则提供对这些指标的深入解释和业务背景。整合时，应注意图表与文本内容的一致性和流畅性，确保图表的顺序和位置与文本内容的逻辑相匹配，随着技术的发展，交互式图表的使用越来越普遍。交互式图表允许用户通过点击、悬停或选择不同的数据系列来探索数据，提供更丰富的用户体验和更深入的数据分析视角。

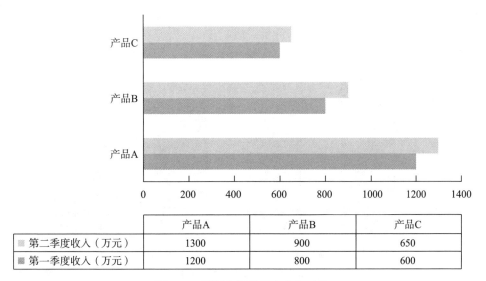

	产品A	产品B	产品C
▨ 第二季度收入（万元）	1300	900	650
▨ 第一季度收入（万元）	1200	800	600

图3-4　不同产品线季度收入对比

2. 图表设计的优化

图表设计的优化涉及颜色、字体、布局和注释等多个关键方面，颜色方案的制订应选择易于区分且视觉上协调的颜色。避免使用过多颜色或过于鲜艳的色调，造成视觉干扰和混淆。在设计中，颜色不仅用于区分数据，还应考虑色彩的心理影响和受众的感知。字体的选择和大小设置对图表的可读性有着直接影响，字体样式应保持一致性，以增强图表的专业感和整体美观。在展示大量数据的图表中，适当的字号可以确保即便在缩小查看时，数据依然清晰可辨，对于坐标轴标签、图例和数据标签等文本元素，应使用简洁明了的语言，避免冗长和复杂的句子。布局的合理性直接影响图表的清晰度和受众的理解。图表应有清晰的标题，准确概括所展示的数据内容和分析目的。坐标轴标签应准确反映数据的度量单位和范围，避免歧义。图表中的空白区域应适当，避免元素过于拥挤，确保每个数据点和图表元素都有足够的空间，以便于受众识别和比较。注释和图例的设计应简洁明了，帮助受众快速理解图表中的数据和颜色的含义，图例的位置应便于受众在查看图表时轻松参照，避免分散注意力。数据标签可以直接附加在图表的相应位置，如柱状图的柱子上方或折线图的数据点附近，以增强信息的传递效果（见图3-5）。

单位：万元

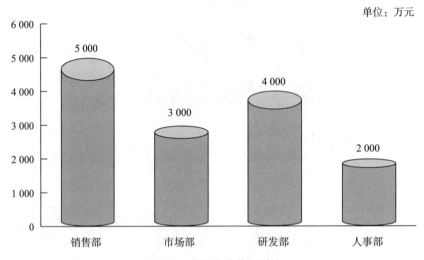

图 3-5　部门年度收入对比

在对应的柱状图中，不同颜色代表不同部门，柱状的高度直接对应年度收入数值。图底部添加了标题"部门年度收入对比"，X 轴标签为"部门"，Y 轴标签为"年度收入（万元）"。图例说明了每种颜色所代表的部门，数据标签直接显示在每个柱状的顶部或旁边，以增强可视化效果。

在设计折线图时，若展示随时间变化的多个数据系列，如不同产品的月销售额，每条折线应使用不同的颜色和样式（如实线、虚线）以区分不同的产品。折线图的标题可以是"不同产品月销售额趋势"，X 轴标签为"月份"，Y 轴标签为"销售额（万元）"，确保时间序列的连续性和数据的可比性。

3. 图表与其他工具的整合

图表在财务会计分析中是动态分析的关键组成部分，应与文本分析、表格数据和统计模型等工具整合使用，以构建一个多维度的分析报告，能够提供一个全面的视角，使图表、文本和数据相互补充，共同揭示财务现象的深层含义。

在整合过程中，图表应作为文本分析的直观补充，提供数据的可视化展示，而文本则深入解释这些数据背后的原因和影响，图表可以展示公司收入随时间的增长趋势，文本则分析趋势背后的市场因素或公司战略。图表的顺序和位置应与文本内容的逻辑顺序相匹配,确保受众能够顺畅地理解分析的流程和结论。交互式图表的引入,尤其在数字化和网络化的环境下,为用户提供了更加丰富的体验。交互式图表允许用户通过选择不同的时间段、数据系列或变量,来探索数据在不同条件下的表现,不仅提供了更深入的分析视角,而且增强了用户的参与度和发现数据中模式与趋势的能力。

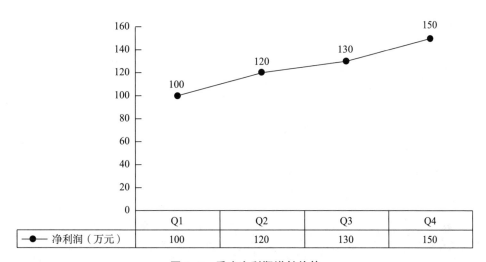

	Q1	Q2	Q3	Q4
—●— 净利润(万元)	100	120	130	150

图 3-6　季度净利润增长趋势

在对应的折线图中,净利润随时间的增长趋势清晰可见。图表的标题为"季度净利润增长趋势",X 轴表示"季度",Y 轴表示"净利润(万元)"。每个数据点通过折线的连接,展示了净利润随时间的连续变化。进一步地,如果该折线图是交互式的,用户可以通过筛选不同的时间段来查看特定季度的净利润变化,或者选择比较不同年度的数据,以分析季节性因素或长期趋势的影响。图表的整合还应考虑数据的多维度分析,若要分析公司收入与成本的关系,设计一个包含两个 Y 轴的图表,一个表示收入,另一个表示成本。这种图表可以是柱状图和折线图的组合,柱状图表示成本,折线图表示收入,两者在同一图表中展示,但使用不同的比例尺。在整合图表和文本时,还应注意数据的呈现方式和解释的准确性。图表中的所有元素,包括颜色、线条、标签和图例,都应有助于清晰地传达信息,避免混淆。文本中的解释应与图表中的数据相对应，提供数据变化的背景和原因。整合图表和文本是一个迭代和反馈的过程，应根据受众的反馈不断调整图表的设计和文本的解释，以确保信息的有效传达，随着数据分析工具的不断进步，整合方法将更加灵活和高效，满足不同受众的需求。

第四章 统计推断与财务会计预测

第一节 统计推断的基本原理

一、统计推断的定义与作用

1. 统计推断的定义

统计推断涵盖了通过样本数据推断总体特征的方法和过程，统计推断通常包括参数估计和假设检验两个部分，参数估计是关于总体参数值的估计过程，即根据样本数据来推断总体参数的实际值。常见的参数估计方法包括点估计和区间估计。点估计是利用样本数据计算一个值作为总体参数的估计值，比如利用样本均值估计总体均值；区间估计则是在点估计的基础上，给出一个包含总体参数的区间，并伴有一定的置信水平，例如95%的置信区间表示有95%的把握认为该区间包含总体参数。假设检验则是对总体参数的某些假设进行检验，通过样本数据评估这些假设的合理性。假设检验通常包括提出原假设和备择假设、选择显著性水平、计算检验统计量、确定临界值或 P 值，并基于计算结果做出决策。假设检验常用于判断某一总体参数是否等于某个特定值或两个总体参数是否相等，例如检验两个独立样本的均值是否相等。财务会计中常用统计推断来估计公司未来的收入总额，或检验公司某项财务指标是否发生了显著变化。统计推断的过程涉及大量的数学和统计计算，并需要遵循严格的方法步骤，以确保推断结果的可靠性和科学性。统计推断的核心在于利用样本信息推测总体特征，从而为决策提供依据和支持。

2. 统计推断的作用

统计推断在财务会计中的应用广泛且深入，主要体现在预测和估计、决策支持、风险评估和合规性检查等多个方面，通过对历史数据进行统计分析，能够预测公司未来的财务趋势，如收入、成本和利润等，通过时间序列分析模型，可以对公司未来的收入进行预测，从而帮助制定更准确的预算和财务规划。在决策支持方面，统计推断提供了一种量化的方法来评估不同财务决策方案的潜在效果。通过模拟和回归分析等方法，可以比较不同决策方案对公司财务状况的影响，进而选择最优方案。在风险评估中，统计推断可以帮助评估财务预测的不确定性和风险，通过蒙特卡罗模拟可以评估项目投资的风险和回报，帮助管理层做出更为科学的投资决策。合规性检查方面，统计方法可以用来检验公司的财务报告是否符合相关的法规和标准，通过抽样检验，可以确定财务报表中各项数据的准确性和合法性。

在进行收入预测时，可以采用线性回归模型，假设公司的收入 Y 与时间 X 之间存在线性关系，模型可以表示为：

$$Y = \beta_0 + \beta_1 X + \varepsilon$$

其中，β_0 是截距，β_1 是斜率，ε 是误差项。通过对历史数据进行回归分析，可以估计出模型参数 β_0 和 β_1，进而预测未来的收入。

在决策支持方面，利用决策树分析不同财务决策方案的潜在效果，假设有两个投资方案 A 和 B，通过对每个方案的收益和成本进行统计分析，构建决策树，并计算每个方案的期望收益。假设方案 A 的期望收益为 100 万元，方案 B 的期望收益为 120 万元，但方案 B 的风险较高，通过进一步的风险评估，可以决定是否接受方案 B。在风险评估中，蒙特卡罗模拟是一种常用方法，可以模拟各种可能的结果及其概率分布，从而评估财务决策的风险，在评估一个新项目的投资回报时，可以模拟项目在不同市场条件下的收益情况，并计算收益的期望值和标准差，从而判断项目的风险水平。

在合规性检查中，抽样检验是一种有效的方法，通过对财务报表中的各项数据进行抽样，检验其是否符合相关法规和标准，可以采用简单随机抽样方法，从财务报表中抽取若干样本数据，计算其均值和标准差，并与相关法规和标准进行比较。如果抽样结果显示数据的偏差在允许范围内，则认为财务报表符合规定。

二、统计推断的基本方法

1. 点估计方法

点估计是一种统计推断方法，将样本统计量作为总体参数的估计值，旨在通过选择合适的样本统计量准确反映总体特征。在财务会计中，点估计通常用于估计总体均值、方差和比例等参数。点估计的优良性可以通过无偏性、一致性和效率来衡量。无偏性表示估计量的期望值等于总体参数的真实值，一致性意味着随着样本大小的增加，估计量会收敛到总体参数的真实值，效率则指在所有无偏估计量中方差最小的估计量。在实际应用中，点估计可以通过多种方法获得，如样本均值、样本中位数或样本众数等，要估计某公司年度总收入的总体均值，可以使用以下公式：

$$\hat{\mu} = \frac{1}{n} \sum_{i=1}^{n} X_i$$

其中，$\hat{\mu}$ 是年收入的点估计值，X_i 是第 i 个观测值，n 是样本大小。为了评估点估计的准确性，可以使用标准误差衡量估计量的变异性。标准误差是估计量标准差与样本大小的平方根的比值，较小的标准误差意味着估计量更加精确。如表 4-1 所示。

表 4-1 年度收入的样本数据及其相关统计量

样本编号	年度收入 X_i
1	50 000
2	60 000
3	55 000

样本编号	年度收入 X_i
4	58 000
5	62 000

通过数据可以计算样本均值和标准误差。假设样本均值为 $\hat{\mu}=57\,000$，标准误差 SE 的计算公式为：

$$SE = \frac{s}{\sqrt{n}}$$

其中，s 是样本标准差，n 是样本大小。如果样本标准差 $s=5\,000$ 且样本大小 $n=5$，则标准误差 SE 为：

$$SE = \frac{5\,000}{\sqrt{5}} \approx 2\,236$$

表明样本均值 $\hat{\mu}=57\,000$ 的标准误差为 2 236，意味着估计的精确度相对较高，在财务会计中，点估计可以帮助公司管理层和投资者更好地理解公司的财务状况和运营绩效，通过分析样本数据推断总体参数，从而为决策提供依据。点估计方法的应用不仅限于财务数据的估计，还广泛应用于市场分析、质量控制和风险管理等领域。

2. 区间估计方法

区间估计通过构建置信区间来量化对总体参数估计的不确定性，置信区间不仅提供了总体参数可能的取值范围，而且反映了估计的可靠性。构建置信区间的首要步骤是确定样本统计量的抽样分布，这一步骤直接关联到置信区间的准确性和适用性。对于服从正态分布的总体，均值的置信区间可以通过标准正态分布的性质来确定。具体而言，均值的置信区间可以通过以下公式计算：

$$\hat{\mu} \pm Z_{\alpha/2} \times \frac{s}{\sqrt{n}}$$

其中，$\hat{\mu}$ 表示样本均值，s 为样本标准差，n 为样本大小，而 $Z_{\alpha/2}$ 是标准正态分布的临界值，其值取决于所选的置信水平。例如，在 95% 的置信水平下，$Z_{\alpha/2}$的值约为1.96。这个公式假设样本来自具有已知或近似正态分布的总体。然而，在许多实际应用中，总体分布可能不是正态的，或者样本量较小，这时使用t分布来构建置信区间更为合适。t分布是一种概率分布，适用于小样本情况，其临界值$t_{\alpha/2,n-1}$取决于置信水平和自由度（$n-1$）。使用t分布的置信区间公式如下：

$$\hat{\mu} \pm Z_{\alpha/2,\,n-1} \times \frac{s}{\sqrt{n}}$$

在构建置信区间时，样本大小、样本变异性和总体分布的特性都是必须考虑的因素，较大的样本和较小的样本的变异性通常会导致更窄的置信区间，这表明估计更加精确，置信水平的选择也会影响置信区间的宽度，较高的置信水平会导致更宽的置信区间。

表4-2　不同置信水平和样本大小下的置信区间宽度

置信水平（%）	样本大小 n	标准正态分布临界值 $Z_{\alpha/2}$	t分布临界值 $t_{\alpha/2,\,n-1}$	置信区间宽度 $\frac{Z_{\alpha/2} \times s}{\sqrt{n}}$	置信区间宽度 $\frac{Z_{\alpha/2,\,n-1} \times s}{\sqrt{n}}$
90	25	1.645	2.064	较宽	更宽
95	25	1.96	2.262	更宽	最宽
99	25	2.576	3.09	最宽	—
95	100	1.96	1.984	较窄	较窄

如表4-2所示，在不同置信水平和样本大小下，使用Z分布和t分布构建的置信区间宽度的比较。可以看出，随着样本大小的增加，t分布的临界值趋近于Z分布的临界值，置信区间宽度也随之变窄，置信水平越高，所需的临界值越大，置信区间也越宽，反映出更高的不确定性。

三、统计推断的应用领域

在财务会计领域，统计推断的应用为会计决策提供了强有力的数据支持和科学依据，统计推断利用样本数据对总体参数进行估计和检验，帮助财务分析师评估数据的不确定性和风险，进而做出更加精确的预测和决策，在财务预测中，统计推断可以应用于销售预测、成本控制、投资回报率分析等多个方面。通过构建时间序列模型，如 ARIMA 模型，可以对历史数据进行拟合，并预测未来的财务趋势。此外，回归分析在财务领域同样重要，能够评估不同财务变量之间的关系，如通过分析公司的销售收入与广告支出之间的关系，来预测广告投入对销售的潜在影响。假设检验允许财务分析师检验关于总体参数的假设是否成立，如公司想要检验其产品的平均成本是否低于行业平均水平，通过构建适当的假设检验，如 t 检验，可以确定假设是否得到数据的支持。

在实际应用中，统计推断还涉及模型的建立与评估，建立预测模型来预测公司的季度收入，需要收集相关的财务数据，如销售量、价格等，选择合适的统计模型进行拟合。模型的评估通常涉及残差分析、拟合优度检验等，以确保模型的准确性和可靠性。如表 4-3 所示。

表 4-3　不同统计模型在财务预测中的应用情况

统计模型类型	应用场景	特点	优势
时间序列模型	销售预测	考虑时间因素	能够捕捉趋势和季节性变化
回归模型	成本与收入分析	评估变量关系	易于理解和解释
指数平滑法	短期预测	强调近期数据	对新数据反应快速

第二节　参数估计与假设检验

一、参数估计的定义与方法

参数估计的核心目的在于通过样本数据来推断总体参数的未知值，总体参数，如均值、方差等，是描述总体特征的关键数值，点估计和区间估计是实现参数估计的两种主要方法。点估计用单一数值来代表总体参数的估计值，而区间估计则提供总体参数可能值的范围，通常以置信区间的形式表现。最大似然估计法（MLE）是一种常用的点估计方法，基于最大化样本数据的似

然函数来确定参数的估计值。似然函数 $L(\theta|X)$ 表示在给定参数 θ 的条件下，样本数据 X 出现的概率。最大似然估计量 $\hat{\theta}_{MLE}$ 是使似然函数取最大值的参数值，其数学表达式为：

$$\hat{\theta}_{MLE} = \arg\ \max_{\theta} L(\theta|X)$$

矩估计法则利用样本矩来估计总体参数。样本矩包括样本均值、样本方差等，是样本数据的统计量。通过将样本矩与总体矩进行匹配，可以得到总体参数的估计值。矩估计的数学表达式为：

$$\hat{\theta}_{MM} = g(\overline{X},\ s^2,\ \cdots)$$

其中，$\overline{X}$ 是样本均值，s^2 是样本方差，g 是某种函数，用于将样本矩映射到总体参数的估计值。

置信区间作为区间估计的一种形式，提供了一个范围，使总体参数落在该范围内的概率等于预设的置信水平。置信区间通常由点估计值和标准误差确定，其数学表达式为：

$$\left(\hat{\theta} - z_{\alpha/2} \cdot \frac{\sigma}{\sqrt{n}},\ \hat{\theta} + z_{\alpha/2} \cdot \frac{\sigma}{\sqrt{n}}\right)$$

其中，$\hat{\theta}$ 是点估计值，$z_{\alpha/2}$ 是标准正态分布的分位数，σ 是总体标准差，n 是样本量。

在财务会计领域，参数估计的应用极为广泛，公司需要估计其产品的平均成本以进行定价决策。收集一定数量的成本数据作为样本，使用上述参数估计方法，得到平均成本的点估计和置信区间。点估计提供了一个明确的数值，而置信区间则提供了关于该估计值可靠性的额外信息。参数估计在财务预测、风险管理和审计等方面也有着重要应用，在财务预测中，参数估计帮助预测未来的收益或成本；在风险管理中，参数估计可以用于估计投资的预期回报和风险；在审计过程中，参数估计可以用于评估财务报表的准确性。

二、假设检验的定义与步骤

假设检验是一种统计方法，用于根据样本数据对总体参数的假设进行验证，假设检验通过构建假设、计算检验统计量、确定临界值或 p 值，最终决定是否拒绝原假设。假设检验的目标是判断样本数据是否提供了足够的证据支持对总体参数的特定假设。假设检验包括构建假设、选择检验方法、计算检验统计量、确定临界值或 p 值、做出决策和解释结果。

（1）构建假设。假设检验的第一步是提出两个对立的假设，即原假设（H_0）和备择假设（H_1）。原假设通常是表示无效或无差异的假设，而备择假设则是表示有效或有差异的假设，检验总体均值是否等于某个值，可以构建以下假设：

$$H_0：\mu = \mu_0；H_1：\mu \neq \mu_0$$

（2）选择检验方法。根据数据类型和假设类型，选择合适的检验方法。常见的检验方法包括 t 检验、z 检验、卡方检验和 F 检验等。

（3）计算检验统计量。检验统计量是根据样本数据计算的，用于衡量样本数据与假设的差异程度。不同的检验方法有不同的检验统计量，对于均值的 t 检验，检验统计量计算公式为：

$$t = \frac{\overline{X} - \mu_0}{s / \sqrt{n}}$$

其中，$\overline{X}$ 是样本均值，μ_0 是假设的总体均值，s 是样本标准差，n 是样本量。

（4）确定临界值或 p 值。根据预设的显著性水平（α），从统计分布表中查找临界值，或计算检验统计量对应的 p 值。临界值是指在原假设为真时，检验统计量超过该值的概率等于显著性水平。p 值是指在原假设为真时，检验统计量比实际值更极端的概率。对于 t 检验，可以从 t 分布表中查找临界值 $t_{\alpha/2, n-1}$，或计算 p 值。

（5）做出决策和解释结果。比较检验统计量与临界值，或比较 p 值与显著性水平，决定是否拒绝原假设。如果检验统计量超过临界值，或 p 值小于显著性水平，则拒绝原假设，表明样本数据提供了足够的证据支持备择假设。对于 t 检验，如果 $|t| > t_{\alpha/2, n-1}$ 或 $p < \alpha$，则拒绝原假设，认为总体均值不等于 μ_0。

三、参数估计与假设检验的应用

参数估计与假设检验在财务会计领域的应用为财务指标的分析和财务决策的制定提供了科学依据。参数估计通过样本数据推断总体特征，而假设检验则验证财务决策的合理性。在财务会计中，估计财务指标的总体特征是一项常规任务，平均收入、平均成本和利润率等指标的估计对于理解公司的财务状况和预测未来的财务表现至关重要，通过参数估计，从历史数据中获取这些指标的估计值，以表4-4所示的某公司五年财务数据为例，通过计算样本均值，得到公司平均收入为600万元，平均成本为350万元，平均利润率为0.4158，估计值可以作为未来几年公司财务表现的参考。

表4-4　某公司五年财务数据

年份	收入（万元）	成本（万元）	利润率
2019	500	300	0.4
2020	550	320	0.418
2021	600	350	0.417
2022	650	380	0.415
2023	700	400	0.429

利用数据，可以进一步计算总体参数的点估计和置信区间，对于平均收入的点估计，可以使用以下公式：

$$\bar{x}_{收入} = \frac{\sum_{i-1}^{5} 收入_i}{5}$$

对于平均利润率的点估计，可以使用以下公式：

$$\bar{x}_{利润率} = \frac{\sum_{i-1}^{5} 利润率_i}{5}$$

假设检验则用于验证财务决策的有效性，当公司推出新产品并希望评估其市场表现时，通过假设检验来确定新产品的销售量是否显著高于旧产品。表4-5提供了新旧产品的销售数据，通过独立样本 t 检验，评估新产品销售量是否显著增加。

表 4-5　新旧产品销售数据

产品类型	销售量（单位）
旧产品	200
新产品	250

独立样本 t 检验的公式如下：

$$t = \frac{\bar{x}_1 - \bar{x}_2}{\sqrt{\dfrac{s_1^2}{n_1} + \dfrac{s_2^2}{n_2}}}$$

其中，$\bar{x}_1$ 和 $\bar{x}_2$ 分别是两组样本的均值，s_1^2 和 s_2^2 是样本方差，n_1 和 n_2 是样本量。如果计算出的 t 值大于临界 t 值，则拒绝原假设，认为新产品的销售量显著高于旧产品。

第三节　预测分析在财务会计中的应用

一、预测分析的定义与意义

预测分析在财务会计中的定义涉及统计学、数据分析和机器学习等，从历史数据中提取信息，以对未来的财务状况、经营成果和现金流量等关键指标进行预估。预测分析的意义在于为企业提供科学的决策支持，增强财务管理的前瞻性和有效性，提升企业的竞争力和可持续发展能力。在复杂多变的市场环境中，预测分析能够帮助企业应对不确定性，制定科学合理的财务战略和经营计划。

预测分析在财务会计中的核心理念是通过对历史数据的系统性分析，识别数据中的趋势、周期和异常，建立数学模型，进行数据挖掘和模式识别，从而对未来的财务表现进行预估。这种方法不仅仅依赖于经验和直觉，更注重科学的统计方法和数学模型，确保预测结果的准确性和可靠性。财务预测分析通常包括对收入、成本、利润、现金流等关键指标的预测，这些预测结果是企业进行财务规划、预算编制、风险管理和投资决策的基础。

在实际应用中，预测分析具有广泛的意义和应用价值。首先，预测分析可以提高企业的财务管理水平。通过对财务数据的科学分析，企业可以更准确地预见未来的财务状况，制订更加科学合理的财务计划，优化资源配置，提升经营效率。其次，预测分析可以增强企业的风险管理能力。通过识别和评估潜在的财务风险，企业可以提前采取措施，降低风险发生的概率和影响，提高企业的稳健性和抗风险能力。此外，预测分析还可以支持企业的战略决策。

预测分析的具体应用场景包括销售预测、成本控制、现金流管理、投资回报评估等。在销售预测中，通过对历史销售数据的分析，可以识别销售趋势和季节性波动，预测未来的销售收入，指导企业制订销售计划和市场策略。在成本控制中，通过对生产成本、原材料价格和人工成本的预测，企业可以制定成本控制措施，优化生产过程，提高盈利能力。

二、预测分析的基本方法

预测分析的基本方法主要包括定量预测方法和定性预测方法两大类。定量预测方法依赖于历史数据和统计模型，通过数学计算来进行预测；定性预测方法则更多依赖于专家的经验和判断，通过综合分析各种影响因素来进行。两种方法各有优劣，通常在实践中会综合使用，以提高预测的准确性和可靠性。

定量预测方法主要包括时间序列分析、回归分析、指数平滑法和机器学习等。时间序列分析是一种常用的预测方法，其基本思想是通过分析历史数据的时间序列特征，如趋势、季节性和周期性，建立数学模型进行预测。

定性预测方法主要包括德尔菲法、专家判断法、市场调查法等。德尔菲法是一种基于专家意见的预测方法，其基本思想是通过多轮匿名调查，收集专家对未来的预测意见，进行综合分析，形成最终的预测结果。专家判断法是通过专家的经验和专业知识进行综合分析，形成预测结果。市场调查法是通过对市场的调查和分析，形成对未来的预测结果。

在实际应用中，预测分析的基本方法需要根据具体的预测目标和数据特点进行选择和组合，以提高预测的准确性和可靠性。例如对于具有显著趋势和季节性变化的时间序列数据，可以选择时间序列分析方法进行预测；对于变量之间关系明确的数据，可以选择回归分析方法进行预测；对于复杂非线性关系的数据，可以选择机器学习方法进行预测。

三、预测分析的应用

预测分析在财务会计中的应用广泛，涵盖了财务报表分析、预算编制、风险管理、投资决策等方面。在财务报表分析中，预测分析可以帮助企业预估未来的收入、成本、利润等关键财务指标，为企业的经营决策提供依据。例如通过时间序列预测模型，可以预测企业未来的销售收入，指导企业制订销售计划和市场策略。

在预算编制中，预测分析可以帮助企业合理编制预算，提高预算的准确性和可操作性。例如通过回归分析模型，可以预测企业未来的成本支出，指导企业合理分配资源，控制成本。在实际操作中，企业可以通过分析历史成本数据和生产量、原材料价格、人工成本等因素，构建多元回归模型，进行成本预测。这样不仅可以提高预算的科学性，还可以增强企业的成本控制能力。

在风险管理中，预测分析可以帮助企业识别和评估财务风险，提高风险管理的有效性。例如通过信用评分模型，可以评估客户的信用风险，指导企业制定信贷政策，降低坏账风险。信用评分模型通常包括 Logistic 回归、决策树等方法，通过分析客户的信用历史、财务状况、交易记录等数据，建立信用评分模型，进行信用风险评估。通过这种方法，企业可以更加科学地管理信贷风险，提高资金使用效率。

在投资决策中，预测分析可以帮助投资者分析和预测市场趋势，制定科学的投资策略。例如通过股票价格预测模型，可以预测股票价格的未来走势，指导投资者进行买卖操作，提高投资收益。常用的股票价格预测模型包括时间序列分析、神经网络模型等。时间序列分析可以捕捉股票价格的趋势和季节性波动，进行短期预测；神经网络模型可以通过深度学习方法，挖掘股票价格的复杂非线性关系，进行中长期预测。

在现金流管理中，预测分析可以帮助企业合理安排资金使用，避免资金短缺或过剩，保持财务稳定。例如通过现金流预测模型，可以预测企业未来的现金流量，指导企业制定现金管理策略。常用的现金流预测模型包括ARIMA 模型、指数平滑法等。通过这种方法，企业可以更加科学地管理现金流，避免资金链断裂，提高财务稳健性。

第四节 时间序列分析与预测

一、时间序列的定义与特点

时间序列是按时间顺序排列的一组数据点，通常用来反映某一变量随时间变化的情况。在财务会计领域，时间序列数据广泛存在，如企业的销售收入、成本支出、利润水平等，均可以用时间序列来表示。时间序列数据的特点主要包括有序性、依赖性、波动性和周期性等。

有序性指的是时间序列数据是按时间顺序排列的，每个数据点都有其特定的时间标记。依赖性是指时间序列数据点之间存在相关性，即过去的数据会影响未来的数据。例如企业的销售收入往往具有一定的连续性，上一时期的销售收入会对下一时期的销售收入产生影响。波动性是指时间序列数据会随着时间的推移而发生变化，这种变化可能是随机的，也可能是有规律的。周期性是指时间序列数据在某些时间间隔内会呈现出重复的模式，例如季节性因素会导致企业的销售收入在不同季节表现出不同的变化规律。

在时间序列分析中，常用的一些统计指标包括均值、方差、自相关函数（ACF）和偏自相关函数（PACF）等。均值反映了时间序列数据的平均水平，方差反映了数据的波动程度。自相关函数用于描述时间序列数据在不同时间滞后的相关性，其数学表达式为：

$$ACF(k) = \frac{\sum_{t-1}^{N-k}(x_t - \bar{x})(x_t + k - \bar{x})}{\sum_{t-1}^{N}(x_t - \bar{x})^2}$$

其中，x_t 为时间序列数据，$\bar{x}$ 为均值，N 为数据点的数量，k 为滞后期。偏自相关函数用于描述时间序列在排除中间滞后效应后的相关性，其数学表达式较为复杂，通常通过递推算法计算。

时间序列数据还可以通过图形化的方法进行初步分析，如时序图、滞后图等。时序图是将时间序列数据按时间顺序绘制成折线图，通过观察时序图，可以直观地了解数据的变化趋势和波动情况。滞后图是将时间序列数据按不同滞后期绘制成散点图，通过观察滞后图，可以了解数据在不同滞后期的相关性。

在实际应用中，时间序列数据的处理需要考虑一些特殊的问题，如缺失值处理、异常值检测和数据平滑等。缺失值处理是指在时间序列数据中，有时会出现某些时间点的数据缺失，需要采用合适的方法进行填补，如插值法、均值填补法等。异常值检测是指在时间序列数据中，某些数据点可能由于外部因素的影响而偏离正常范围，需要进行识别和处理。数据平滑是指通过移动平均法、指数平滑法等方法，消除时间序列数据中的随机波动，从而更好地反映数据的长期趋势和周期性。

时间序列分析在财务会计中的应用非常广泛，可以用于预测企业的销售收入、成本支出、利润水平等关键财务指标，帮助企业制定科学的经营决策。例如通过分析企业的历史销售数据，可以识别出数据的趋势和季节性变化规律，进而预测未来的销售收入。通过时间序列分析，可以提高财务预测的准确性和可靠性，增强企业的财务管理能力和竞争力。

二、时间序列的分析方法

时间序列分析方法多种多样，常用的有经典时间序列分析方法和现代时间序列分析方法。经典时间序列分析方法主要包括移动平均法、指数平滑法、ARIMA 模型等；现代时间序列分析方法主要包括 GARCH 模型、神经网络模型等。

移动平均法是一种简单而常用的时间序列分析方法，其基本思想是通过计算一段时间内的数据平均值，来平滑时间序列数据中的随机波动。移动平均法的数学表达式为：

$$MA_k = \frac{1}{k} \sum_{i=0}^{k-1} x_{t-i}$$

其中，MA_k 为第 t 时刻的 k 阶移动平均值，x_t 为时间序列数据。移动平均法适用于短期预测，但对长期趋势和季节性变化的捕捉能力较弱。

指数平滑法是一种加权移动平均法，其基本思想是对不同时间的数据赋予不同的权重，最近的数据权重较大，远期的数据权重较小。指数平滑法的数学表达式为：

$$S_t = \alpha x_t + (1 - \alpha) S_{t-1}$$

其中，S_t 为平滑值，α 为平滑系数，取值范围在 0 到 1 之间。指数平滑法适用于平稳时间序列数据，但对趋势和季节性变化的捕捉能力较弱。

GARCH 模型（广义自回归条件异方差模型）是一种适用于金融时间序列数据的分析方法，其基本思想是通过建模数据的条件方差，来捕捉时间序列数据的波动性。GARCH 模型的数学表达式为：

$$\sigma_t^2 = \alpha_1 \varepsilon_{t-1}^2 + \beta_1 \sigma_{t-1}^2$$

其中，σ_t^2 为条件方差，α_1 和 β_1 为模型参数，ε_t 为误差项。GARCH 模型可以捕捉时间序列数据中的波动聚集效应，适用于金融市场数据的分析和预测。

神经网络模型是一种现代时间序列分析方法，其基本思想是通过模拟人脑神经元的工作方式，建立非线性的时间序列预测模型。常用的神经网络模型包括前馈神经网络、递归神经网络等。前馈神经网络的数学表达式为：

$$y_t = f(W_{xt} + b)$$

其中，y_t 为预测值，f 为激活函数，W 和 b 分别为权重和偏置。递归神经网络的数学表达式为：

$$h_t = f(W_{xt} + U h_{t-1} + b)$$

其中，h_t 为隐藏层状态，U 为递归权重矩阵。神经网络模型可以捕捉时间序列数据中的复杂非线性关系，适用于高维和大数据的时间序列分析。

三、时间序列的预测模型

时间序列的预测模型是指通过建立数学模型，对时间序列数据进行分析和预测。常用的时间序列预测模型包括 ARIMA 模型、GARCH 模型、神经网络模型等。

ARIMA 模型是一种常用的时间序列预测模型，适用于有趋势和季节性变化的时间序列数据。ARIMA 模型的预测包括模型识别、参数估计和模型检验等步骤。模型识别是指通过分析时间序列数据的自相关函数和偏自相关函数，确定模型的阶数。参数估计是指通过最小二乘法、最大似然估计法等方法，估计模型参数。模型检验是指通过残差分析、模型显著性检验等方法，评估模型的适用性和预测能力。ARIMA 模型可以捕捉时间序列数据的趋势和季节性变化，是一种较为灵活和强大的时间序列预测模型。

GARCH 模型是一种适用于金融时间序列数据的预测模型，其基本思想是通过建模数据的条件方差，来捕捉时间序列数据的波动性。GARCH 模型的预测包括模型识别、参数估计和模型检验等步骤。模型识别是指通过分析时间序列数据的条件异方差效应，确定模型的阶数。参数估计是指通过最大似然估计法等方法，估计模型参数。模型检验是指通过残差分析、模型显著性检验等方法，评估模型的适用性和预测能力。GARCH 模型可以捕捉时间序列数据中的波动聚集效应，适用于金融市场数据的预测。

神经网络模型是一种现代时间序列预测模型，其基本思想是通过模拟人脑神经元的工作方式，建立非线性的时间序列预测模型。常用的神经网络模型包括前馈神经网络、递归神经网络等。前馈神经网络的预测包括模型构建、参数训练和模型评估等步骤。模型构建是指通过选择网络结构和激活函数，建立神经网络模型。参数训练是指通过反向传播算法，对模型参数进行训练，使模型的预测误差最小化。模型评估是指通过残差分析、模型显著性检验等方法，评估模型的适用性和预测能力。神经网络模型可以捕捉时间序列数据中的复杂非线性关系，适用于高维和大数据的时间序列预测。

在实际应用中，时间序列预测模型需要根据时间序列数据的特点和预测目标来确定。例如对于具有显著趋势和季节性变化的时间序列数据，可以选择 ARIMA 或 SARIMA 模型进行预测；对于具有波动聚集效应的金融时间序列数据，可以选择 GARCH 模型进行预测；对于复杂非线性关系的时间序列数据，可以选择神经网络模型进行预测。利用科学的方法和技术手段，构建和优化时间序列预测模型，可以显著提高预测的准确性和可靠性，增强财务管理和决策能力。

第五节 回归分析与预测

一、回归分析的定义与类型

回归分析是一种统计方法，用于研究因变量（或响应变量）与一或多自变量（或解释变量）之间的关系。其核心在于通过构建数学模型，描述和预测因变量如何随自变量变化。回归分析在财务会计中具有广泛的应用，如预测销售收入、成本分析、投资回报评估等。回归分析的类型主要包括线性回归、多元回归、非线性回归、逐步回归等。

线性回归是最基本的回归分析方法，假设因变量与自变量之间存在线性关系，其数学表达式为：

$$y = \beta_0 + \beta_1 x + \varepsilon$$

其中，y 为因变量，x 为自变量，β_0 为截距，β_1 为斜率，ε 为误差项。通过最小二乘法（OLS），可以估计模型参数 β_0 和 β_1。在实际应用中，线性回归可以帮助企业预测销售收入与广告支出之间的关系。例如通过分析历史数据，可以确定增加广告投入对销售收入的具体影响，从而制定更科学的广告预算。

多元回归是对多个自变量同时进行分析，其数学表达式为：

$$y = \beta_0 + \beta_1 x_1 + \beta_2 x_2 + \cdots + \beta_n x_n + \varepsilon$$

多元回归模型可以同时考虑多个因素对因变量的影响，提高预测精度。例如在财务分析中，销售收入可能受广告支出、市场需求、产品价格等多个因素的影响，通过多元回归可以全面分析各因素的作用。通过引入多个自变量，可以有效降低模型的偏差，提供更全面的分析结果。

非线性回归适用于因变量与自变量之间存在非线性关系的情况，其数学表达式可以是指数型、对数型、幂函数型等形式。例如，某产品的销售量可能与价格之间呈现对数关系，通过非线性回归可以更准确地描述这种关系。非线性回归的参数估计通常采用迭代算法，如牛顿法、梯度下降法等。在财务分析中，非线性回归可以用于预测复杂的成本函数或收益函数，通过更复杂的模型结构，捕捉自变量与因变量之间的非线性关系。

逐步回归是一种变量选择方法，通过逐步引入或剔除自变量，选择最优的回归模型。逐步回归包括前向选择法、后向剔除法和逐步回归法。前向选择法是从空模型开始，逐步引入对因变量有显著影响的自变量；后向剔除法是从全模型开始，逐步剔除对因变量影响不显著的自变量；逐步回归法是综合前向选择法和后向剔除法的优点，逐步调整模型。逐步回归可以避免多重共线性问题，提高模型的解释能力和预测精度。在财务会计中，逐步回归可以用于优化预算模型，通过选择最显著的成本因素，精简模型结构，提高预算的准确性。

二、回归分析的基本方法

回归分析的基本方法包括数据准备、模型构建、参数估计、模型检验等。

数据准备是指对原始数据进行处理，包括数据清洗、特征选择、数据变换等。数据准备是回归分析的基础，其目的是确保数据的质量和一致性。数据清洗包括处理缺失值、异常值、重复值等问题，常用的方法包括均值填补、插值法、删除法等。例如在财务数据中，可能存在由于录入错误或数据丢失导致的缺失值，采用合适的方法进行填补或删除，可以确保数据的完整性。特征选择是指从大量的自变量中筛选出对因变量有显著影响的变量，常用的方法包括相关分析、主成分分析、因子分析等。特征选择的目的是简化模型结构，提高模型的解释力和预测精度。数据变换包括对数据进行标准化、归一化、对数变换等处理，以消除数据的异方差性和量纲差异，提高模型的收敛速度和稳定性。

模型构建是指根据数据特征选择合适的回归模型，如线性回归、多元回归、非线性回归等。模型构建的目的是建立一个能够准确描述自变量与因变量关系的数学模型。在模型构建过程中，需要考虑数据的分布特征、自变量与因变量之间的关系、模型的复杂度等因素。通过选择合适的回归模型，可以提高模型的解释力和预测精度。

参数估计是指通过最小二乘法、最大似然估计法等方法，估计模型参数。最小二乘法是通过最小化残差平方和，估计模型参数。最大似然估计法是通过最大化似然函数，估计模型参数。参数估计的结果包括参数估计值、标准误差、置信区间等。参数估计的准确性直接影响模型的预测能力，因此在实际应用中，需要采用合适的方法和工具进行参数估计，并通过多种检验方法评估参数估计的可靠性。

模型检验是指通过统计检验评估模型的适用性和预测能力。常用的模型检验方法包括 R^2 检验、F 检验、t 检验等。R^2 检验是指评估模型解释因变量变异的能力，R^2 值越大，模型的解释能力越强。F 检验是指评估模型整体的显著性，F 值越大，模型的整体显著性越强。t 检验是指评估各自变量对因变量的显著性，t 值越大，自变量对因变量的显著性越强。

三、回归分析的预测应用

回归分析在财务会计中的预测应用广泛，涵盖了销售预测、成本预测、利润预测、投资回报预测等方面。

销售预测是指通过回归模型预测未来的销售收入，为企业制订销售计划和市场策略提供依据。例如通过分析历史销售数据和广告支出、市场需求、产品价格等因素，构建多元回归模型，预测未来的销售收入。销售预测的准确性取决于数据的质量、特征选择、模型优化等因素。

成本预测是指通过回归模型预测未来的成本支出，为企业制定成本控制措施提供依据。例如，通过分析历史成本数据和生产量、原材料价格、人工成本等因素，构建多元回归模型，预测未来的成本支出。成本预测的准确性取决于数据的质量、特征选择、模型优化等因素。

利润预测是指通过回归模型预测未来的利润水平，为企业制定利润目标和分配策略提供依据。例如，通过分析历史利润数据和销售收入、成本支出、税收政策等因素，构建多元回归模型，预测未来的利润水平。利润预测的准确性取决于数据的质量、特征选择、模型优化等因素。通过利润预测，企业可以制定科学的利润分配策略，优化资源配置，提高企业的盈利能力和市场竞争力。

投资回报预测是指通过回归模型预测未来的投资回报，为企业制定投资决策提供依据。例如通过分析历史投资回报数据和市场风险、项目收益、经济环境等因素，构建多元回归模型，预测未来的投资回报。投资回报预测的准确性取决于数据的质量、特征选择、模型优化等因素。回归分析在财务会计中的预测应用不仅有助于企业制定科学的经营决策，还可以提高企业的管理水平和竞争力。通过科学的方法和技术手段，构建和优化回归模型，可以显著提高财务预测的准确性和可靠性。

第六节　预测模型的建立与评估

一、预测模型的定义与构建

预测模型是通过分析历史数据和当前数据，利用数学和统计方法，对未来可能发生的情况进行预估和推断的工具。在财务会计中，预测模型广泛应用于财务报表分析、预算编制、风险管理等方面。构建一个有效的预测模型需要遵循科学的方法和步骤，以确保模型的准确性和可靠性。预测模型的构建通常包括以下几个步骤：数据收集与预处理、特征选择和工程、模型选择与训练、模型验证与调整。

1. 数据收集与预处理

数据是预测模型的基础，模型的准确性在很大程度上取决于数据的质量。在财务会计中，数据来源包括财务报表、市场数据、宏观经济指标等。在数据收集过程中，需要注意数据的完整性、准确性和时效性。数据预处理是指对原始数据进行清洗、归一化、处理缺失值等操作，以提高数据的质量和一致性。例如对于缺失值，可以采用均值填补、插值法等处理方法；对于异常值，可以通过箱线图、Z-score 等方法进行识别和处理。

2. 特征选择和工程

特征是模型输入变量的具体表现形式，特征选择和工程直接影响模型的性能。特征选择是指从原始数据中筛选出对预测结果有显著影响的变量，常用的方法包括相关分析、主成分分析、递归特征消除等。特征工程是指通过对原始特征进行变换、组合等操作，生成新的特征，以提高模型的预测能力。例如在财务预测中，可以通过计算财务比率（如资产负债率、流动比率等）生成新的特征，以更好地反映企业的财务状况。

3. 模型选择与训练

在选择预测模型时，需要根据数据特征和预测目标选择合适的模型。常用的预测模型包括线性回归、决策树、支持向量机、神经网络等。例如在财务时间序列预测中，可以选择自回归模型（AR）、移动平均模型（MA）或其组合模型（ARIMA）。在模型训练过程中，需要通过优化算法（如梯度下降法、牛顿法等）对模型参数进行调整，以使模型的预测误差最小化。

4. 模型验证与调整

模型的验证是指通过独立的数据集对模型的预测性能进行评估，以判断模型的泛化能力。常用的验证方法包括交叉验证、留一法、Bootstrapping 等。例如通过交叉验证，可以有效评估模型在不同数据集上的表现，避免过拟合和欠拟合问题。模型的调整是指根据验证结果，对模型的结构、参数进行优化，以提高模型的预测精度。例如在神经网络模型中，可以通过调整网络层数、节点数、学习率等参数，提高模型的性能。

二、预测模型的评估与优化

预测模型的评估是对模型预测性能的系统性检验，通过设定合理的评估指标，判断模型在实际应用中的表现。常用的评估指标包括均方误差（MSE）、均绝对误差（MAE）、决定系数（R^2）等。这些指标可以从不同角度衡量模型的预测误差和解释能力。例如均方误差反映了预测值与真实值之间的平方差异，均绝对误差反映了预测值与真实值之间的绝对差异，决定系数则反映了模型对目标变量变化的解释能力。在财务预测中，可以通过计算这些指标，系统评估模型的预测性能。

在实际应用中，预测模型的优化是一个持续的过程，通过不断调整和改进模型，提高其预测精度和稳定性。优化方法主要包括参数优化、模型集成、特征工程优化等。参数优化是指通过调整模型的超参数，提高模型的预测性能。常用的方法包括网格搜索、随机搜索、贝叶斯优化等。例如在支持向量机模型中，可以通过网格搜索找到最佳的核函数和正则化参数，提高模型的分类精度。模型集成是指通过组合多个基模型，构建更为强大的预测模型，常用的方法包括 Bagging、Boosting、Stacking 等。例如通过集成决策树模型，可以构建随机森林或梯度提升决策树模型，提高模型的泛化能力和预测精度。特征工程优化可以通过特征选择、特征变换、特征交互等方法，生成新的特征，增强模型的预测能力。在财务预测中，可以通过计算财务指标、市场指标等生成新的特征，提高模型的解释能力和预测精度。

三、预测模型的应用

预测模型在财务会计中的应用涵盖了多个方面，包括财务报表分析、预算编制、风险管理、投资决策等。在财务报表分析中，预测模型可以用于预测企业未来的收入、成本、利润等关键财务指标，为企业的经营决策提供依据。例如利用时间序列预测模型，可以通过分析历史销售数据和季节性因素，预测未来的销售收入，指导企业制订销售计划和市场策略。时间序列预测模型如 ARIMA，其数学表达式为：

$$y_t = c + \varphi_1 y_{t-1} + \varphi_2 y_{t-2} + \cdots + \varphi_p y_{t-p} + \theta_1 \varepsilon_{t-1} + \theta_2 \varepsilon_{t-2} + \cdots \theta_q \varepsilon_{t-q} + \varepsilon_t$$

其中，y_t 为当前时刻的预测值，c 为常数项，φ 和 θ 分别为自回归系数和移动平均系数，ε_t 为误差项。

在预算编制中，预测模型能够提高预算的准确性和可操作性。例如通过多元回归分析模型，可以预测企业未来的成本支出，从而指导企业合理分配资源，控制成本。在实际应用中，预测模型的效果不仅取决于模型本身的性能，还取决于数据质量、特征选择、模型优化等因素。因此，在构建和应用预测模型时，需要综合考虑各方面因素，确保模型的科学性和可靠性。数据质量是模型预测效果的基础，高质量的数据能够提高模型的准确性和稳定性。在特征选择方面，需要选择对预测目标有显著影响的变量，避免引入噪声数据。模型优化是提高模型性能的重要手段，通过参数调优、模型验证等方法，可以提升模型的预测效果。例如在使用回归分析模型时，可以通过交叉验证、网格搜索等方法，优化模型参数，提高预测精度。

为了实现预测模型的最佳应用效果，还可以利用编程工具进行数据处理和模型构建。Python 是一种常用的编程语言，适用于数据分析和机器学习。通过使用 Python 的库，如 Pandas、Numpy、Scikit-Learn 等，可以进行数据清洗、特征选择、模型构建和评估。例如使用 Pandas 库可以读取和处理数据，使用 Numpy 库可以进行数值计算，使用 Scikit-Learn 库可以构建和评估回归模型。Python 进行回归分析的代码如下：

```
import pandas as pd
importnumpy as np
fromsklearn.model_selection import train_test_split
fromsklearn.linear_model import LinearRegression
fromsklearn.metrics import mean_squared_error
# 读取数据
data＝pd.read_csv(' financial_data.csv' )
X＝data[[ ' ad_spend' , ' market_demand' , ' product_price' ] ]
y＝data[ ' sales_revenue' ]
```

数据分割

```
X_train, X_test, y_train, y_test=train_test_split(X, y, test_size=0. 2, random_
state=42)
```

构建回归模型

```
model=LinearRegression()
model.fit(X_train, y_train)
```

预测

```
y_pred=model.predict(X_test)
```

模型评估

```
mse=mean_squared_error(y_test, y_pred)
print(f' Mean Squared Error: {mse}' )
```

在上述代码中，通过读取财务数据，将广告支出、市场需求、产品价格作为自变量，销售收入作为因变量，构建线性回归模型，并进行预测和评估。模型评估结果可以用于指导企业进行销售预测和制定市场策略。

第五章　统计质量控制与财务会计审计

第一节　统计质量控制的基本概念

一、统计质量控制的定义与特点

1. 统计质量控制的定义

统计质量控制是通过统计方法对生产过程中的质量进行监控和控制的系统方法。其主要目的是通过对生产过程中的数据进行收集、分析和解释，识别和消除生产过程中的变异，从而确保产品或服务的质量符合预定标准。统计质量控制的方法包括控制图（Control Chare）、过程能力分析（Process Capability Analysis）、抽样检验（Sampling Inspection）等。控制图是一种常用的统计质量控制工具，通过对生产过程中的数据进行实时监控，识别和消除生产过程中的异常。过程能力分析是通过对生产过程中的数据进行分析，评估生产过程的能力，确保生产过程的稳定性和一致性。抽样检验是通过对生产过程中的产品进行抽样检验，评估产品的质量水平，确保产品的质量符合预定标准。

2. 统计质量控制的特点

统计质量控制的特点在于其数据驱动、预防为主、系统方法和持续改进的特性。数据驱动是统计质量控制的核心，通过数据的收集、分析和解释，识别和消除生产过程中的变异。数据的准确性和及时性是统计质量控制的基础，实时监控生产过程中的数据，可以及时发现和解决生产过程中的质量问题。例如，在生产过程中，使用控制图监控关键质量特性（Critical Quality Characteristics，CQC），如产品的尺寸、重量或化学成分。控制图可以帮助识别生产过程中的异常变异，及时采取纠正措施。控制图的具体参数包括中心线（CL）、控制上限（UCL）和控制下限（LCL），参数可以根据历史数据计算得出。

预防为主是统计质量控制的另一特点，通过实时监控生产过程中的数据，识别和消除生产过程中的异常，从而预防质量问题的发生。与传统的质量控制方法相比，统计质量控制更加注重预防，而不是事后纠正。例如使用过程能力分析评估生产过程的稳定性和一致性。过程能力指数（Cp）和过程能力性能指数（Cpk）是常用的过程能力指标，Cp 反映了过程的潜在能力，而 Cpk 则考虑了过程的中心位置。

统计质量控制是一种系统方法，通过对生产过程中的各个环节进行全面监控和控制，确保生产过程的稳定性和一致性。统计质量控制通过对生产过程中的数据进行全面分析，识别和消除生产过程中的变异。例如，抽样检验是一种常用的统计质量控制方法，通过对生产过程中的样本进行检验，评估整个批次的质量。抽样检验的具体做法包括确定抽样计划（Sampling Plan），如单次抽样计划（Single Sampling Plan）、双次抽样计划（Double Sampling Plan）和多次抽样计划（Multiple Sampling Plan）。抽样计划的参数包括样本量（Sample Size，n）和接受准则（Acceptance Criteria，Ac），这些参数可以根据生产过程的质量要求和风险水平确定。

持续改进是统计质量控制的另一特点，通过持续的数据收集、分析和解释，不断识别和消除生产过程中的变异，从而实现质量的持续改进。持续改进的具体做法包括使用戴明循环（PDCA 循环），这一循环成为质量管理的重要工具。例如在生产过程中，使用鱼骨图（Fishbone Diagram）分析出现质量问题的根本原因，使用 Pareto 图（Pareto Chart）识别主要问题，通过数据分析和统计方法，制定和实施改进措施，持续提高产品或服务的质量。

统计质量控制的特点在于其数据驱动、预防为主、系统方法和持续改进的特性。通过使用统计方法和工具，企业可以实时监控和分析生产过程中的各项指标，及时发现和解决生产过程中的质量问题，提高产品和服务的质量和效率。运用统计质量控制的各种方法和工具可以帮助企业识别和消除生产过程中的变异，实现质量的持续改进。

二、统计质量控制的发展历程

1. 早期统计质量控制的萌芽

统计质量控制的概念最早可以追溯到 20 世纪初期，当时工业生产逐渐规模化，产品质量问题日益凸显。为了提高产品质量，企业开始采用简单的统计方法进行质量监控。例如 1911 年，弗雷德里克·泰勒（Frederick W. Taylor）在其著作《科学管理原理》中提出了通过科学方法提高生产效率和产品质量的理念。随后，沃尔特·休哈特（Walter A. Shewhart）在 1924 年提出了控制图的概念，并在 1931 年出版了《统计质量控制的经济控制》一书，奠定了现代统计质量控制的基础。休哈特的控制图通过监控生产过程中的变异，帮助企业识别和纠正异常，从而提高产品质量。

2. 统计质量控制的理论发展

20 世纪中期，统计质量控制理论得到了进一步发展。威廉·爱德华兹·戴明（William Edwards Deming）和约瑟夫·朱兰（Joseph M. Juran）是这一时期的代表人物。戴明在其著作《质量、生产力与竞争地位》中提出了戴明循环（PDCA 循环），这一循环成为质量管理的重要工具。朱兰则在其著作《质量控制手册》中提出了质量三部曲，即质量规划、质量控制和质量改进。这一时期，统计质量控制方法逐渐被广泛应用于各行各业，成为提高产品质量和生产效率的重要手段。

3. 统计质量控制的应用扩展

随着计算机技术的发展，统计质量控制方法得到了更广泛的应用。20 世纪 70 年代，计算机辅助质量控制（CAQC）系统开始出现，这些系统能够自动收集和分析生产过程中的数据，实时监控产品质量。例如六西格玛（Six

Sigma）方法在 20 世纪 80 年代由摩托罗拉公司提出，并迅速在全球范围内得到推广。六西格玛方法通过定义（Define）、测量（Measure）、分析（Analyze）、改进（Improve）、控制（Control）五个步骤，系统地识别和消除生产过程中的缺陷，提高产品质量和客户满意度。

4. 现代统计质量控制的发展

进入 21 世纪，统计质量控制方法继续发展，并与其他管理工具和方法相结合。例如精益生产（Lean Production）和六西格玛方法的结合，形成了精益六西格玛（Lean Six Sigma）方法。精益六西格玛方法通过消除浪费和减少变异，提高生产效率和产品质量。此外，随着大数据和人工智能技术的发展，统计质量控制方法也在不断创新。例如机器学习算法可以用于预测生产过程中的质量问题，帮助企业提前采取措施，避免质量问题的发生。

5. 统计质量控制的未来趋势

未来，统计质量控制方法将继续发展，并在更多领域得到应用。物联网（IoT）技术的发展，使企业能够实时监控生产过程中的各项参数，及时发现和解决质量问题。区块链技术的应用可以提高供应链的透明度和可追溯性，确保产品质量的可靠性。随着技术的不断进步，统计质量控制方法将变得更加智能化和自动化，帮助企业在激烈的市场竞争中保持竞争优势。

三、统计质量控制的应用范围

1. 制造业中的应用

统计质量控制在制造业中得到了广泛应用，尤其是在汽车、电子、航空航天等高精度、高要求的行业。利用控制图、过程能力分析等工具，企业可以实时监控生产过程中的各项参数，确保产品质量的稳定性和一致性。例如在汽车制造过程中，统计质量控制可以用于监控发动机零部件的尺寸和公差，确保每个零部件都符合设计要求，从而保证整车的性能和安全性。在电子制造过程中，统计质量控制可以用于监控电路板的焊接质量。通过使用控制图监控焊点的尺寸和形状，企业可以及时发现和纠正焊接过程中的问题，确保电路板的可靠性。在航空航天制造过程中，统计质量控制可以用于监控飞机零部件的制造精度。通过使用过程能力分析评估制造过程的稳定性和一致性，企业可以确保每个零部件都符合设计要求，从而保证飞机的安全性和可靠性。例如在飞机发动机制造过程中，统计质量控制可以用于监控涡轮叶片的尺寸和形状，确保每个叶片都符合设计要求。

统计质量控制的方法还包括抽样检验，通过对生产过程中的样本进行检验，评估整个批次的质量。抽样检验的具体做法包括确定抽样计划，如单次抽样计划、双次抽样计划和多次抽样计划。抽样计划的参数包括样本量（n）和接受准则（Ac），这些参数可以根据生产过程的质量要求和风险水平确定。例如在汽车制造过程中，可以使用单次抽样计划对发动机零部件进行检验，确保每个零部件都符合设计要求。具体做法包括确定样本量和接受准则，进行样本检验，并根据检验结果决定是否接受整个批次。

此外，统计质量控制还可以用于监控生产过程中的各项指标，如生产效率、废品率等。通过使用统计方法和工具，企业可以实时监控和分析生产过程中的各项指标，及时发现和解决生产过程中的问题，提高生产效率和产品质量。例如在电子制造过程中，可以使用控制图监控生产效率，通过分析生产过程中的数据，识别和消除生产过程中的瓶颈，提高生产效率。具体做法包括使用控制图监控生产过程中的各项指标，使用回归分析预测生产效率，制定和实施改进措施，提高生产效率和产品质量。

2. 服务业中的应用

统计质量控制不仅在制造业中发挥作用，在服务业中也有广泛应用。例如在银行业，统计质量控制可以用于监控客户服务质量，分析客户满意度调查数据，识别服务过程中的问题并进行改进。使用鱼骨图分析问题根源，使用 Pareto 图识别主要问题。银行业的客户满意度调查数据包括客户等待时间、服务响应时间、问题解决率等指标。对这些数据进行统计分析，从而发现服务过程中的瓶颈和问题。例如使用控制图监控客户等待时间，中心线（CL）表示平均等待时间，控制上限（UCL）和控制下限（LCL）表示正常范围。公式如下：

$$CL = \overline{X}$$

$$UCL = \overline{X} + 3\sigma$$

$$LCL = \overline{X} - 3\sigma$$

其中，$\overline{X}$ 为样本均值，σ 为样本标准差。通过监控这些参数，可以及时发现异常情况，采取措施改进服务质量。

在医疗行业，统计质量控制可以用于监控医疗过程中的各项指标，如手术成功率、住院时间等。具体做法包括使用控制图监控手术成功率，使用过程能力分析评估医疗过程的稳定性和一致性。手术成功率的控制图可以帮助识别手术过程中的异常，及时采取纠正措施。过程能力分析的具体参数包括 C_p 和 C_{pk} 值，C_p 值表示过程的潜在能力，C_{pk} 值则考虑了过程的中心位置。公式如下：

$$C_p = \frac{UCL - LCL}{6\sigma}$$

$$C_{pk} = \min\left(\frac{UCL - \overline{X}}{3\sigma}, \frac{\overline{X} - LCL}{3\sigma}\right)$$

其中，UCL 为上规格限，LCL 为下规格限。

3. 供应链管理中的应用

供应链管理中的统计质量控制，首先需要确定关键绩效指标（KPIs），如供应商的准时交货率、产品合格率、物流成本、库存周转率等。上述指标能够量化供应链的性能，并为质量控制提供依据。例如准时交货率可以通过以下公式计算：

$$准时交货率 = \frac{按时交付的订单数量}{总订单数量} \times 100\%$$

产品合格率则反映了供应商的质量控制水平，其计算公式为：

$$产品合格率 = \frac{合格产品数量}{总产品数量} \times 100\%$$

通过对上述指标的持续监控，企业能够识别供应链中的潜在问题，并采取相应的改进措施。例如产品合格率低于预期，企业可以与供应商合作，通过因果图（Ishikawa 图）或故障模式与影响分析（FMEA）等工具，找出质量问题的根本原因，并制订改进计划。

通过监控库存水平和周转率，企业可以优化库存策略，减少库存成本，同时确保足够的库存水平以满足客户需求。库存周转率的计算公式为：

$$库存周转率 = \frac{销售成本}{平均库存价值} \times 100\%$$

统计质量控制还涉及对供应链中需求预测的准确性进行评估，需求预测的准确性可以通过平均绝对百分比误差（MAPE）来衡量，其计算公式为：

$$MAPE = \frac{100\%}{n} \sum_{t=1}^{n} \left| \frac{实际值 - 预测值}{实际值} \right|$$

其中，n 表示预测期的数量。

在实施统计质量控制时，企业还需要建立有效的数据收集和分析系统，确保数据的准确性和及时性。现代信息技术，如企业资源规划（ERP）系统、供应链管理（SCM）软件等，可以为数据管理和分析提供支持。

4. 信息技术中的应用

信息技术（IT）行业对产品质量和服务质量有着严格的要求，统计质量控制通过定量分析方法，帮助 IT 企业评估和优化软件产品与服务的质量。在软件开发过程中，统计质量控制的应用始于需求分析阶段，并贯穿于设计、编码、测试直至维护的整个生命周期。缺陷密度（Defect Density）是衡量软件质量的关键指标之一，用缺陷数除以软件实体的大小（如代码行数或功能点）来计算：

$$缺陷密度 = \frac{发现的缺陷数}{软件实体的大小}$$

通过持续监控缺陷密度，开发团队能够识别出软件的潜在弱点，并在早期阶段采取措施进行修正。此外，代码覆盖率（Code Coverage）衡量了自动化测试覆盖到的代码比例：

$$代码覆盖率 = \frac{被测试覆盖的代码部分}{总代码部分} \times 100\%$$

统计质量控制还广泛应用于软件测试阶段，其中控制图是监控软件缺陷数量的有效工具。通过绘制缺陷数随时间变化的控制图，可以识别出缺陷发生的趋势和异常，从而及时调整测试策略。

为了进一步提升服务质量，IT企业可以采用六西格玛等质量管理方法，通过DMAIC（定义、测量、分析、改进、控制）流程，系统地识别和消除服务过程中的缺陷。

统计质量控制在信息技术领域的应用，需要依托强大的数据分析工具和软件。例如，使用R语言或Python等编程语言进行数据挖掘和统计分析，可以帮助IT企业从大量日志数据中发现模式和趋势，从而为质量改进提供数据支持。

使用Python进行软件缺陷分析的代码如下：

```python
importmatplotlib.pyplot as plt
import pandas as pd
# 假设 df 是包含软件测试数据的 DataFrame
# 计算每日缺陷数
df['日期']=pd.to_datetime(df['测试日期'])
df.set_index('日期',inplace=True)
daily_defects=df.resample('D').sum()['缺陷数']
# 绘制控制图
plt.figure(figsize=(10, 6))
plt.plot(daily_defects.index, daily_defects.values, label='每日缺陷数')
plt.title('软件缺陷控制图')
plt.xlabel('日期')
plt.ylabel('缺陷数')
plt.legend()
plt.show()
```

通过使用上述代码，IT企业可以直观地展示软件缺陷随时间的变化趋势，为质量控制提供支持。

5. 财务会计审计中的应用

统计质量控制在财务会计审计领域的应用，是审计工作科学化、精确化的重要体现。在审计过程中，统计方法可以有效地评估财务数据的一致性、准确性和完整性，从而提高审计的质量和效率。

审计抽样是统计质量控制中的一个重要应用，它允许审计人员从大量数据中选取一部分样本进行详细检查，进而推断整个总体的特性。抽样技术的运用，依赖于随机抽样、分层抽样、系统抽样等方法，以确保样本的代表性。例如随机抽样可以通过以下公式计算样本容量：

$$n = \frac{N \cdot Z^2 p \cdot (1 - p)}{E^2}$$

其中，n 是样本容量，N 是总体容量，Z 是置信水平对应的 Z 分数，p 是预期比例，E 是可接受误差。

在财务报表审计中，审计人员可以使用属性抽样估计总体的错误率。属性抽样通常涉及以下步骤：确定审计目标、定义错误、选择抽样方法、确定样本容量、执行审计程序、分析结果、得出结论。属性抽样中，审计人员关注的是样本中发现的错误属性，而不是错误的大小。在实施统计质量控制时，审计人员需要考虑数据的可靠性和完整性。数据预处理，包括数据清洗和数据转换，是确保统计分析有效性的关键步骤。此外，审计人员还应该使用适当的统计软件和工具，如 SPSS、SAS 或 R，来执行复杂的统计分析。

第二节　财务会计审计的流程与方法

一、审计计划的制订与执行

审计计划的制订与执行是整个审计过程的基础和核心。审计计划不仅包括审计目标的明确，还涉及审计范围的确定、审计程序的选择以及资源的合理配置。制订审计计划的首要任务是明确审计目标，这需要审计师结合被审计单位的具体情况、业务性质以及财务报表的特点来确定。例如对于一家制造企业，其财务报表中的存货和成本核算可能是重点，而对于一家服务企业，则可能需要关注收入确认和费用配比。审计目标的明确通常需要结合审计风险的评估，包括固有风险、控制风险和检查风险。审计师需要通过了解被审计单位的内部控制系统、行业环境以及历史数据，评估出可能存在的重大错报风险，并制定相应的应对措施。

在确定审计目标之后，需要明确审计范围，即确定哪些财务报表项目和账户将被审计。审计范围的确定需要考虑审计目标、审计资源以及时间限制。审计程序的选择是审计计划中的重要环节，常用的审计程序包括实地观察、询问、函证、重新计算、分析性程序等。不同的审计程序适用于不同的审计目标和审计范围。例如实地观察适用于存货盘点，询问适用于了解内部控制，函证适用于验证应收账款和应付账款的真实性，重新计算适用于验证计算的准确性，分析性程序适用于识别异常变化和趋势。

资源配置涉及审计团队的组建、时间安排以及物质资源的准备。审计团队的组建需要考虑审计师的专业素质和经验，确保团队成员能够胜任审计任务。时间安排需要合理分配审计各阶段的时间，确保审计工作在预定时间内完成。物质资源的准备包括审计工具的准备，如审计软件、数据分析工具等。

在执行审计计划的过程中，需要按照预定的审计程序对被审计单位的财务报表进行详细审计。审计师需要对审计证据的充分性和适当性进行判断，确保所收集的审计证据能够支持审计结论。执行审计计划还包括对审计风险的动态评估和应对，审计师需要根据审计过程中发现的情况，及时调整审计程序和审计范围，以确保审计工作的有效性和可靠性。

二、审计证据的收集与分析

审计证据用于支持审计师对财务报表发表意见，审计证据的充分性和适当性直接影响审计结论的可靠性。在审计过程中，审计师需要通过多种途径收集审计证据，并对其进行系统分析，以形成合理的审计意见。审计证据的收集方法包括询问、观察、函证、重新计算、分析性程序等。询问是通过与被审计单位的管理层、员工以及相关方进行沟通，了解其对财务报表项目的确认和计量依据。观察是通过实地查看被审计单位的资产、业务流程和内部控制，验证其财务报表项目的真实性和完整性。函证是通过向第三方发送确认函，验证被审计单位的应收账款、应付账款、银行存款等项目的真实性。重新计算是通过对财务报表项目的重新计算，验证其计算的准确性。分析性程序是通过比较财务数据的趋势和比例，识别异常变化和偏差，发现潜在的财务错报。

在收集到充分的审计证据后，审计师需要对其进行系统分析，以形成合理的审计结论。审计证据的分析包括定量分析和定性分析。定量分析是通过对财务数据的比较和计算，识别异常变化和趋势。常用的定量分析方法包括比率分析、趋势分析、回归分析、定性分析等。比率分析是通过计算财务比率，如流动比率、速动比率、资产负债率等，评估被审计单位的财务状况和经营成果。趋势分析是通过比较不同时期的财务数据，识别其变化趋势，发现潜在的问题。回归分析是通过建立财务数据之间的回归模型，识别其相互关系，预测未来的发展趋势。定性分析是通过对非财务信息的分析，评估被审计单位的管理质量和内部控制的有效性。常用的定性分析方法包括问卷调查、访谈、实地观察等。

审计师需要根据审计过程中发现的情况，动态评估审计风险，及时调整审计程序和审计范围，以确保审计工作的有效性和可靠性。如果在审计过程中发现被审计单位的内部控制存在重大缺陷，审计师需要加大审计程序的广度和深度，以收集更多的审计证据，验证财务报表的真实性和完整性。审计证据的分析还包括对审计证据的充分性和适当性的判断，审计师需要确保所收集的审计证据能够支持审计结论，避免因审计证据不足而影响审计结论的可靠性。

三、审计报告的编写与发布

审计报告的编写与发布是审计工作的总结和展示，其质量直接影响审计结论的可靠性和审计工作的公信力。审计报告的编写需要严格遵循相关的审计准则和法规，确保报告的内容完整、格式规范、表达清晰。在编写审计报告时，审计师需要对审计过程中收集到的审计证据进行系统整理和总结，形成对财务报表的审计意见。审计报告的内容通常包括审计范围、审计程序、审计结论以及附注说明等。

审计报告的编写首先需要明确审计范围，即说明被审计单位的财务报表的具体项目和时间，以及审计师的责任和工作范围。例如，审计报告中需要说明审计师对被审计单位的资产负债表、利润表、现金流量表以及财务报表附注进行了审计，并说明审计的时间和范围。审计程序部分需要详细描述审计师在审计过程中采用的审计方法和程序，例如询问、观察、函证、重新计算、分析性程序等，以及这些程序的实施情况和结果。审计结论部分是审计报告的核心，审计师需要根据审计过程中收集到的审计证据，对财务报表的真实性和完整性发表意见。常见的审计意见包括无保留意见、保留意见、否定意见和无法表示意见。无保留意见表示审计师认为财务报表在所有重大方面公允反映了被审计单位的财务状况和经营成果；保留意见表示审计师认为财务报表存在某些重大错报，但整体上仍然公允反映了被审计单位的财务状况和经营成果；否定意见表示审计师认为财务报表存在重大错报，不能公允反映被审计单位的财务状况和经营成果；无法表示意见表示审计师由于审计范围受到限制或其他原因，无法对财务报表发表意见。

在编写审计报告的过程中，审计师需要注意报告的格式和语言的规范性，确保报告的内容清晰、表达准确、结构合理。例如审计报告的标题、前言、正文、结论和附注等部分需要格式统一，文字表达需要简洁明了，避免使用模糊不清或歧义的词语。审计报告的发布需要遵循相关的法规和规定，确保报告的及时性和合法性。在发布审计报告之前，审计师需要与被审计单位的管理层进行充分沟通，确保报告的内容准确无误，并获得管理层的确认。审计报告的发布通常需要通过正式渠道，如企业年报、证券交易所公告等，确保报告的公开性和透明性。审计报告的发布还需要考虑报告的影响和使用范围，确保报告能够为投资者、债权人、管理层等利益相关者提供可靠的信息，支持其决策。

第三节 统计抽样在审计中的应用

一、抽样方法的选择与实施

在审计工作中，统计抽样作为一种科学的审计技术，通过对总体中的一部分项目进行抽查，推断总体的性质和特征，从而提高审计工作的效率和效果。选择合适的抽样方法是确保抽样结果可靠性和准确性的前提。常用的统计抽样方法包括简单随机抽样、系统抽样、分层抽样和多阶段抽样等。抽样方法的选择须根据审计目标、总体特征和资源限制等因素进行综合考虑。

简单随机抽样是指从总体中随机选取样本，确保每个项目被抽中的概率相等。该方法适用于总体规模较小、各项目特征差异不大的情况。实施时，审计师可以利用随机数表或计算机生成随机数来确定样本项目。系统抽样是指根据一定的间隔从总体中抽取样本，例如从 1 000 个项目中每隔 10 个选取一个样本。该方法适用于总体项目数量较多且分布均匀的情况。实施时，审计师首先需要确定抽样间隔，然后从第一个项目开始按间隔抽取样本。

分层抽样是指将总体按某些特征分成若干层，然后在每层中分别进行抽样。该方法适用于总体项目特征差异较大的情况，通过分层可以提高样本的代表性和抽样效率。例如在审计一个大型企业的应收账款时，可以按客户类别、账龄等特征将应收账款分层，然后在每层中进行抽样。多阶段抽样是指在不同阶段分别进行抽样，适用于总体规模非常大且层次结构复杂的情况。例如在审计一个跨国企业时，可以先按国家或地区进行抽样，然后在选定的国家或地区内按部门或业务单位进一步抽样。

实施抽样方法时，审计师需要明确抽样总体和样本量的确定方法。抽样总体是指需要审计的全部项目，而样本量则是从总体中抽取的项目数量。样本量的确定需要考虑审计目标、审计风险和可接受误差等因素。在选择和实施抽样方法的过程中，审计师需要确保抽样过程的独立性和随机性，避免人为干预和选择偏差。例如在随机抽样过程中，审计师应尽量避免主观判断和经验影响，而应依靠科学的随机抽样工具和方法。同时，审计师还需要对抽样过程进行详细记录，包括抽样方法、抽样过程、样本量等，以确保审计过程的可追溯性和审计结果的可靠性。

二、抽样数据的统计分析

在统计抽样过程中，收集到的样本数据需要进行详细的统计分析，以推断总体的性质和特征。统计分析是将抽样数据转化为有用信息的过程，通过数据的整理、描述和推断，审计师可以评估总体的符合性和可靠性。常用的统计分析方法包括描述统计、推断统计和假设检验等。

描述统计是对抽样数据进行初步整理和分析，通过计算样本的集中趋势、离散程度等统计指标，描述样本数据的基本特征。常用的描述统计指标包括均值、中位数、众数、标准差、方差、极差等。例如在分析样本数据时，可以通过计算样本均值和标准差，评估总体数据的集中程度和波动性。描述统计还包括数据的图形展示，如直方图、箱线图、散点图等，通过图形可以直观地展示数据的分布和趋势。

推断统计是根据样本数据推断总体特征的过程，常用的方法包括点估计和区间估计。点估计是通过样本统计量直接估计总体参数，例如通过样本均值估计总体均值。区间估计是通过计算置信区间，估计总体参数的取值范围。例如通过计算 95% 置信区间，可以估计总体均值的取值范围，并评估其准确性和可靠性。区间估计的计算公式为：

$$CI = \overline{X} \pm Z \cdot \frac{s}{\sqrt{n}}$$

其中，CI 为置信区间，$\overline{X}$ 为样本均值，Z 为标准正态分布的临界值，s 为样本标准差，n 为样本量。

假设检验是通过样本数据检验总体假设的过程，常用的方法包括单样本 t 检验、独立样本 t 检验、卡方检验等。假设检验的基本步骤包括提出假设、选择检验方法、计算检验统计量、判断显著性水平、得出结论等。例如在审计中可以通过单样本 t 检验，检验总体均值是否等于某一特定值，计算公式为：

$$t = \frac{\overline{X} - \mu}{s / \sqrt{n}}$$

其中，t 为检验统计量，$\overline{X}$ 为样本均值，μ 为总体均值，s 为样本标准差，n 为样本量。

在进行统计分析时，审计师需要结合具体的审计目标和数据特征，选择合适的分析方法和工具。例如对于定量数据可以采用描述统计和推断统计的方法，对于定性数据可以采用卡方检验等非参数统计方法。统计分析过程中还需要考虑数据的准确性和可靠性，避免由于样本量不足或数据偏差导致的分析结果不准确。

三、抽样结果的评估与应用

统计抽样结果的评估与应用是审计工作的最后环节，通过对抽样结果的评估，审计师可以得出对总体的审计结论，并为后续的审计工作提供依据。抽样结果的评估包括对抽样误差、抽样风险和审计证据的充分性和适当性的评估。

抽样误差是指由于抽样而导致的估计值与总体实际值之间的差异，常见的抽样误差包括随机误差和系统误差。随机误差是由于抽样过程中不可控的随机因素引起的误差，可以通过增加样本量来减少。系统误差是由于抽样方法或过程中的系统性偏差引起的误差，需要通过改进抽样方法和过程来减少。例如在系统抽样中，如果总体项目的排列顺序存在规律性，可能导致系统误差的产生，需要通过随机化处理或改进抽样间隔来减少。

抽样风险是指由于抽样而导致的审计风险，常见的抽样风险包括抽样误判风险和抽样错误接受风险。抽样误判风险是指由于样本不具代表性，导致审计师对总体做出错误的结论，可以通过增加样本量和改进抽样方法来减少。抽样错误接受风险是指由于样本中未发现重大错报，导致审计师错误地接受总体，可以通过增加审计程序和加强审计证据的充分性和适当性来减少。例如在审计应收账款时，可以通过增加函证程序，验证应收账款的真实性和完整性，减少抽样错误接受风险。

抽样结果的评估还包括对审计证据的充分性和适当性的评估，审计师需要确保所收集的审计证据能够支持审计结论。审计证据的评估包括定量评估和定性评估，定量评估是通过计算抽样数据的统计指标，评估其代表性和可靠性，定性评估是通过对抽样数据的具体情况进行分析，评估其真实性和完整性。例如通过计算样本均值和标准差，评估抽样数据的集中趋势和离散程度；通过对函证结果的分析，评估应收账款的真实性和完整性。

在评估抽样结果的基础上，审计师需要将抽样结果应用于审计工作中，形成对总体的审计结论。抽样结果的应用包括调整审计范围、修改审计程序、提出审计建议等。如果抽样结果显示总体存在重大错报，审计师需要扩大审计范围和增加审计程序，进一步验证财务报表的真实性和完整性；如果抽样结果显示总体内部控制存在重大缺陷，审计师需要提出改进建议，帮助被审计单位完善内部控制。

第四节　审计风险的统计评估与控制

一、审计风险的定义与分类

审计风险是指审计师在审计财务报表时，各种不确定因素导致审计结论存在错误的可能性。这种风险可能使审计师错误地发表无保留意见，而实际上财务报表存在重大错报。为了更好地理解和管理审计风险，需要对其进行科学的定义和分类。审计风险一般分为固有风险、控制风险和检查风险三类，这些风险共同构成了总体审计风险。固有风险是指在没有考虑内部控制的情况下，某一认定存在重大错报的可能性。这种风险通常由行业特点、业务性质、交易复杂性等因素引起。例如在高科技行业，由于技术更新快、市场竞争激烈，财务报表中可能存在较高的研发费用虚报风险。控制风险是指被审计单位的内部控制不能及时防止或发现和纠正财务报表中的重大错报的可能性。这种风险主要取决于被审计单位内部控制制度的设计和执行效果。如果一个企业的采购流程中缺乏有效的审批和监督机制，可能导致采购成本的虚增或采购环节的舞弊行为无法及时被发现。检查风险是指审计程序无法发现财务报表中存在的重大错报的可能性。这种风险与审计师的专业判断、审计程序的选择和实施质量等因素相关。如果审计师在审计过程中选择的样本量不足，或者审计程序不够细致，可能导致一些重要的财务错报未被发现。

审计风险的分类不仅有助于理解审计风险的来源，还为审计风险的评估和控制提供了理论基础。在实际审计工作中，审计师需要综合考虑上述三类风险，合理设计和执行审计程序，以降低总体审计风险。审计风险模型是描述这三类风险之间关系的数学模型，一般表示为：

$$AR = IR \times CR \times DR$$

其中，AR 表示总体审计风险，IR 表示固有风险，CR 表示控制风险，DR 表示检查风险。通过对各类风险的量化评估，审计师可以确定合理的审计策略和程序，以控制总体审计风险在可接受的范围内。

二、审计风险的统计评估

审计风险的统计评估是通过量化分析方法对固有风险、控制风险和检查风险进行评估，从而确定总体审计风险水平。固有风险的评估主要依赖于审计师对被审计单位的行业环境、业务性质、交易复杂性等因素的专业判断。例如通过分析行业报告、市场数据、企业经营状况等信息，审计师可以初步评估企业财务报表存在重大错报的可能性。控制风险的评估则需要审计师对被审计单位的内部控制制度进行详细了解和测试，包括内部控制的设计合理性和执行有效性。例如审计师可以通过流程图、控制矩阵等工具，分析企业内部控制制度的设计，并通过抽样测试内部控制的执行效果，评估其在防止和发现财务报表重大错报方面的有效性。检查风险的评估涉及审计程序的设计和实施质量。审计师需要根据审计目标和风险评估结果，合理选择和实施审计程序，以控制检查风险。例如通过拓展审计程序的广度和深度，可以降低检查风险。常用的审计程序包括实地观察、询问、函证、重新计算、分析性程序等。审计师可以根据具体情况选择合适的审计程序，并结合统计抽样方法，提高审计证据的充分性和适当性。例如通过计算样本量、确定抽样方法、实施抽样测试等步骤，审计师可以系统评估和控制检查风险。

在实际审计工作中，审计师可以利用统计软件和数据分析工具，对审计风险进行量化评估和分析。例如通过回归分析、方差分析、蒙特卡洛模拟等方法，审计师可以评估不同因素对审计风险的影响，确定合理的审计策略和程序。利用回归分析评估审计风险的代码如下所示：

```
import pandas as pd
importstatsmodels.api as sm
# 假设数据集 df 包含审计样本的特征变量和目标变量
# X 为特征变量矩阵, y 为目标变量
X=df[['特征 1', '特征 2', '特征 3']]
y=df['目标变量']
# 添加常数项
X=sm.add_constant(X)
# 进行回归分析
model=sm.OLS(y, X).fit()
# 输出回归结果
print(model.summary())
```

通过上述回归分析，审计师可以识别影响审计风险的关键因素，并量化这些因素对审计风险的影响程度，为审计风险的控制提供依据。

三、审计风险的控制策略

审计风险的控制策略是通过合理设计和执行审计程序，将总体审计风险降至可接受水平。控制策略需要结合审计风险评估结果，综合考虑固有风险、控制风险和检查风险的特点，采取有针对性的措施。固有风险的控制策略主要包括加强对行业环境和业务性质的了解，识别和评估潜在的重大错报风险。例如审计师可以通过行业分析、市场调研、企业访谈等方式，获取被审计单位的最新信息，及时发现和评估潜在的风险因素。对于高风险领域，审计师可以拓展审计程序的广度和深度，提高审计证据的充分性和适当性。

　　控制风险的控制策略主要包括加强对内部控制制度的测试和评价，提高内部控制的有效性。审计师可以利用流程图、控制矩阵、抽样测试等工具，详细分析和评估被审计单位的内部控制制度，并提出改进建议。例如对于采购流程中的审批和监督机制，可以通过增加审批环节、加大监督力度，降低采购成本虚报和舞弊行为的风险。此外，审计师还可以通过审计管理软件和数据分析工具，提高内部控制测试的效率和效果。

　　检查风险的控制策略主要包括合理选择和实施审计程序，提高审计证据的充分性和适当性。审计师可以根据审计目标和风险评估结果，合理设计和实施审计程序，例如实地观察、询问、函证、重新计算、分析性程序等。通过拓展审计程序的广度和深度，可以降低检查风险。此外，审计师还可以利用统计抽样方法，提高审计证据的代表性和可靠性。例如通过计算样本量、确定抽样方法、实施抽样测试等步骤，系统评估和控制检查风险。

　　在实际审计工作中，审计师需要结合具体情况，灵活运用各种审计风险控制策略，确保审计工作的有效性和可靠性。例如，在审计一个跨国企业时，可以通过分层抽样、多阶段抽样等方法，提高审计样本的代表性；通过实地观察、函证等程序，验证财务报表的真实性和完整性；通过数据分析工具和审计软件，提高审计过程的效率和效果。

第五节　统计质量控制与审计效率的提升

一、质量控制工具的应用

　　常用的质量控制工具包括控制图、因果图、帕累托图和散点图等。这些工具在识别、分析和解决审计问题方面具有显著优势，可以提高审计工作效率和质量。控制图是一种用于监控过程变异性的统计工具，广泛应用于审计工作中。例如在财务报表审计过程中，审计师可以通过控制图监控财务数据的波动情况，识别异常波动并进行深入分析。控制图的核心原理是通过设定控制界限，将正常波动和异常波动区分开来，从而及时发现和纠正潜在问题。

控制图的常用形式包括均值—范围图、均值—标准差图和个体值—移动范围图等。

因果图，又称鱼骨图或石川图，是一种用于识别问题根本原因的工具。在审计过程中，审计师可以利用因果图系统分析财务报表中的异常数据，找出潜在原因并提出改进措施。例如在分析应收账款账龄时，可以通过因果图识别影响账龄的因素，如客户信用政策、销售政策、收款流程等，从而制订有针对性的改进方案。

帕累托图是一种对重要问题进行识别和排序的工具，通过直观展示各问题的影响程度，使审计师可以优先解决最重要的问题。在财务报表审计中，审计师可以利用帕累托图分析和排序审计发现问题，如收入确认、成本核算、资产减值等，以集中精力解决影响较大的问题，提高审计效率。

散点图是一种用于分析变量间关系的工具，通过展示变量间的相关性，帮助审计师理解数据的内在规律。在审计过程中，审计师可以利用散点图分析财务数据间的关系，如销售收入与应收账款、库存与生产成本等，从而发现潜在问题和改进机会。例如通过分析销售收入与应收账款的关系，可以评估销售政策和收款流程的有效性，提出优化建议。

此外，统计质量控制工具还包括直方图、回归分析等，这些工具在不同的审计环节中发挥着不同的作用。审计师需要根据具体的审计目标和数据特征，选择合适的质量控制工具，进行系统分析和改进。

二、审计流程的优化设计

优化审计流程需要结合审计目标、风险评估结果和审计资源等因素，进行系统规划和设计。审计流程的优化设计包括以下几个方面。

首先是审计计划的制订和执行。在制订审计计划时，审计师需要充分考虑被审计单位的行业环境、业务特点、内部控制状况等因素，合理安排审计时间和资源。例如在审计一个跨国企业时，审计师可以通过分阶段审计、分区域审计等方式，提高审计效率和质量。审计计划需要严格按照计划进行，确保每个环节的审计程序和方法科学、合理。

其次是审计程序的选择和实施。在选择审计程序时，审计师需要根据审计目标和风险评估结果，合理设计和实施审计程序。例如在审计收入确认时，可以通过函证、实地观察、重新计算等程序，验证收入的真实性和准确性。在实施审计程序时，审计师需要结合统计抽样方法，提高审计证据的代表性和可靠性。例如通过计算样本量、确定抽样方法、实施抽样测试等，系统评估和控制审计风险。

最后是审计报告的编写和发布。审计报告是审计工作的重要成果，审计师需要在报告中详细描述审计过程、审计发现和审计结论。审计报告的编写需要遵循相关的审计准则和法规，确保报告内容的完整性、准确性和公正性。例如在编写审计报告时，可以通过表格、图表等方式，直观展示审计数据和结论，提高报告的可读性和说服力。审计报告的发布需要遵循严格的审批流程，确保报告的权威性和可靠性。

三、审计效率的提升途径

审计效率的提升是实现高质量审计工作的核心目标，通过系统分析和改进，审计师可以显著提高审计工作效率和效果。提升审计效率的途径包括以下几个方面。

首先是审计技术和工具的应用。随着大数据、人工智能等技术的发展，审计师可以利用数据分析工具和审计软件，提高审计过程的自动化和智能化水平。例如利用数据挖掘、机器学习等技术，审计师可以快速识别财务报表中的异常数据，发现潜在问题和风险。审计软件的应用可以帮助审计师高效管理审计数据、执行审计程序、编制审计报告等，提高审计工作的效率和质量。

其次是审计团队的协作和沟通。在审计过程中，审计师需要与被审计单位、其他审计师和相关方进行密切沟通和协作，确保审计工作的顺利进行。例如在跨国审计中，审计师需要与各国分支机构的审计团队进行协调和合作，确保审计数据和程序的一致性和可比性。审计团队的协作和沟通可以通过定期会议、在线交流等方式，及时解决审计过程中遇到的问题，提高审计效率和效果。

再次是审计方法和流程的创新。在实际审计工作中，审计师需要不断创新审计方法和流程，提高审计工作的灵活性和适应性。例如，通过引入风险导向审计、流程审计等新方法，审计师可以更科学、合理地设计和实施审计程序，降低审计风险，提高审计效率。此外，审计师还可以通过持续改进和优化审计流程，减少冗余和低效环节，提高审计工作的效率和效果。

最后是审计人员的培训和发展。审计人员的专业素质和技能水平直接影响审计工作的效率和质量。审计师需要通过定期培训、职业教育等方式，不断提升专业知识和技能，适应审计环境和技术的变化。例如，通过参加专业培训、获取相关证书等，审计师可以掌握最新的审计方法和技术，提高审计工作的效率和效果。审计人员的发展还包括职业规划和激励机制，通过科学的职业规划和合理的激励机制，审计师可以提高工作积极性和创造力，为审计工作的持续改进和创新提供动力。

统计质量控制与审计效率的提升是审计工作高效、准确的重要保障。通过科学应用质量控制工具、优化审计流程、提升审计效率，审计师可以显著提高审计工作的质量和效果，为被审计单位提供更有价值的审计服务。在未来的审计实践中，随着技术的不断发展和审计环境的变化，审计师需要不断创新和改进审计方法和流程，为审计工作的持续发展提供有力支持。

第六章　财务分析中的统计方法

第一节　财务分析概述

一、财务分析的定义与目标

1. 财务分析的定义

财务分析是通过对企业的财务报表及相关资料进行系统分析和解释，揭示企业财务状况和经营成果的变化规律和内在联系，从而为管理决策提供依据的过程。其核心在于通过对财务报表中的数据进行定量和定性分析，评价企业的财务绩效和运营效率。财务分析不仅涉及对财务数据的计算和比较，还包括对财务指标的解释和评价。通过对资产负债表、利润表和现金流量表等报表的综合分析，可以揭示企业的财务健康状况、盈利能力、偿债能力和运营效率等。

2. 财务分析的目标

财务分析是一个多维度的过程，它旨在综合评价和预测企业的财务状况、经营成果以及现金流量等关键方面。首先，通过深入分析资产负债表，我们可以对企业的资产质量、负债结构和股东权益进行评估，了解企业的流动性、偿债能力和资本结构，从而揭示潜在的财务风险和财务弹性。其次，利润表的分析有助于我们评估企业的盈利能力、成本控制能力和收入增长能力，通过观察营业收入、营业成本、营业利润和净利润等指标，可以揭示企业的经营绩效和盈利水平。再次，现金流量表的分析让我们深入了解企业的现金流入和流出情况，评价企业的现金流管理能力，同时分析经营活动、投资活动和筹资活动的现金流量，以揭示企业的现金流动性和支付能力。最后，通过对历史财务数据的分析，我们可以应用时间序列分析、回归分析等统计方法来预测企业未来的财务状况和经营成果，包括营业收入、成本费用、利润和现金流量等关键财务指标。财务分析为企业管理层提供了决策支持，帮助他们制订战略规划、经营计划和财务预算，优化资源配置，提高企业的运营效率和财务绩效。

二、财务分析的基本方法

1. 比率分析法

比率分析法是通过计算和分析各种财务比率，评价企业的财务状况和经营成果的分析方法。常用的财务比率包括流动比率、速动比率、资产负债率、权益乘数、毛利率、净利率、总资产报酬率、净资产收益率等。这些比率通过反映企业财务数据之间的关系，揭示企业的流动性、偿债能力、盈利能力和运营效率。例如，流动比率和速动比率反映企业的短期偿债能力，资产负债率和权益乘数反映企业的财务结构和财务风险，毛利率和净利率反映企业的盈利能力，总资产报酬率和净资产收益率反映企业的投资回报水平。

2. 趋势分析法

趋势分析法是通过分析企业财务数据在不同时期的变化趋势，揭示企业财务状况和经营成果的动态变化规律的分析方法。趋势分析法通常采用时间序列分析方法，将企业的财务数据按时间顺序排列，计算各期数据的环比增长率和同比增长率，绘制财务指标的变化趋势图。例如可以通过趋势分析法分析企业的营业收入、营业成本、营业利润、净利润、总资产、负债总额、股东权益等财务指标的变化趋势，揭示企业的收入增长、成本控制、利润水平、资产负债结构等方面的变化情况。

3. 比较分析法

比较分析法是通过将企业的财务数据与行业平均水平、竞争对手数据、历史数据等进行比较，评价企业财务状况和经营成果的相对水平的分析方法。比较分析法可以帮助企业发现自身的优势和劣势，找出财务管理和经营管理中的问题和不足。常用的比较分析方法包括纵向比较和横向比较。纵向比较是将企业的财务数据与其历史数据进行比较，分析企业财务状况和经营成果的变化情况。横向比较是将企业的财务数据与同行业平均水平或主要竞争对手的数据进行比较，评价企业在行业中的竞争地位和相对绩效。

三、财务分析的应用领域

1. 企业经营管理

财务分析可以揭示企业的收入结构、成本结构、盈利能力和现金流管理能力等多方面的信息。例如在营业收入和营业成本的分析中，可以采用垂直分析法和水平分析法来评估收入和成本的变化趋势和构成比例。假设某企业在2023年的营业收入为5 000万元，营业成本为3 500万元，则其营业利润为1 500万元，营业利润率为30%。通过分析不同产品线或业务部门的收入和成本，可以发现收入的主要来源和成本控制的关键点。例如产品A的销售收入为3 000万元，占总收入的60%，其营业成本为2 000万元，占总成本的57.14%；产品B的销售收入为2 000万元，占总收入的40%，其营业成本为1 500万元，占总成本的42.86%。这些数据可以帮助企业找出收入增长点和成本控制点，为制定相应的市场策略和成本管理措施提供依据。

在利润表和现金流量表的分析中，可以采用比率分析法和现金流量分析法来评估企业的盈利能力和现金流管理能力。例如，企业的净利润为1 200万元，总资产为20 000万元，则其净资产收益率为6%。经营活动现金流量为1 500万元，投资活动现金流量为-500万元，筹资活动现金流量为-200万元，则其现金流量比率为0.75，表明企业在经营活动中的现金流管理较为稳定，但在投资和筹资活动中的现金流出较大，需要注意资金的合理使用和分配。此外，企业还可以利用杜邦分析模型对财务绩效进行综合评价。杜邦分析模型通过分解净资产收益率为营业利润率、总资产周转率和权益乘数三个因素，分析各因素对净资产收益率的影响。假设企业的营业收入为 6 000 万元，净利润为 1 000 万元，总资产为 10 000 万元，股东权益为 4 000 万元，则其营业利润率为 16.67%，总资产周转率为 0.6，权益乘数为 2.5。通过杜邦分析，可以发现企业的盈利能力较强，但资产利用效率和财务杠杆较低，需要在提高总资产周转率和优化资本结构方面进行改进。

2. 投资决策

通过对企业资产负债表、利润表、现金流量表及各类财务比率的深入分析，投资者可以获得翔实的数据支持，以便进行科学的投资决策。

在资产负债表的分析中，投资者可以评估企业的资产质量和负债水平。资产负债表列示了企业在某一时点的资产、负债和所有者权益。假设某企业总资产为 100 000 万元，总负债为 60 000 万元，股东权益为 40 000 万元，则其资产负债率为 60%（资产负债率=总负债/总资产）。高资产负债率意味着企业承担较高的财务风险，而低资产负债率则可能显示企业财务结构较为稳健。进一步分析流动资产和流动负债，可以评估企业的短期偿债能力。假设企业流动资产为 30 000 万元，流动负债为 20 000 万元，则流动比率为 1.5（流动比率=流动资产/流动负债）。若企业的流动比率过低，可能表明其短期偿债能力较差，面临较大的流动性风险。

利润表的分析则可以评估企业的盈利能力和经营绩效，利润表列示了一段时期内企业的收入、成本、费用和利润等信息。假设企业的营业收入为 120 000 万元，营业成本为 90 000 万元，营业利润为 30 000 万元，净利润为 24 000 万元，则其销售利润率为 20%（销售利润率=净利润/营业收入）。高销售利润率通常表明企业具有较强的盈利能力和成本控制能力。

现金流量表的分析能够评估企业的现金流管理能力和财务弹性，现金流量表分为经营活动、投资活动和筹资活动三个部分。假设企业经营活动现金流量为 20 000 万元，投资活动现金流量为 -5 000 万元，筹资活动现金流量为 -10 000 万元，则其净现金流量为 5 000 万元。经营活动现金流量的充足性反映了企业日常经营的健康状况，而投资活动和筹资活动的现金流出则表明企业在投资和融资方面的情况。

企业的总资产周转率可以评估其资产利用效率，假设企业的营业收入为200 000万元，总资产为100 000万元，则总资产周转率为2（总资产周转率＝营业收入/总资产）。高总资产周转率通常表明企业能够高效利用资产创造收入。此外，权益乘数可以反映企业的财务杠杆水平，假设企业总资产为100 000万元，股东权益为40 000万元，则权益乘数为2.5（权益乘数＝总资产/股东权益）。

在投资决策中，投资者还可以利用杜邦分析法对企业的财务绩效进行综合评价。杜邦分析法将净资产收益率（ROE）分解为净利润率、总资产周转率和权益乘数三个因素，揭示各因素对ROE的影响。假设企业的净利润为24 000万元，营业收入为120 000万元，总资产为100 000万元，股东权益为40 000万元，则其净利润率为20%（净利润率＝净利润/营业收入），总资产周转率为1.2（总资产周转率＝营业收入/总资产），权益乘数为2.5（权益乘数＝总资产/股东权益），ROE为60%（ROE＝净利润率×总资产周转率×权益乘数）。通过杜邦分析，投资者可以深入了解企业的盈利能力、资产利用效率和财务杠杆情况，从而做出更为科学的投资决策。

3. 贷款评估

在贷款评估过程中，金融机构会综合考虑企业的资产负债表、利润表、现金流量表以及财务比率等多个方面，以确保贷款决策的科学性和合理性。

资产负债表提供了企业资产、负债和股东权益的快照，金融机构通过分析资产负债表可以评估企业的资产质量、负债水平和资本结构。例如通过计算流动比率（流动资产/流动负债）和速动比率［（流动资产−存货）/流动负债］，可以评估企业的短期偿债能力。资产负债率（总负债/总资产）则反映了企业的财务杠杆水平，高资产负债率可能意味着较高的财务风险。

利润表反映了企业在一定时期内的经营成果，通过分析利润表，金融机构可以评估企业的盈利能力、成本控制能力和收入增长潜力。净利润率（净利润/营业收入）和毛利率［（营业收入−营业成本）/营业收入］等指标，可以为金融机构提供企业盈利能力的量化信息。

现金流量表则显示了企业在一定时期内现金的流入和流出情况，对于评估企业的现金流管理和还款能力至关重要。经营活动产生的现金流量净额可以反映企业的主营业务盈利能力，而投资活动和筹资活动产生的现金流量则可以反映企业的投资决策和资本结构调整情况。

财务比率分析是评估企业财务状况的主要手段，如净资产收益率（净利润/平均股东权益）可以反映企业的盈利效率，而利息保障倍数（息税前利润/利息费用）则可以评估企业支付利息的能力。这些比率的计算通常需要使用企业的财务数据，通过电子表格软件如 Excel 可以方便地进行数据输入、计算和分析。

在实际的贷款评估过程中，金融机构可以运用统计方法对企业的财务数据进行深入分析。例如通过时间序列分析可以预测企业未来的财务表现，而回归分析则可以探索不同财务指标之间的关系。上述分析方法通常需要使用专业的统计软件或编程语言，如 R 或 Python 等可以帮助金融机构更准确地评估企业的贷款偿还能力和风险。

4. 风险管理

财务分析的目的是识别和评估企业面临的各种风险，从而采取有效的控制措施，降低这些风险对企业运营的负面影响。以资产负债表为例，企业可以通过分析资产质量、负债结构和股东权益，评估企业的偿债能力和财务弹性。假设某企业总资产为 5 000 万元，总负债为 3 000 万元，股东权益为 2 000万元，则其资产负债率为 60%（资产负债率＝总负债/总资产）。较高的资产负债率表明企业在利用外部资金进行扩展时可能存在较高的财务风险，这种风险需要通过合理的债务管理策略进行控制。再以流动比率为例，假设企业的流动资产为 1 500 万元，流动负债为 1 000 万元，则流动比率为 1.5（流动比率＝流动资产/流动负债）。流动比率越高，表明企业的短期偿债能力越强，反之则可能面临流动性风险。为了确保企业在短期内具备足够的偿债能力，应保持适当的流动比率。

在风险管理过程中，企业还可以采用情景分析和敏感性分析来评估不同情景下的财务状况和经营成果。例如通过构建乐观、中性和悲观三种情景，分析不同情景下的财务指标变化，制定相应的风险应对策略。敏感性分析则可以评估各关键变量对财务指标的影响，例如分析营业收入增长率、成本控制能力和融资成本等因素对净利润和现金流的影响，从而识别和控制关键风险点。

5. 公司治理

公司治理作为确保企业高效运作和利益相关者权益保护的机制，其效果可通过财务分析得到评估和优化。财务分析通过细致审视财务报表和相关财务比率，为公司治理结构的合理性和治理效果的优劣提供了量化的视角。在公司治理的框架下，资产负债表的分析揭示了企业的资本结构和财务稳健性。通过观察股东权益的变动，可以评估企业对内部增长和外部融资的依赖程度。利润表则反映了企业的盈利能力和成本控制效率，利用净利润率和毛利率等指标，可以量化企业的经营成果和盈利模式的持续性。在实际操作中，电子表格软件如 Excel 可以用于整理和分析财务数据，自动计算财务比率，并生成直观的图表。高级的数据分析软件或编程语言，如 Python 或 R，可以用于构建更复杂的财务模型，进行风险评估和预测分析。

第二节　比率分析与统计指标

一、流动性比率的分析

流动性比率用于衡量企业在短期内偿还债务的能力。它反映了企业资产的流动性和支付短期债务的能力。常用的流动性比率包括流动比率、速动比率和现金比率。

1. 流动比率

流动比率是流动资产与流动负债的比率，公式如下：

$$流动比率 = \frac{流动资产}{流动负债}$$

假设某企业的流动资产总额为 15 000 万元，流动负债总额为 10 000 万元，如表6-1所示。

表 6-1　流动比率计算

项目	数值
流动资产总额（万元）	15 000
流动负债总额（万元）	10 000
流动比率	1.5

$$流动比率 = \frac{15\,000}{10\,000} = 1.5$$

计算结果表明该企业每 1 元的流动负债有 1.5 元的流动资产作为保障，因此该企业具有较强的短期偿债能力。

进一步分析企业的流动资产构成，可以采用分项分析法，将流动资产细分为货币资金、应收账款、存货等项目。假设流动资产中货币资金为 5 000 万元，应收账款为 4 000 万元，存货为 6 000 万元，则流动资产的构成如表 6-2 所示。

表 6-2　流动资产构成

项目	金额（万元）
货币资金	5 000
应收账款	4 000
存货	6 000
总计	15 000

通过分项分析，可以发现企业的流动资产中存货占比较高，占流动资产总额的40%。因此企业存在存货积压的问题，影响了资金的利用效率。因此，企业需要加强存货管理，提高存货周转率，以提升流动资产的流动性。此外，企业还可以结合行业平均水平和历史数据，进行流动比率的横向和纵向比较。假设行业平均流动比率为1.8，而企业过去三年的流动比率分别为1.6、1.5和1.4，可以看出企业的流动比率逐年下降，低于行业平均水平，表明企业的短期偿债能力有所减弱。针对这种情况，企业可以采取措施，如加快应收账

款回收、优化存货管理等，提升流动比率，增强短期偿债能力。

2. 速动比率

速动比率是速动资产与流动负债的比率，速动资产是指流动资产中变现能力较强的部分，不包括存货。公式如下：

$$速动比率 = \frac{速动资产}{流动负债}$$

$$速动资产 = 流动资产 - 存货$$

速动比率更能反映企业的真实资产流动性，因为存货的变现速度较慢且不确定性较大。假设某企业的速动比率计算结果为 0.9，每 1 元的流动负债有 0.9 元的高流动性资产作为保障，短期偿债能力较强。现金比率则进一步剔除了应收账款，仅考虑货币资金部分，计算公式为：现金比率=货币资金/流动负债。假设该企业的现金比率为 0.5，表明每 1 元的流动负债有 0.5 元的现金保障，显示出较强的支付能力。

3. 现金比率

现金比率是现金与流动负债的比率，反映了企业利用现金等最具流动性的资产来偿还短期债务的能力。公式如下：

$$现金比率 = \frac{现金及现金等价物}{流动负债}$$

现金比率的高低直接关系到企业的短期偿债能力，较高的现金比率表明企业拥有充足的现金资源来应对短期内的债务偿还需求，通常被视为企业财务稳健的信号。在实际分析中，除了计算现金比率，财务分析师还会考虑其他相关指标，如现金流量比率和速动比率，以获得对企业短期偿债能力的全面了解。现金流量比率考虑了企业经营活动产生的现金流量，而速动比率则进一步排除了存货的影响，因为存货的变现能力通常低于现金及现金等价物。为了更深入地分析现金比率，企业可能会使用电子表格软件，如 Excel，来整理和分析财务数据。输入相关数据自动计算现金比率，并与其他流动性指标进行比较。在评估现金比率时，还需要注意行业特性和宏观经济环境的影响。不同行业的现金比率标准可能有所不同，而经济周期的变化也可能影响企业的现金持有策略。因此，现金比率的分析需要结合行业基准和宏观经济条件进行综合考量。

二、盈利性比率的分析

1. 毛利率

毛利率是毛利与营业收入的比率，用于衡量企业每单位营业收入所获取的毛利。其计算公式为：

$$毛利率 = (营业收入 - 营业成本) / 营业收入 \times 100\%$$

毛利率反映了企业产品的盈利能力和成本控制能力，较高的毛利率表示企业能够通过较低的成本获取较高的收入，显示出较强的盈利能力和市场竞争力。假设某企业的营业收入为 5 000 万元，营业成本为 3 000 万元，则该企业的毛利为 2 000 万元，毛利率为 40%。这表明每 100 元的营业收入中有 40 元为毛利，显示了企业较高的盈利能力。

2. 净利率

净利率是净利润与营业收入的比率，用于衡量企业每单位营业收入所获取的净利润。其计算公式为：

$$净利率 = 净利润 / 营业收入 \times 100\%$$

净利率反映了企业在扣除所有费用和税金后的盈利能力，较高的净利率表示企业在控制成本和费用方面表现较好，能够通过较低的费用获取较高的净利润。假设某企业的净利润为 1 000 万元，营业收入为 5 000 万元，则该企业的净利率为 20%。那么每 100 元的营业收入中有 20 元为净利润，显示了企业在控制成本和费用方面的较强能力。

3. 总资产收益率

总资产收益率（Return on Assets，ROA）是净利润与总资产的比率，用于衡量企业总资产的盈利能力。其计算公式为：

$$总资产收益率 = 净利润 / 总资产 \times 100\%$$

总资产收益率反映的是企业利用其总资产获取净利润的能力，较高的总资产收益率表示企业能够高效利用其资产，获取较高的利润。假设某企业的净利润为 1 000 万元，总资产为 20 000 万元，则该企业的总资产收益率为 5%。那么每 100 元的总资产能够带来 5 元的净利润，显示了企业在利用资产获取利润方面的较强能力。

4. 盈利性比率

盈利性比率的分析可以通过毛利率、净利率和总资产收益率等指标，全面评估企业的盈利能力和成本控制水平。毛利率能够反映企业产品的盈利能力和市场竞争力，净利率则能够揭示企业在控制成本和费用方面的表现，而总资产收益率则能够评估企业利用其资产获取利润的效率。企业可以根据这些指标进行横向和纵向的比较，识别自身在行业中的竞争地位和历史趋势，并采取相应的措施提高盈利能力和资产利用效率。例如通过优化产品结构、提高生产效率、控制运营成本等，企业可以进一步提升毛利率和净利率；企业可以通过合理配置资产、提高资产利用效率等，提升总资产收益率。

在实际操作中，企业可以结合财务报表数据，进行详细的盈利性比率分析。假设某企业过去三年的毛利率分别为 38%、40% 和 42%，净利率分别为 18%、20% 和 22%，总资产收益率分别为 4.5%、5% 和 5.5%，则可以看出该企业的盈利能力在逐年提升，显示出良好的经营绩效和资产利用效率。同时，企业还可以与同行业平均水平进行比较，了解自身在行业中的竞争地位，并针对不足之处制定改进措施。如果行业平均毛利率为 45%，净利率为 25%，总资产收益率为 6%，则该企业在盈利能力方面仍有提升空间，须进一步优化经营策略，提高成本控制能力和资产利用效率。

三、偿债能力比率的分析

1. 资产负债率

资产负债率是企业总负债与总资产的比率，用于衡量企业的财务风险和负债水平。其计算公式为：

$$资产负债率 = \frac{总负债}{总资产} \times 100\%$$

资产负债率反映了企业资产中有多少是通过负债筹资的。较高的资产负债率通常表示企业依赖于债务融资，负债水平较高，财务风险较大；而较低的资产负债率则表示企业负债水平较低，财务状况较为稳健。假设某企业的总资产为 50 000 万元，总负债为 20 000 万元，则该企业的资产负债率为 40%。这意味着企业 40% 的资产是通过负债筹资的，其余 60% 是通过股东权益筹资的，显示出企业较为稳健的财务结构。资产负债率计算如表 6-3 所示。

表 6-3　资产负债率计算

项目	数值
总资产（万元）	50 000
总负债（万元）	20 000
资产负债率（%）	40

2. 利息保障倍数

利息保障倍数是企业息税前利润（EBIT）与利息费用的比率，用于衡量企业支付利息的能力。其计算公式为：

$$利息保障倍数 = \frac{息税前利润}{利息费用}$$

较高的利息保障倍数表示企业有较强的能力支付利息费用，财务风险较低；而较低的利息保障倍数则表示企业支付利息的能力较弱，财务风险较高。假设某企业的息税前利润为 8 000 万元，利息费用为 2 000 万元，则该企业的利息保障倍数为 4。这意味着企业每赚取 4 元的息税前利润才支付 1 元的利息费用，显示出企业较强的利息支付能力。利息保障倍数计算如表 6-4 所示。

表 6-4　利息保障倍数计算

项目	数值
息税前利润（万元）	8 000
利息费用（万元）	2 000
利息保障倍数	4

3. 权益乘数

权益乘数是企业总资产与股东权益的比率，用于衡量企业的财务杠杆和资本结构。其计算公式为：

$$权益乘数 = \frac{总资产}{股东权益}$$

较高的权益乘数表示企业依赖于债务融资，财务杠杆较高，财务风险较大；而较低的权益乘数则表示企业财务杠杆较低，财务状况较为稳健。假设某企业的总资产为 50 000 万元，股东权益为 30 000 万元，则该企业的权益乘数为 1.67。这意味着企业每 1.67 元的总资产中有 1 元是由股东权益提供的，显示出企业适度的财务杠杆水平。权益乘数计算如表 6-5 所示。

表 6-5　权益乘数计算

项目	数值
总资产（万元）	50 000
股东权益（万元）	30 000
权益乘数	1.67

第三节　趋势分析与统计预测

一、趋势分析的基本概念

趋势分析作为一种财务分析工具，其基本概念源于对时间序列数据的系统研究，目的是识别和预测数据随时间变化的模式。这种分析方法的本源可以追溯到统计学和计量经济学领域，最初用于研究经济指标和市场行为的长期趋势。随着时间的推移，趋势分析逐渐被引入财务领域，成为评估企业财务表现和预测未来发展的主要手段。在财务分析的背景下，趋势分析关注识别和解释企业财务指标随时间变化的规律性，包括对营业收入、净利润、现金流量等关键财务数据的长期观察和分析。通过分析，分析师能够识别出数据中的增长或下降趋势，评估这些趋势的持续性，并预测未来的财务表现。

二、趋势分析的统计方法

1. 移动平均法

移动平均法是一种通过计算一系列连续数据的平均值来平滑时间序列数据的方法，常用于消除随机波动，揭示数据的基本趋势。移动平均的计算公式如下：

$$MA_t = \frac{1}{n} \sum_{i=0}^{n-1} X_{t-i}$$

其中，MA_t 是第 t 期的移动平均值，$t-i$ 期的实际值，n 是移动平均的周期数。季度销售数据的三期移动平均计算示例如表 6-6 所示。

表 6-6　季度销售数据的三期移动平均计算

期数	销售额（万元）	三期移动平均
1	100	—
2	120	—
3	130	$\frac{100 + 120 + 130}{3} = 116.67$
4	140	$\frac{120 + 130 + 140}{3} = 130$
5	150	$\frac{130 + 140 + 150}{3} = 140$

移动平均法的优势在于其简单性和直观性，它不需要复杂的统计知识或软件即可实施。然而，移动平均法也有局限性，例如对数据的滞后效应和对极端值的敏感性。为了克服这些局限性，分析师可能会采用加权移动平均法，通过为近期数据赋予更大的权重来减少滞后效应，并更快速地响应数据的变化。在实际操作中，移动平均法的应用不仅限于销售数据，还可以扩展到其他财务指标，如利润、成本、现金流量等。

2. 指数平滑法

指数平滑法是一种加权移动平均法，通过赋予较新的数据点更高的权重来平滑时间序列数据。常见的指数平滑方法包括简单指数平滑、霍尔特线性趋势模型和霍尔特—温特斯季节模型。简单指数平滑的计算公式如下：

$$S_t = \alpha X_t + (1 - \alpha) S_{t-1}$$

其中，S_t 是第 t 期的平滑值，X_t 是第 t 期的实际值，α 是平滑系数，取值范围为 0 到 1。季度销售数据的简单指数平滑计算如表 6-7 所示，假设 $\alpha = 0.3$。

表 6-7　季度销售数据的简单指数平滑计算

期数	销售额（万元）	平滑值
1	100	100
2	120	0.3×120+0.7×100=106
3	130	0.3×130+0.7×106=113.8
4	140	0.3×140+0.7×113.8=122.46
5	150	0.3×150+0.7×122.46=131.72

指数平滑法通过加权平均，使平滑值对较新数据点的变化更加敏感。

3. 回归分析法

回归分析法通过建立自变量和因变量之间的数学模型，预测因变量的变化趋势。最常用的是线性回归模型，线性回归模型的基本形式如下：

$$y = \beta_0 + \beta_1 x + \varepsilon$$

其中，y 是因变量，x 是自变量，β_0 和 β_1 分别是模型的截距和斜率，ε 是误差项。通过最小二乘法估计模型参数，使模型对数据的拟合误差最小。季度销售数据的线性回归模型如表 6-8 所示。

表 6-8　季度销售数据的线性回归模型示例

期数	销售额（万元）	自变量 X
1	100	1
2	120	2
3	130	3
4	140	4
5	150	5

通过线性回归分析，可以得到回归方程 $y = 90 + 12x$ ，预测下一期（第 6 期）的销售额为：

$$y = 90 + 12 \times 6 = 162$$

回归分析法能够量化自变量对因变量的影响，为趋势预测提供精确的数学模型。

4. 季节分解法

季节分解法通过将时间序列数据分解为趋势、季节和随机成分，识别并分析数据的季节性波动。常用的季节分解方法包括加法模型和乘法模型。加法模型的基本形式如下：

$$Y_t = T_t + S_t + E_t$$

其中，Y_t 是第 t 期的实际值，T_t 是趋势成分，S_t 是季节成分，E_t 是随机成分。季度销售数据的季节分解如表 6-9 所示。

表 6-9　季度销售数据的季节分解示例

期数	销售额（万元）	趋势成分 T_t	季节成分 S_t	随机成分 E_t
1	100	90	10	0
2	120	100	15	5
3	130	110	10	10
4	140	120	15	5
5	150	130	10	10

季节分解法通过识别和消除季节性波动，使数据的长期趋势更加明显，有助于准确预测未来趋势。

5. ARIMA 模型

ARIMA 模型是一种广泛应用的时间序列预测模型，通过自回归（AR）、差分（I）和平滑平均（MA）三部分对时间序列数据进行建模。ARIMA 模型的基本形式如下：

$$ARIMA(p, \ d, \ q)$$

其中，p 是自回归项数，d 是差分次数，q 是平滑平均项数。ARIMA 模型通过最小化残差的平方和来估计模型参数。一个季度销售数据的 *ARIMA*(1，1，1）模型如表 6-10 所示。

表 6-10　季度销售数据的 *ARIMA*（1，1，1）模型示例

期数	销售额（万元）
1	100
2	120
3	130
4	140
5	150

通过 ARIMA 模型分析，可以预测下一期（第 6 期）的销售额为 160 万元。ARIMA 模型通过差分消除数据的非平稳性，利用自回归和平滑平均捕捉数据的内在结构，提供精确的趋势预测。

三、趋势分析的应用途径

1. 销售预测

销售预测是通过对历史销售数据的细致分析，预测未来的销售趋势，为企业的决策提供科学依据。在进行销售预测时，可以采用多种统计方法，包括移动平均法、指数平滑法和 ARIMA 模型等。

移动平均法通过计算历史销售数据的连续平均值，消除短期波动的影响，揭示销售数据的长期趋势。这种方法简单易行，适用于数据波动性较小的情况。指数平滑法则更加灵活，它通过赋予不同时间点的数据不同的权重，使模型能够更快地适应数据的变化。

在实际应用中，销售预测的准确性取决于多种因素，包括数据的质量、预测模型的选择和参数的设定等。为了提高预测的准确性，需要对历史销售数据进行清洗和预处理，剔除异常值和噪声。在进行销售预测时，可以使用 Excel 等电子表格软件进行数据的整理和计算，利用内置的统计分析工具来实现移动平均和指数平滑等。销售预测的结果通常以预测值和预测区间的形式

呈现，预测区间反映了预测的不确定性。企业可以根据预测结果来调整销售策略，制定销售目标和市场推广计划。同时，销售预测也是一个动态的过程，需要定期更新数据和调整模型，以适应市场的变化。

2. 成本控制

趋势分析在成本控制领域的应用是通过对企业历史成本数据的深入分析，揭示成本的长期变化趋势和季节性波动规律，从而帮助企业识别成本增长的动因，预测未来的成本走势，并据此制定有效的成本控制策略。在成本控制的趋势分析中，季节分解法和回归分析法是两种常用的统计方法。

季节分解法通过将时间序列数据分解为趋势成分、季节性成分和随机成分，帮助分析师识别和剔除季节性因素对成本数据的影响。季节分解法有助于更清晰地看到成本的长期趋势和周期性变化。例如对于零售行业，节假日促销活动可能会导致成本的季节性波动，季节分解法可以揭示这种季节性模式。

回归分析法则通过建立成本与其他可能影响因素之间的关系模型，来识别成本上升的趋势成分。例如通过分析原材料价格、劳动力成本或生产效率等因素与总成本之间的关系，可以量化这些因素对成本变化的贡献度。回归模型的建立通常涉及选择适当的自变量和因变量，以及确定模型的形式，如线性回归或多项式回归。在实际操作中，成本控制的趋势分析需要收集和整理企业的历史成本数据，包括直接成本和间接成本。数据的准确性和完整性对于分析结果至关重要。此外，分析师还需要考虑外部经济环境和行业趋势对成本的影响，如通货膨胀率、汇率变动或供应链中断等。

3. 财务风险评估

在财务风险评估中，流动比率是一个关键的财务指标，用于衡量企业短期偿债能力。为了准确识别流动比率的趋势成分，可以采用 ARIMA 模型和指数平滑法这两种统计预测技术。ARIMA 模型通过分析数据中的自相关性、差分平稳性以及滑动平均效应，来构建预测模型。而指数平滑法则通过给予近期数据更大的权重，来平滑数据的波动，从而得到更为平滑的趋势线。

在具体操作上，首先需要收集企业流动比率的历史数据，并将其整理成时间序列数据。然后，运用统计软件对数据进行预处理，包括缺失值填充、异常值处理以及数据平稳性检验等。接下来，通过对比不同模型的预测效果，选择合适的 ARIMA 模型或指数平滑法模型进行拟合。在模型拟合过程中，需要调整模型的参数（如自回归阶数、差分阶数、滑动平均阶数或平滑系数等），以使模型能够更好地拟合历史数据。一旦模型拟合完成，就可以利用该模型对流动比率的未来趋势进行预测，并据此评估企业的财务风险。

第四节 财务结构分析与统计描述

一、财务结构的定义与构成

1. 财务结构的定义

财务结构是指企业在一定时期内资产、负债和所有者权益的构成及其相互关系。财务结构反映了企业的资本来源及分布情况，揭示了企业财务状况的稳定性和风险程度。合理的财务结构能够提高企业的资金使用效率，降低财务风险，提高企业的市场竞争力。

财务结构的定义可以通过以下公式表示：

$$财务结构 = \frac{负债总额}{资产总额}$$

该比率反映了企业的负债占总资产的比例，是衡量企业财务风险的重要指标。一般来说，较高的负债比率意味着企业承担了较高的财务风险，面临较大的利息支付压力和债务违约风险。

2. 财务结构的构成

财务结构的构成主要包括资产结构、负债结构和所有者权益结构。资产结构反映了企业资产的分布情况，负债结构反映了企业负债的来源和期限，所有者权益结构反映了企业所有者权益的组成情况。

资产结构主要包括流动资产和非流动资产。流动资产是指可以在一年内变现或耗用的资产，如现金、应收账款和存货等。非流动资产是指持有时间超过一年的资产，如固定资产、无形资产和长期投资等。资产结构是否合理直接影响企业资产的流动性和企业长期发展能力。

负债结构主要包括流动负债和非流动负债。流动负债是指需要在一年内偿还的债务，如应付账款、短期借款和预收账款等。非流动负债是指偿还期限超过一年的债务，如长期借款和长期应付款等。负债结构是否合理直接影响企业的偿债能力和财务稳定性。

所有者权益结构主要包括实收资本、资本公积和留存收益。实收资本是指企业投资者投入的资本，资本公积是指企业发行股票溢价收入和法定公积金，留存收益是指企业留存的未分配利润。所有者权益结构的合理性直接影响企业的资本成本和股东权益回报率。

二、财务结构的统计描述

1. 财务结构比率分析

在进行财务结构比率分析时，常用的参数包括资产负债率、权益乘数、流动比率、速动比率等，上述参数能够反映企业的债务水平、偿债能力和运营效率。在进行财务结构的统计描述时，还可以通过构建统计表格来直观展示企业的财务结构。例如可以创建表格，列出不同年份的资产负债率、权益乘数、流动比率和速动比率，以观察企业财务结构随时间的变化趋势。使用图表来辅助说明，如使用柱状图、折线图等，可以更直观地展示财务比率的变化情况。在使用 Excel 进行财务结构分析时，可以利用其内置的公式和图表功能。首先，在 Excel 工作表中输入企业的财务数据，然后使用公式计算出所需的财务比率。接着，可以利用 Excel 的图表功能，将这些比率以图形的方式展示出来。例如可以使用柱状图来展示不同年份的资产负债率，或者使用折线图来展示权益乘数随时间的变化趋势。

在编写财务分析报告时，应确保表述的严谨性和准确性，避免使用模糊不清的词汇。报告中应详细列出所使用的数据、计算方法和分析结果，以及对这些结果的解释和结论。

2. 财务结构趋势分析

资产负债率是企业的总负债与总资产进行比较得出的百分比。这一比率的计算公式为：资产负债率=（总负债/总资产）×100%。比如某企业，从2019年到2023年，资产负债率分别为50%、55%、60%、65%和70%，显示出明显的上升趋势。如表6-11所示。

表6-11　某企业五年资产负债率

年份	资产负债率（%）
2019	50
2020	55
2021	60
2022	65
2023	70

该企业的资产负债率在过去五年中持续增长。从2019年的50%上升至2023年的70%，这表明企业的负债相对于资产的比例在不断增加。这种趋势可能表明企业在融资策略上越来越依赖债务，或者投资回报率未能跟上负债的增长速度，导致财务风险逐渐累积。随着资产负债率的提高，企业的财务杠杆也在增加，企业在未来面临更高的偿债压力，同时也增加了财务危机的可能性。

3. 财务结构对比分析

财务结构对比分析是通过比较不同企业或同一企业在不同时间点的财务指标来揭示财务状况的变化趋势和潜在问题。此分析涉及对资产负债表和利润表中的关键比率进行计算，以评估企业的偿债能力、盈利能力和运营效率。进行财务结构对比分析包括确定比较对象，收集资产总额、负债总额、所有者权益、营业收入、成本费用等财务报表数据，计算流动比率、速动比率、负债比率、权益比率、毛利率、净利率、资产周转率等关键财务比率，将这些比率整理成表格，绘制时间序列图以直观展示变化趋势，并对结果进行详细分析，识别异常值和趋势，探讨其原因，提出解释。最后，将分析结果整合成书面报告，确保逻辑清晰，论据充分，结论明确。

在实际应用中，财务结构对比分析应结合具体行业标准和市场情况，以及企业的历史数据，同时注意数据分析的局限性，包括数据的时效性和完整性，以及不同会计政策对企业财务表现的影响，以提供有价值的见解，帮助企业决策者制定或调整财务管理策略。

三、财务结构的优化建议

1. 调整资本结构

资本结构，即企业长期资金来源的构成，包括债务和股权的比例，对企业的财务稳定性和成本效率有着直接的影响。优化资本结构的目的在于通过调整债务水平和选择适合的融资方式，实现加权平均资本成本（WACC）的最小化，进而提升企业价值。

计算最佳资本结构通常需要运用统计模型，如资本资产定价模型（CAPM）。CAPM 模型的公式为：

$$E(R_i) = R_f + \beta_i(E(R_m) - R_f)$$

其中，$E(R_i)$ 代表资产的预期回报率，R_f 为无风险利率，β_i 为资产相对于市场的系统性风险系数，$E(R_m)$ 为市场组合的预期回报率。

在分析债务期限结构时，企业需要比较不同期限债务的成本和风险，选择最合适的债务组合。久期（Duration）分析法是一种常用的方法，通过计算债务的加权平均到期时间来匹配债务到期日与预期现金流。久期的计算公式为：

$$D = \frac{\sum_{t=1}^{n} \frac{t \cdot CF_t}{(1+r)^t}}{\sum_{t=1}^{n} \frac{CF_t}{(1+r)^t}}$$

其中，CF_t 为第 t 期的现金流，r 为债务利率，n 为债务期限。

债务融资带来的利息税盾效应可以降低企业的税后成本，因此在计算 WACC 时，应考虑债务的税后成本。WACC 的计算公式：

$$WACC = \frac{E}{V}R_e + \frac{D}{V}(1 - T_c)R_d$$

其中，E 为市场价值中的股权部分，D 为市场价值中的债务部分，V 为公司的总市场价值，R_e 为股权成本，R_d 为债务成本，T_c 为公司税率。

为了更直观地展示资本结构的优化效果，企业可以制作不同资本结构组合下的 WACC 和企业价值分析表，从而找出最优的资本结构，如表 6-12 所示。

表 6-12　不同资本结构组合下的 WACC 与企业价值分析表

序号	债务比例（%）	股权比例（%）	债务成本（%）	股权成本（%）	税率（%）	WACC（%）	企业价值（百万元）
1	40	60	5	10	25	7.75	100
2	50	50	5	10	25	7.5	105
3	60	40	5	10	25	7.29	110
4	70	30	5	10	25	7.5	115
5	80	20	5	10	25	7.75	120

2. 优化资产结构

资产结构的优化涉及对企业资产配置的深入分析和调整，以确保资产的有效利用和风险的合理分散。总资产周转率（ATR）的计算公式为销售收入除以平均总资产，其值的高低直接反映了企业利用其资产产生销售收入的能力。若 ATR 值较低，表明企业资产的使用效率不高，需要通过提高运营效率或重新配置资产来改善。企业需要维持一定量的现金以满足日常运营和应急需求，但过多的现金持有会增加机会成本。通过回归分析，企业可以确定最佳的现金持有量，这涉及对历史现金需求数据的统计分析，以及对未来现金流的预测。此外，企业还可以运用现金转换周期（CCC）的概念，即存货转换为销售收入，以及应收账款和应付账款的转换周期，来评估和优化现金管理。根据现代投资组合理论，通过分散投资可以降低非系统性风险。企业可以通过投资于不同类型的资产，如固定资产、流动资产、长期投资和短期投资，来构建风险和回报均衡的资产组合。在实际操作中，企业可以运用资产的相关系数和预期收益率来计算资产组合的预期风险和回报，进而确定各类资产的最优比例。

3. 改善负债结构

负债结构的优化可以从分析负债期限结构开始，需要先评估企业当前债务的到期日和偿还计划。企业可以通过计算债务的平均到期日（Average Maturity of Debt, AMD）来了解其长期和短期债务的分布。AMD 的计算可以通过加权平均债务到期日来实现，其中权重是各债务金额与其到期日的乘积之和。为了优化负债结构，企业可以采用债务重组或发行新债替换旧债的方式来调整债务的到期结构，以达到降低再融资风险和利息支出的目的。企业需要借助利率互换或期货合约等金融衍生工具来对冲利率变动的风险，如果企业预计利率上升，则可以通过锁定固定利率的债务来保护自己免受未来利率上升的影响。这需要对市场利率走势进行预测，并使用如久期这样的概念来评估债务价格对利率变动的敏感性。企业应定期评估其信用评级，并努力维持或提升评级等级，因为这直接影响到借款成本。信用评级的提升可以通过改善企业的财务指标，如降低负债比率、提高流动比率和改善盈利能力来实现。信用评级的提升可以显著降低债务成本，从而提高企业的财务灵活性。

为了支持这些策略的实施，企业可以开发或采购专门的财务软件来跟踪和分析负债数据，或者编写代码来构建复杂的财务模型。例如使用 Python 编程语言，可以编写代码来模拟不同利率情景下的债务成本和现金流影响：

```
importnumpy as np
# 假设有一个债务列表,包含债务金额和到期日
debt_list=[(1000000, 5), (500000, 3), (200000, 1)]
# 计算平均到期日
amd=sum([amount* maturity for amount, maturity in debt_list]) / sum([amount for amount, maturity in debt_list])
# 使用久期模型计算利率风险
def duration(bond,ytm, coupon_rate, years_to_maturity):
return (coupon_rate /ytm)* years_to_maturity
# 假设债券的收益率、票面利率和到期日
ytm=0. 05
coupon_rate=0. 03
years_to_maturity=4
```

\# 计算久期

duration_value = duration(ytm, coupon_rate, years_to_maturity)

第五节　财务绩效的统计评价

一、财务绩效评价的指标体系

1. 盈利能力指标

盈利能力指标是衡量企业在一定时期内通过经营活动所获得的利润能力的关键指标体系。该体系通常包括销售利润率、总资产报酬率、净资产收益率、每股收益等多个具体指标。销售利润率是指企业销售收入中扣除销售成本后的利润占销售收入的百分比。该指标反映了企业在销售环节的盈利能力，数值越高，表明企业在销售过程中获得的利润越多。总资产报酬率是指企业的投资报酬与投资总额之间的比率。该指标反映了企业整体资产的盈利能力，数值越高，表明企业创造利润的能力越强。净资产收益率是指企业在一定时期内所获得的净利润占净资产的百分比。该指标反映了企业股东权益的盈利能力，数值越高，表明企业利用股东投入的资本创造利润的能力越强。每股收益是指在一定时期内每股普通股所获得的税后净利润。该指标反映了企业普通股股东的盈利能力，数值越高，表明企业为普通股股东创造的利润越多。为了更全面地评价企业的盈利能力，通常还需要结合其他财务指标，如毛利率、营业利润率、资本回报率等进行综合分析。

2. 运营效率指标

财务绩效评价是对企业在一定时期内经营成果和财务状况的量化分析，其中指标体系的构建是评价过程的核心。该体系通常包括多个维度，以全面反映企业的财务表现。运营效率指标是衡量企业运营能力的工具，通常关注企业如何有效利用其资产和资源。例如存货周转率，计算公式为销售成本除以平均存货，反映了企业存货的流动性和销售效率。又如总资产周转率，通过销售收入除以平均总资产计算得出，显示了企业利用其资产产生销售收入

的能力。指标的高值通常表明企业在运营方面表现良好，但也需要结合行业
标准和企业具体情况进行分析。

3. 资本结构指标

资本结构指标则关注企业的债务与股权比例，评估企业的财务杠杆和风
险水平。债务与权益比率是通过总负债除以股东权益计算得出，反映了企业
资本中债务资金的比例。较高的债务与权益比率表明企业过度依赖债务融资，
增加了财务风险。然而，适度的财务杠杆可以增加股东的回报，关键在于平
衡风险与回报。为了深入分析企业的财务绩效，可以构建包含多个指标的综
合评价模型。例如可以使用主成分分析（PCA）或因子分析来降低指标维度，
提取反映企业财务绩效的关键因子。通过计算每个指标的权重，综合得出企
业的财务绩效得分，进而与行业平均水平或竞争对手进行比较。

二、财务绩效评价的方法

1. 横向分析法

横向分析法是一种通过比较不同企业在同一时期的财务数据来评估企
业财务绩效的方法。此方法侧重于行业内的竞争地位分析，通过对比企业
的财务比率，如流动比率、速动比率、资产负债率等，可以揭示企业相对
于竞争对手的优势和劣势。若企业 A 的流动比率为 2.0，而同行业企业 B 的
流动比率为 1.5，则表明企业 A 在短期内偿还债务的能力更强。横向分析法
的关键在于选择合适的比较基准，通常为行业平均水平、竞争对手或预期
标准。

2. 纵向分析法

纵向分析法，又称时间序列分析，通过对比企业在不同时间点的财务数
据来评估其财务绩效的发展趋势。此方法有助于识别企业的财务状况。例如
通过追踪企业连续五年的净利润增长率，可以分析其盈利能力的增长趋势。

3. 国际比较法

国际比较法通过比较不同国家或地区的企业财务数据来评估企业的国际
竞争力。此方法特别适用于跨国公司或在全球化市场中运营的企业。国际比

较法不仅涉及货币汇率、税收政策、会计准则等宏观因素，还包括对不同国家市场环境和文化差异的考量。例如通过比较企业在全球不同地区的投资回报率（ROI），可以评估其在各个市场的投资效率。国际比较法的一个挑战是确保数据的可比性，需要对不同国家的会计准则差异进行调整，如使用国际财务报告准则作为统一的标准。

三、财务绩效评价的应用途径

1. 绩效管理系统

绩效管理系统的核心在于通过科学的指标体系和数据分析方法，帮助企业实时监控各项财务指标的变化情况，及时发现和解决财务管理中的问题，从而提升企业的整体绩效。

在绩效管理系统中，首先需要设定科学合理的绩效指标体系。绩效指标体系应涵盖企业的各个方面，包括盈利能力、运营效率、偿债能力、发展能力等。每个指标应有明确的计算方法和标准值，以便对企业的财务绩效进行客观评价。例如销售利润率、总资产报酬率、净资产收益率、每股收益等指标可以用于评价企业的盈利能力；存货周转率、应收账款周转率、总资产周转率、固定资产周转率等指标可以用于评价企业的运营效率；流动比率、速动比率、资产负债率、利息保障倍数等指标可以用于评价企业的偿债能力；营业收入增长率、净利润增长率、总资产增长率、净资产增长率等指标可以用于评价企业的发展能力。

在设定绩效指标体系后，需要通过信息技术手段对各项数据进行采集与分析。数据采集是绩效管理系统的基础，通过对企业各项财务数据的实时采集，可以确保绩效管理系统的数据准确性和及时性。可以通过企业的财务管理软件、ERP 系统、CRM 系统等进行自动化采集，也可以通过手工录入的方式进行补充。数据采集完成后，需要对数据进行清洗、整理和分析，以确保数据的准确性和可用性。

在数据分析过程中，可以采用多种统计分析方法，如描述性统计分析、相关分析、回归分析、因子分析等。描述性统计分析可以对各项财务指标的基本情况进行描述，如平均值、标准差、最大值、最小值等；可以用相关分析研究各项财务指标之间的关系，如销售利润率与总资产报酬率之间的相关性；回归分析可以研究各项财务指标之间的因果关系，如净资产收益率对净利润增长率的影响；因子分析可以对多项财务指标进行综合评价，如通过因子分析将多个盈利能力指标综合为一个综合盈利能力指标。

在数据分析完成后，需要生成绩效报告并发布。绩效报告是绩效管理系统的最终输出，通过绩效报告可以直观地展示企业的财务绩效情况。绩效报告应包括各项财务指标的实际值、标准值、差异分析、趋势分析等内容，以便于企业管理层、投资者、债权人等利益相关者对企业的财务绩效进行全面了解。绩效报告可以采用多种形式，如图表、表格、文字说明等，以便于不同用户的阅读和理解。

绩效管理系统的应用不仅可以帮助企业实时监控各项财务指标的变化情况，及时发现和解决财务管理中的问题，还可以为企业的战略决策提供科学依据。例如，通过绩效管理系统，企业可以发现其销售利润率持续下降的原因，采取相应的改进措施，如降低采购成本、优化生产流程等，从而提升销售利润率；通过绩效管理系统，企业可以发现其应收账款周转率较低的问题，采取相应的改进措施，如加强客户信用管理、优化应收账款催收流程等，从而提高应收账款周转率；通过绩效管理系统，企业可以发现其总资产周转率较低的问题，采取相应的改进措施，如优化资产配置、提高资产利用效率等，从而提升总资产周转率。

2. 精细化管理

精细化管理是企业通过细化管理流程、优化资源配置、提高管理效率等手段，提升财务绩效的管理方法。其核心在于对各项财务活动进行精细化的分析与控制，从而实现资源的最优配置和利用。精细化管理的实施需要从多个方面入手，包括成本控制、预算管理、内部控制、绩效考核等。

在成本控制方面，企业需要对各项成本进行详细的分析与控制。通过对生产成本、销售成本、管理费用、财务费用等各项成本的详细分析，企业可以发现成本控制中的薄弱环节，并采取相应的改进措施。例如，通过对生产成本的分析，企业可以发现原材料采购成本较高的问题，采取优化采购流程、寻找更具竞争力的供应商等措施，降低原材料采购成本；通过对销售成本的分析，企业可以发现销售费用较高的问题，采取优化销售渠道、提高销售人员绩效等措施，降低销售费用；通过对管理费用的分析，企业可以发现管理费用较高的问题，采取优化管理流程、提高管理效率等措施，降低管理费用；通过对财务费用的分析，企业可以发现财务费用较高的问题，采取优化融资结构、降低融资成本等措施，降低财务费用。

在预算管理方面，企业需要制定科学、合理的预算，并对预算执行情况进行严格的监控与分析。通过预算管理，企业可以对各项财务活动进行事前规划、事中控制和事后分析，从而实现财务资源的最优配置和利用。例如企业可以通过预算管理，对各项收入和支出进行详细的规划，确保各项财务活动在预算范围内进行；通过对预算执行情况的监控与分析，企业可以及时发现预算执行中的偏差，并采取相应的调整措施，确保预算的有效执行；通过对预算执行情况的事后分析，企业可以总结预算管理中的经验和教训，不断优化预算管理流程，提高预算管理水平。

在内部控制方面，企业需要建立健全内部控制制度，并对内部控制制度的执行情况进行严格的监控与评价。通过内部控制，企业可以对各项财务活动进行全面的控制和管理，确保财务活动的合法性、合规性和有效性。例如企业可以通过内部控制，对各项财务活动进行审批、授权、记录、核算等，确保各项财务活动的合法性和合规性；通过对内部控制制度的执行情况进行监控与评价，企业可以及时发现内部控制中的薄弱环节，并采取相应的改进措施，确保内部控制的有效性；通过对内部控制制度的不断优化，企业可以提高内部控制水平，确保财务活动的有效性。

在绩效考核方面，企业需要建立科学合理的绩效考核体系，并对各项财务活动的绩效进行全面的考核与评价。通过绩效考核，企业可以对各项财务活动的效果进行全面的评价，发现财务管理中的问题，并采取相应的改进措施。例如企业可以通过绩效考核，对各项财务指标的完成情况进行考核与评价，发现财务管理中的薄弱环节，并采取相应的改进措施；通过对绩效考核结果的分析，企业可以总结财务管理中的经验和教训，不断优化财务管理流程，提高财务管理水平；通过对绩效考核结果的反馈，企业可以激励员工提高工作效率，提升财务管理效果。

3. 风险管理

风险管理的实施需要从多个方面入手，包括市场风险、信用风险、操作风险、流动性风险等。

在市场风险管理方面，企业需要对市场价格波动、利率变化、汇率波动等因素进行详细的分析与控制。通过对市场风险的分析，企业可以发现市场价格波动对其财务绩效的影响，并采取相应的风险控制措施。例如，某企业通过市场风险分析，发现原材料价格波动对其生产成本影响较大，采取了期货合约、远期合约等金融工具进行对冲，降低了原材料价格波动对生产成本的影响；通过对利率变化的分析，发现利率上升对其融资成本有影响，采取了固定利率贷款、利率互换等措施，降低了利率上升对融资成本的影响；通过对汇率波动的分析，发现汇率波动对其出口收入有影响，采取了外汇远期合约、外汇期权等措施，降低了汇率波动对出口收入的影响。

在信用风险管理方面，企业需要对客户信用状况、应收账款回收情况等因素进行详细的分析与控制。通过对信用风险的分析，企业可以发现客户信用状况对其应收账款回收的影响，并采取相应的风险控制措施。例如，某企业通过信用风险分析，发现部分客户信用状况较差，采取了加强客户信用评估、优化应收账款催收流程等措施，提高了应收账款回收率；通过对应收账款回收情况的分析，发现应收账款回收慢，采取了提前收款折扣、应收账款保理等措施，加快了应收账款回收速度；通过对客户信用状况的持续监控，发现客户信用状况发生变化，采取了相应的调整措施，确保应收账款的安全性。

在操作风险管理方面，企业需要对内部控制制度、操作流程、员工行为等因素进行详细的分析与控制。通过对操作风险的分析，企业可以发现内部控制制度的薄弱环节，并采取相应的风险控制措施。例如，某企业通过操作风险分析，发现内部控制制度不完善，采取了优化内部控制制度、加强内部审计等措施，提高了内部控制的有效性；通过对操作流程的分析，发现操作流程中的风险点，采取了优化操作流程、加强操作培训等措施，降低了操作风险；通过对员工行为的分析，发现员工行为中的风险因素，采取了加强员工行为规范、提高员工风险意识等措施，降低了员工行为带来的操作风险。

在流动性风险管理方面，企业需要对现金流量、融资渠道、资产流动性等因素进行详细的分析与控制。通过对流动性风险的分析，企业可以发现现金流量的波动对其财务绩效的影响，并采取相应的风险控制措施。例如，某企业通过流动性风险分析，发现现金流量波动较大，采取了加强现金流量管理、优化融资结构等措施，提高了现金流量的稳定性；通过对融资渠道的分析，发现融资渠道单一，采取了拓宽融资渠道、优化融资组合等措施，提高了融资的灵活性；通过对资产流动性的分析，发现资产流动性较差，采取了优化资产配置、提高资产流动性等措施，提高了资产的流动性。

第七章　财务会计信息系统与统计技术

第一节　财务会计信息系统概述

一、信息系统的定义与构成

财务会计信息系统（Accounting Information System，AIS）是集数据收集、处理、存储、传递、分析和管理于一体的综合系统，旨在为企业提供高效、准确的财务信息支持。它在企业管理信息系统中占据核心地位，通过对财务信息的系统化处理，为企业的财务管理和决策提供支持。AIS 的构成包括硬件设备、软件系统、数据资源、网络通信、制度规范和操作人员六个部分。硬件设备是信息系统的物理基础，包括计算机、服务器、存储设备、输入输出设备及网络设备等。这些设备通过高速网络进行连接，构成了信息系统的基础物理架构。软件系统是信息系统的核心，主要包括操作系统、数据库管理系统、应用软件及安全管理软件。操作系统如 Windows Server 或 Linux 提供基本的计算和管理功能，数据库管理系统如 Oracle 或 SQL Server 用于管理财务数据，应用软件如 SAP、Oracle Financials 或自制的财务管理软件负责具体的会计核算、报表生成和分析功能，安全管理软件如防火墙、入侵检测系统确保信息系统的安全运行。

数据资源是信息系统处理的对象，主要包括财务数据和非财务数据。财务数据涵盖了企业的会计核算数据，如资产、负债、收入、费用和所有者权益等；非财务数据包括企业的运营数据、市场数据和宏观经济数据等。为了确保数据的全面性和准确性，企业通常采用集中式数据库管理系统，通过数据仓库技术对不同来源的数据进行整合和管理。如果某企业的财务数据存储在 Oracle 数据库中，运营数据存储在 SQL Server 中，则可通过数据仓库技术将两者整合，实现数据的统一管理和分析。

网络通信是信息系统的数据传输通道，确保系统内部及系统与外部之间的信息交换畅通。现代企业通常采用局域网（LAN）和广域网（WAN）结合的方式，通过高速光纤、以太网或无线网络实现数据的传输。局域网用于企业内部各部门之间的数据传输，广域网用于企业与外部机构（如供应商、客户、银行和政府部门）的数据交换。为了确保数据传输的安全性，企业通常采用虚拟专用网络（VPN）、加密通信协议（如 SSL/TLS）和防火墙技术。

制度规范是信息系统正常运行的保障，包括系统管理制度、操作规程和安全策略等。系统管理制度包括系统的规划、设计、实施和维护等方面的规范，确保信息系统的稳定运行。操作规程包括数据录入、处理、存储和传递等具体操作的标准和流程，确保数据处理的准确性和一致性。安全策略包括数据的保密性、完整性和可用性等方面的措施，如数据加密、访问控制和备份恢复策略，确保数据的安全性和可靠性。

操作人员是信息系统的使用者和维护者，包括系统管理员、会计人员和信息技术支持人员。系统管理员负责信息系统的日常管理和维护，包括硬件设备的管理、软件系统的安装和配置、数据的备份和恢复等。会计人员是信息系统的主要用户，负责财务数据的录入、处理和分析，生成财务报表和管理报告。信息技术支持人员负责信息系统的技术支持和故障排除，确保信息系统的正常运行。

为了更好地理解财务会计信息系统的构成和运行原理，可以通过具体的参数、数据和做法进行详细说明。

1. 一般 SAP 的 ERP 系统，其 AIS 的构成和运行流程

（1）硬件设备：包括 5 台 Dell PowerEdge R740 服务器，每台服务器配置了 2 块 Intel Xeon Gold 6248 处理器，256GB 内存，8 块 1TB 的 SSD 硬盘，通过 10Gbps 以太网交换机连接；存储设备采用 EMC VMAX 存储阵列，提供 100TB 的存储容量，支持数据的快速读写和备份恢复。

（2）软件系统：操作系统采用 Windows Server 2019，数据库管理系统采用 Oracle 19c，应用软件采用 SAP S/4HANA，安全管理软件采用 Palo Alto 防火墙和 Symantec Endpoint Protection。

（3）数据资源：财务数据包括会计科目表、总账、明细账、凭证、报表等；非财务数据包括生产数据、销售数据、客户数据和市场数据等。通过数据仓库技术，将财务数据和非财务数据整合到统一的数据仓库中，实现数据的集中管理和分析。

（4）网络通信：企业内部采用千兆以太网实现各部门之间的数据传输，外部通过 VPN 和 SSL/TLS 加密技术，与供应商、客户、银行和政府部门进行数据交换。为了确保数据传输的安全性，企业采用双因素认证和数据包过滤技术。

（5）制度规范：制定了信息系统管理制度，明确了系统的规划、设计、实施和维护流程；制定了操作规程，包括数据录入、处理、存储和传递的标准和流程；制定了安全策略，包括数据加密、访问控制和备份恢复策略，确保数据的安全性和可靠性。

（6）操作人员：系统管理员负责信息系统的日常管理和维护，包括硬件设备的管理、软件系统的安装和配置、数据的备份和恢复等；会计人员负责财务数据的录入、处理和分析，生成财务报表和管理报告；信息技术支持人员负责信息系统的技术支持和故障排除，确保信息系统的正常运行。

2. 具体操作流程

（1）数据收集与录入：会计人员通过 SAP S/4HANA 系统，将财务数据（如凭证、报销单据、收入和费用等）录入系统。系统根据预设的会计科目表和凭证模板，对数据进行初步的校验和分类。

（2）数据处理与存储：系统通过内置的会计规则和计算公式，对录入的数据进行处理，生成总账、明细账和各类财务报表。处理后的数据存储在

Oracle 数据库中，并通过 EMC VMAX 存储阵列进行备份和恢复。

（3）数据传递与共享：处理后的财务数据通过千兆以太网和 VPN，传递给企业的各个部门和外部机构。系统利用 SSL/TLS 加密技术，确保数据传输的安全性和保密性。

（4）数据分析与决策支持：系统利用数据仓库技术，将财务数据和非财务数据整合在一起，并利用数据挖掘和统计分析技术，对数据进行深入分析，生成多维度的财务分析报告和预测模型，为企业的经营决策提供支持。

（5）系统管理与维护：系统管理员定期对硬件设备和软件系统进行检查和维护，确保系统的正常运行。信息技术支持人员负责解决系统运行过程中出现的技术问题，确保信息系统的稳定性和可靠性。

可以看出，企业财务管理中应用财务会计信息系统不仅可以提高财务数据处理的效率和准确性，还为企业的经营决策提供了强有力的支持。未来，随着信息技术的不断进步，财务会计信息系统将在智能化、集成化、移动化和安全化等方面继续发展，进一步提升企业财务管理的水平。

二、信息系统的功能与作用

1. 信息系统的功能

AIS 的功能涵盖数据采集、数据处理、信息存储、信息传递和信息分析。数据采集功能是 AIS 的基础，通过各种输入设备和接口，系统能够从企业内部和外部环境中收集财务数据和非财务数据。采集的数据包括日常业务交易数据、预算数据、生产运营数据和市场数据等。这些数据通过手工输入、条码扫描、电子数据交换（EDI）和传感器自动记录等方式进行采集。数据处理功能是 AIS 的核心，系统通过内置的会计准则和规则，对采集到的数据进行分类、汇总、整理和计算。数据处理包括记账、成本分配、财务报表编制和分析报告生成等。信息存储功能是 AIS 的数据管理中心，系统将处理后的数据存储在数据库中，以确保数据的安全性、完整性和可用性。数据库管理系统（DBMS）如 Oracle、SQL Server 和 MySQL 等，通过数据模型和存储结构，将数据按照一定的逻辑关系进行组织和存储。信息传递功能是 AIS 的数据共享通道，通过局域网、广域网和互联网，系统将存储的数据传递给企业内部各部门和外部利益相关者。信息传递的方式包括电子邮件、网络报表、数据接口和移动应用等。信息分析功能是 AIS 的增值服务，通过数据挖掘、统计分析和人工智能技术，系统能够对存储的数据进行深入分析，生成各种财务分析报告和决策支持信息。分析方法包括趋势分析、比率分析、回归分析和预测分析等。

以制造企业为例，其数据采集功能通过条码扫描和传感器自动记录原材料的入库、生产过程中的各项消耗及产品的出库数据，这些数据实时上传到 SAP S/4HANA 系统中。数据处理环节，系统依照会计准则，将每日的销售收入、生产成本、管理费用等数据自动归集到各个会计科目中，月底自动生成利润表、资产负债表和现金流量表，确保了财务报告的及时性和准确性。信息存储方面，企业选择 Oracle 19c 数据库作为存储解决方案，采用三层存储结构，分别为原始数据、处理后的中间数据和汇总的分析数据，以实现数据的快速读取和高效存储。信息传递功能通过局域网实现，每月生成的财务报表和分析报告被发送至企业各个部门主管和高层管理人员，通过网络报表系统，管理人员能够随时访问最新的财务数据和分析结果。在信息分析方面，系统运用数据挖掘技术对历史销售数据进行趋势分析，识别出特定产品在每年第四季度的销售增长趋势，并据此提出增加生产和库存的建议。此外，通过回归分析，系统对销售额进行预测，为企业制订生产计划和市场策略提供数据支持。整个流程的自动化和智能化不仅提高了数据处理的效率，也为企业管理层提供了洞察市场和业务表现的工具，从而在激烈的市场竞争中保持优势。

2. 信息系统的作用

AIS 在企业中发挥着多方面的作用，包括提高财务管理效率、支持决策制定、增强内部控制、促进业务整合和提升企业竞争力。提高财务管理效率是 AIS 的直接作用，通过自动化的数据处理和信息传递，系统减少了手工操作的时间和错误，提升了财务数据处理的速度和准确性。例如某零售企业在采用 AIS 之前，每月需要 5 名会计人员花费 3 天时间进行数据录入和报表编制，采用 AIS 后，只需要 1 名会计人员花费 1 天时间即可完成同样的工作。支持决策制定是 AIS 的核心作用，系统通过提供准确、及时和全面的财务信息，帮助企业管理层做出科学的经营决策。具体表现为：系统生成的财务报表和分析报告，为企业的预算编制、成本控制、投资决策和风险管理提供数据支持；系统的预测分析功能，帮助企业预测市场趋势、评估投资项目的可行性和制定长期发展战略。增强内部控制是 AIS 的保障作用，系统通过对数据处理和信息传递的全过程进行监控，确保财务信息的准确性和真实性。具体措施包括：系统设置严格的访问权限和操作日志，防止未经授权的操作和数据篡改；系统内置的异常检测功能，能够及时发现和报告财务数据中的异常情况，防止财务舞弊和错误。促进业务整合是 AIS 的延伸作用，系统通过与企业资源计划系统、供应链管理系统（SCM）和客户关系管理系统（CRM）等业务系统的集成，实现了业务流程的无缝衔接和信息共享。具体表现为：系统通过与 ERP 系统的集成，实现了财务数据与采购、生产、销售数据的自动对接，提高了业务处理的效率和数据的一致性；系统通过与 SCM 系统的集成，实现了供应链全过程的财务监控和成本管理，降低了供应链风险和成本。提升企业竞争力是 AIS 的战略作用，系统通过提供高效的财务管理和决策支持，帮助企业在激烈的市场竞争中取得优势。具体表现为：系统通过提高财务数据的处理速度和准确性，缩短了企业的财务报告周期，提高了企业的响应速度和市场适应能力；通过提供深入的财务分析和决策支持，帮助企业发现市场机会、优化资源配置和制定竞争策略，增强了企业的市场竞争力。

　　例如在某制造企业，AIS 的实施显著提高了企业的财务管理效率和决策支持能力。企业通过 SAP S/4HANA 系统，实现了生产、采购、销售和财务数据的集成管理。系统通过自动化的数据处理和信息传递，减少了手工操作和数据传递的时间，提升了财务数据处理的速度和准确性。同时，系统通过数据挖掘和统计分析技术，对生产成本、销售收入和市场需求进行了深入分析，帮助企业制订了科学的生产计划和市场策略。系统通过与 ERP 系统的集成，实现了生产、采购、销售和财务数据的无缝对接，提高了业务处理的效率和数据的一致性。通过 AIS 的实施，企业不仅提高了财务管理的效率，增强了内部控制和风险管理能力，还促进了业务整合和信息共享，提升了企业的市场竞争力。

三、信息系统的发展趋势

AIS 的发展趋势体现在智能化、集成化、移动化和安全化四个方面。智能化方面，系统通过集成机器学习算法和自然语言处理技术，能够自动分析和处理大量财务数据，实现自动化报表生成、智能审计和风险评估。例如使用分类算法对交易类型进行自动分类，或利用预测模型预测财务指标的变化趋势。集成化方面，AIS 与 ERP、CRM 和 SCM 等系统实现数据层面的整合，通过 API 接口和中间件技术，实现不同系统间的信息流和业务流程的无缝对接，从而提高了整个企业信息系统的协同效率。

移动化方面，随着移动计算技术的发展，AIS 支持通过智能手机和平板电脑等移动设备进行数据的录入、查询和处理，利用云服务和移动互联网技术，确保用户可以随时随地访问财务信息，满足现代企业对移动办公的需求。安全化方面，系统采用多层次的安全措施，包括数据加密、身份验证、访问控制和网络安全监控，以保护财务数据的安全性和完整性。例如使用 SSL/TLS 协议加密数据传输，实施多因素认证机制，以及通过定期的安全审计和漏洞扫描来评估系统的安全状况。

在智能化发展中，系统可以利用时间序列分析预测财务指标的未来值，通过计算移动平均或指数平滑来识别趋势和季节性因素。集成化过程中，系统可能采用 ETL（Extract、Transform、Load）工具来同步不同系统中的数据，确保数据的一致性和准确性。移动化实现时，系统设计须考虑到用户体验和界面适配性，使用响应式设计确保在不同设备上都能提供良好的操作体验。安全化措施中，系统可能采用角色基于访问控制（RBAC）来定义不同用户的操作权限，利用哈希算法和数字签名来验证数据的完整性。

此外，随着大数据技术的应用，AIS 能够处理和分析更大规模的数据集，使用聚类算法识别数据中的模式，或利用关联规则学习发现项目之间的关联性。系统还可能集成区块链技术，以增强数据的不可篡改性和透明度。在用户界面设计上，系统采用数据可视化技术，如图表和仪表板，直观展示财务数据和关键指标，帮助用户快速把握企业的财务状况。

第二节　数据挖掘在财务会计中的应用

一、数据挖掘的基本概念

在数字化时代，人们被海量的数据所包围，这些数据来源于各种渠道，如社交媒体、电商平台、医疗记录、金融交易等。然而，数据往往呈现出大规模、不完整性、噪声干扰、模糊性以及随机性等特性，使直接获取有价值的信息变得困难重重。正是在这样的背景下，数据挖掘技术应运而生。其借助统计学、人工智能、机器学习、数据库技术等多学科的理论和方法，对看似杂乱无章的数据进行深入剖析，从而揭示出其中隐藏的、人们事先未曾察觉但极具潜在价值的信息和知识。

数据挖掘的过程通常包括数据准备、数据探索、模型构建、结果评估等多个步骤。在数据准备阶段，需要对原始数据进行清洗、转换和整合，以确保其质量和可用性。在数据探索阶段，则通过可视化、统计分析等手段对数据进行初步探索和分析，以发现其中的规律和趋势。接下来，在模型构建阶段，利用机器学习算法等技术构建预测模型或分类模型，对数据进行深入的分析和挖掘。最后，在结果评估阶段，对挖掘出的结果进行评估和验证，以确保其准确性和可靠性。

数据挖掘技术的应用范围极为广泛：在商业智能领域，它可以帮助企业发现市场趋势、优化营销策略、提高客户满意度等；在医疗保健领域，则可以用于疾病预测、治疗方案优化、医疗资源分配等；在金融服务领域，可以用于风险评估、欺诈检测、信用评分等；在市场营销领域，可以用于消费者行为分析、产品推荐、广告投放等；在科研领域，则可以用于发现新的科学规律，推动科技进步等。

二、数据挖掘的方法与工具

1. 数据挖掘的方法

数据挖掘的方法主要有分类、回归、聚类、关联分析、异常检测和序列模式挖掘等。分类方法通过对已有数据进行训练，构建分类模型，并将新数据分配到不同的类别中。常用的分类算法包括决策树、朴素贝叶斯、支持向量机（SVM）、k 近邻（k-NN）和人工神经网络等。决策树算法通过构建树形结构，根据数据的特征进行分支，最终将数据分类到叶节点上。决策树模型的构建过程包括特征选择、树的生长和剪枝等步骤，常用的决策树算法包括 C4.5、CART 和 ID3 等。朴素贝叶斯算法基于贝叶斯定理，通过计算各特征在不同类别中的条件概率，进行分类预测。支持向量机通过构建超平面，将数据划分到不同的类别中，其目标是找到使分类间隔最大的超平面。k 近邻算法通过计算新数据与已知数据的距离，将新数据分类到最近邻的类别中。人工神经网络通过模拟人脑神经元的工作机制，利用多层感知器（MLP）和反向传播（BP）算法，进行复杂的非线性分类。

回归方法用于预测连续变量的值，常用的回归算法包括线性回归、多元回归、岭回归和逻辑回归等。线性回归通过拟合直线，预测因变量与自变量之间的线性关系，其数学模型为：

$$y = \beta_0 + \beta_1 x_1 + \beta_2 x_2 + \cdots + \beta_n x_n + \varepsilon$$

其中，y 为因变量，x_1、x_2、x_n 为自变量，β_1、β_2、β_n 为回归系数，ε 为误差项。多元回归是线性回归的扩展，适用于多个自变量的情况。岭回归通过引入正则化项，解决多重共线性问题，提高模型的泛化能力。逻辑回归用于二分类问题，通过构建逻辑函数模型，预测事件发生的概率，其数学模型为：

$$P(Y = 1 \mid X) = \frac{1}{1 + e^{-(\beta_0 + \beta_1 X_1 + \beta_2 X_2 + \cdots + \beta_n X_n)}}$$

其中，$P(Y = 1 \mid X)$ 为事件发生的概率。

聚类方法通过将数据分成不同的组，使同一组内的数据相似度最大，不同组间的数据相似度最小。常用的聚类算法包括 K-means、层次聚类和 DB-SCAN 等。K-means 算法通过迭代，将数据点分配到距离最近的质心，更新质心位置，直到质心不再变化。层次聚类通过构建层次树，将数据进行层次划分，分为凝聚型和分裂型两种。DBSCAN 通过密度连接的数据点，识别数据中的聚类和噪声点。

关联分析方法通过发现数据间的关联规则，揭示数据项之间的依赖关系，常用的关联分析算法包括 Apriori 和 FP-growth 等。Apriori 算法通过频繁项集的生成和规则的构建，发现数据中的关联关系。FP-growth 通过构建频繁模式树，进行高效的频繁项集挖掘。

异常检测方法通过识别和发现数据中的异常模式和离群点，常用的异常检测算法包括孤立森林（Isolation Forest）、主成分分析（PCA）和高斯混合模型（GMM）等。孤立森林通过构建孤立树，识别数据中的异常点。PCA 通过降维分析，发现数据中的异常模式。GMM 通过构建混合模型，识别数据中的异常点。

序列模式挖掘方法用于发现时间序列数据中的模式，常用的序列模式挖掘算法包括 PrefixSpan 和 GSP 等。PrefixSpan 通过序列扩展和投影，进行高效的序列模式挖掘。GSP 通过频繁序列的生成和规则的构建，发现时间序列中的模式。

2. 数据挖掘的工具

数据挖掘的工具种类繁多，包括开源工具和商业工具。开源工具主要有 R、Python、Weka、RapidMiner 和 KNIME 等。R 是功能强大的统计计算和数据挖掘工具，提供了丰富的包和函数，用于数据处理、建模和可视化。常用的有 caret、randomForest、e1071 和 xgboost 等。Python 是一种灵活的编程语言，广泛用于数据挖掘和机器学习。常用的库包括 NumPy、Pandas、Scikit-learn、TensorFlow 和 Keras 等。Weka 是一个开源的机器学习和数据挖掘软件，提供了大量的机器学习算法和数据处理工具。RapidMiner 是一款功能强大的数据挖掘平台，提供了丰富的算法和工具，支持可视化的工作流程设计。KNIME 是一款集成的数据分析和数据挖掘平台，提供了大量的数据处理和建模节点。

商业工具主要有 SAS、SPSS、IBM Watson 和 Microsoft Azure Machine Learning 等。SAS 是功能强大的数据分析和挖掘软件，提供了丰富的统计分析和机器学习工具。SPSS 是一种广泛使用的统计软件，提供了数据处理、分析和建模功能。IBM Watson 是一个集成的人工智能和数据分析平台，提供了自然语言处理、机器学习和数据挖掘工具。Microsoft Azure Machine Learning 是一个基于云的机器学习平台，提供了数据处理、建模和部署工具。

三、数据挖掘的应用途径

1. 财务报表分析

数据挖掘在财务报表分析中的应用途径包括从财务报表中提取、整理和分析数据，发现潜在的财务风险和机会。通过数据挖掘，可以从资产负债表、利润表和现金流量表等财务报表中提取关键财务指标，进行深入分析以识别风险和机会。例如利用关联规则挖掘技术，通过分析资产负债表中的资产和负债项目，可以发现不同项目间的关联性，从而揭示资产配置和负债管理的优化策略。聚类分析技术能够对不同时间段的利润表数据进行分组，识别出具有相似财务表现的周期，为财务绩效的纵向和横向比较提供依据。此外，回归分析技术在现金流量表分析中的应用，可以预测现金流量的未来趋势，为企业的流动性管理和财务规划提供数据支持。

在具体实践中，财务报表分析的数据挖掘流程通常包括数据清洗、特征选择、模型训练和结果评估。数据清洗阶段，需要处理缺失值、异常值和噪声数据，以确保分析的准确性。特征选择阶段，通过相关性分析、主成分分析等方法，筛选出对财务分析有重要影响的特征指标。模型训练阶段，根据分析目的选择合适的数据挖掘算法，如决策树、支持向量机、神经网络等，构建预测模型或分类模型。结果评估阶段，使用交叉验证、混淆矩阵等方法，评估模型的预测性能和泛化能力。

例如在使用关联规则挖掘分析资产负债表时，可以设定最小支持度（Minimum Support）和最小置信度（Minimum Confidence）参数，以过滤出有意义的规则。在聚类分析利润表数据时，可以根据业务需求选择合适的聚类算法，如 K-means 或层次聚类，并设置合适的聚类数（K 值）。在回归分析现金流量表时，可以使用线性回归、岭回归等方法，根据现金流量的相关因素建立预测模型，并计算回归系数、R^2 等统计指标来评估模型的拟合度。此外，数据挖掘在财务报表分析中还可以结合可视化技术，如制作热图、散点图、箱型图等，直观展示分析结果，帮助决策者快速把握财务数据的分布特征和变化趋势。

2. 成本管理

数据挖掘技术在成本管理领域的应用是对企业成本数据的深入分析，以识别成本构成、发现节约潜力并优化成本结构。聚类分析技术在此过程中发挥重要作用，通过将成本项目按照相似性分组，揭示成本分布的特征，为成本分析提供结构化视角。例如通过计算成本项目间的欧氏距离或余弦相似度度量相似性，并应用 K-means 算法确定最优的聚类数目，可以有效地识别出成本节约的潜在领域。

关联规则挖掘技术进一步分析不同成本项目间的内在联系，通过设定最小支持度和最小置信度参数，挖掘出具有强关联性的成本项目组合，为成本结构的优化提供依据。时间序列分析技术则关注成本数据随时间的变化趋势，采用 ARIMA 模型或指数平滑方法，预测成本的未来走势，从而为企业的成本控制和预算制定提供数据支持。

在实际操作中，数据挖掘流程包括数据清洗、特征工程、模型选择和结果评估。数据清洗确保成本数据的准确性和一致性，特征工程则涉及从原始成本数据中提取或构造对成本分析有意义的特征，如成本项目的增长率、波动性等。模型选择阶段，根据分析目标和数据特性，选择合适的数据挖掘算法，构建预测模型或分类模型。结果评估阶段，通过计算预测误差、拟合优度等统计指标，评估模型的有效性。

此外，数据挖掘在成本管理中的应用还包括使用决策树算法分析成本影响因素，通过构建树模型识别成本驱动的关键变量，以及运用主成分分析降维技术，减少成本数据的复杂性，提取影响成本的主要因素。这些方法的结合使用，为企业提供了一个全面的视角，以识别和量化成本管理中的关键问题和机会。

3. 风险管理

数据挖掘在风险管理中的应用途径包括识别和分析财务风险、预测未来的风险事件和制定风险控制策略。利用数据挖掘技术，可以对企业的财务数据和非财务数据进行深入分析，识别和分析财务风险。例如，使用异常检测技术可以识别出财务数据中的异常点，帮助企业发现潜在的财务风险。异常检测技术如孤立森林算法，通过构建多个决策树来分离数据点，从而检测异常值。孤立森林算法在处理高维数据和大数据集时表现优越，公式如下：

$$IF(x) = 2^{-\frac{E(h(x))}{c(n)}}$$

其中，$IF(x)$ 表示数据点 (x) 的平均路径长度，$c(n)$ 为正常点的路径长度。通过此公式，可以计算出数据点的异常评分。分类分析技术可以对企业的财务数据进行分类，识别出高风险和低风险的财务项目，从而帮助企业制定合理的风险控制策略。例如使用支持向量机（SVM）进行分类分析，通过构建超平面最大化类间间隔，以分类高风险和低风险财务项目。支持向量机的目标函数为：

$$\min \frac{1}{2}\|w\|^2 \; subject\, to\, y_i(w^T x_i + b) \geq 1, \; \forall i$$

其中，w 是权重向量，b 是偏置项，y_i 是样本 x_i 的标签（通常用于表示高风险或低风险），x_i 是特征向量。通过求解这个优化问题，可以得到一个决策函数，用于将新的财务项目分类为高风险或低风险。

回归分析技术可以对企业的财务数据进行回归分析，预测未来的风险事件，从而帮助企业提前制定风险控制策略。线性回归模型常用于预测财务风险，通过最小二乘法可以估计回归系数。为了增强风险管理效果，可以使用 R 或 Python 等编程语言进行数据挖掘分析。以 Python 为例，使用 Pandas 库进行数据处理，Scikit-learn 库进行模型构建和评估。常用代码如下：

```
import pandas as pd
fromsklearn.ensemble import IsolationForest
fromsklearn.svm import SVC
fromsklearn.linear_model import LinearRegression
# 数据加载和预处理
```

```
data=pd.read_csv(' financial_data.csv' )

features=data[[' feature1' , ' feature2' , ' feature3' ]]

target=data[' target' ]

# 异常检测

iso_forest=IsolationForest(contamination=0. 1)

anomaly_scores=iso_forest.fit_predict(features)

data[' anomaly' ]=anomaly_scores

# 分类分析

svm=SVC(kernel=' linear' )

svm.fit(features, target)

classification_results=svm.predict(features)

# 回归分析

linear_reg=LinearRegression()

linear_reg.fit(features, target)

predictions=linear_reg.predict(features)

# 结果展示

data[' classification' ]=classification_results

data[' predictions' ]=predictions

print(data)
```

4. 欺诈检测

数据挖掘技术在欺诈检测领域的应用是通过对财务数据和非财务数据的深入分析来识别和预测欺诈行为，并制定相应的防控策略。异常检测技术在此过程中扮演着核心角色，通过构建如标准差阈值、箱型图或基于密度的方法来识别数据中的异常点，这些异常点可能指示潜在的欺诈行为。例如利用Z-分数算法识别出偏离正常范围的交易，或使用孤立森林算法检测数据中的异常模式。

分类分析技术进一步将财务数据分为高风险和低风险类别，通过构建逻辑回归、支持向量机或随机森林等分类模型，对交易进行风险评估。这些模型通过学习历史数据中的欺诈和非欺诈案例，能够预测未知交易的风险等级。例如使用信息增益作为特征选择的标准，选择对分类最有帮助的财务指标，然后通过训练集学习模型参数，最后在测试集上评估模型的准确率和召回率。回归分析技术则关注于预测未来的欺诈趋势，采用时间序列分析方法，如ARIMA模型，根据历史欺诈事件的频率和严重程度，预测未来的欺诈事件数量。此外，利用回归模型可以分析不同因素对欺诈发生的影响程度，如市场条件、企业政策变化等。

在数据挖掘的实际操作中，需要进行数据清洗、特征工程、模型训练和评估等。数据清洗确保数据质量，特征工程则从原始数据中提取有助于欺诈检测的特征，如交易频率、交易金额的波动性等。模型训练阶段，选择合适的算法并调整参数，如神经网络的层数和节点数，或随机森林中树的数量。评估阶段则通过混淆矩阵、ROC曲线等工具，评估模型的性能。此外，数据挖掘在欺诈检测中还涉及模型的解释性，如使用特征重要性评分来解释模型预测的原因，以及使用模型可解释性工具，如SHAP（SHapley Additive exPla-nations）值，来进一步理解模型的决策过程。

第三节　大数据分析与财务会计决策

一、大数据的定义与特点

1. 大数据的定义

大数据（Big Data）指的是规模巨大到无法用传统数据库软件工具在合理时间内进行获取、存储、管理和处理的数据集合。它不仅包括传统的结构化数据，如关系型数据库中的表格数据，还涵盖了非结构化和半结构化数据，如文本、图片、音频、视频、日志文件以及社交媒体数据等。

大数据的概念最初是在学术文献中提出的。著名未来学家托夫勒（Alvin Toffcer）在其1980年所著的《第三次浪潮》中，热情地将"大数据"称颂为"第三次浪潮的华彩乐章"。2008年9月，《自然》杂志推出了名为"大数据"

的封面专栏，从而进一步提高了大数据在公众视野中的关注度。大数据这个术语的出现与技术背景紧密相关，可以追溯到 Apache 的开源项目 Nutch，当时大数据是用来描述为更新网络搜索索引须同时进行批量处理或分析的大量数据集。随着 MapReduce 和 Google File System（GFS）的发布，从 2009 年开始，大数据成为互联网行业的流行词汇，并吸引了越来越多人的关注。在 2011 年 6 月，麦肯锡公司发布了一份关于大数据的报告，对大数据的影响、关键技术和应用领域等都进行了详尽的分析。这份报告得到了金融界的高度重视，并逐渐引起了各行各业的关注。

2. 大数据的特点

大数据的特点通常通过其"4V"模型来描述，该模型包括体量大（Volume）、种类多（Variety）、速度快（Velocity）和价值高（Value）。体量大指的是数据的规模通常非常庞大，以 TB 或 PB 为计量单位，该规模的数据量对存储和处理系统提出了更高的要求。种类多表明数据来源广泛，包括结构化数据、半结构化数据和非结构化数据，这要求处理系统能够适应不同类型的数据并从中提取信息。速度快强调了大数据的处理速度，需要实时或近实时的处理能力以快速响应业务需求。价值高则指大数据中蕴含的商业价值，通过分析可以揭示出深刻的业务洞察和决策支持信息。

在"4V"的基础上，有时还会增加第五个特征——真实性（Veracity），这强调了数据的质量和准确性，确保数据分析结果的可靠性。真实性是数据分析有效性的前提，需要通过数据清洗、验证和质量控制等手段来保证。

大数据的应用遍及金融、医疗、公共服务、电子商务、制造业和农业等多个领域。例如在金融领域，通过分析交易数据和用户行为，可以进行信用评分和风险评估；在医疗领域，可以利用患者数据进行疾病模式分析和治疗效果预测；在公共服务领域，通过分析市民行为和需求数据，可以优化资源分配和服务提供；在电子商务领域，通过用户购买历史和偏好分析，可以进行个性化推荐和库存管理；在制造业，通过分析传感器数据，可以实现智能生产和预测性维护；在农业，通过分析气候和土壤数据，可以优化种植计划和提高作物产量。

二、大数据分析的方法

1. 数据收集

大数据分析的第一步是数据收集。在此阶段，企业利用多种渠道获取大量原始数据，该数据可能来源于内部系统，如 ERP 系统、CRM 系统，或是外部数据源，例如市场报告、社交媒体、公共记录等。为了确保数据的质量和可用性，必须采用适当的数据清洗和预处理技术，以去除无关或不准确的信息。例如可以使用数据验证规则来检查数据的一致性和完整性，或者运用缺失值插补算法来填补数据集中的空白。此外，时间序列分析被广泛应用，以识别数据随时间的变化趋势和周期性模式。

2. 数据存储

随着数据量的增长，传统的数据库管理系统已无法满足需求，分布式存储系统如 Hadoop 和 NoSQL 成为首选。该系统不仅提供了高可扩展性，还能有效管理非结构化和半结构化数据。例如，Hadoop 的 HDFS（Hadoop Distributed File System）能够处理 PB 级别的数据集，而 MapReduce 编程模型则允许开发者编写应用程序来处理大规模数据集。在财务会计领域，此类存储方式使企业能够存储大量的交易记录和日志文件，以便于后续分析。

3. 数据分析技术

统计分析和机器学习是两种常用的技术。统计分析涉及描述性统计、假设检验和回归分析等方法，用于量化变量之间的关系。例如在财务会计中，回归分析可以帮助评估不同因素对成本的影响。而机器学习则通过算法发现数据中的复杂模式，预测未来的财务趋势。例如随机森林算法可以用来预测信用风险，支持向量机用于分类不同的财务报表项目。

4. 可视化

可视化使决策者能够直观地理解复杂的数据集。图表、仪表板和交互式图形是常用的工具，它们能够展示数据的趋势、异常和关联。在财务会计中，可视化工具如 Tableau 或 Power BI 可以帮助分析人员揭示隐藏在数据背后的模式，从而支持更明智的决策制定。例如热力图可以用来展示不同部门的成本分布，而气泡图可以揭示投资回报率的变化。

三、大数据在决策中的应用

1. 在风险管理中的应用

在风险管理领域，大数据技术的应用显著提升了财务会计决策的精确度和效率。信用评分模型的构建依赖于一系列定量指标，这些指标包括但不限于客户的平均交易金额、逾期付款次数、账户活动频率等。例如一个典型的信用评分模型可能采用逻辑回归算法，该算法是一种统计方法，用于估计事件发生的概率。在构建模型时，会收集一定时期内的客户交易数据，包括每次交易的时间、金额、支付状态等信息。逻辑回归模型的目标是找到最佳拟合曲线，该曲线能够最大限度地解释这些变量与违约概率之间的关系。

除了信用评分模型，异常检测算法也在风险管理中发挥着重要作用。例如孤立森林是一种无监督学习算法，它可以有效地识别出与大多数数据点显著不同的异常点。该算法通过模拟随机分割数据直到形成孤立的节点来工作，这些孤立的节点即被认为是异常值。在财务数据中，孤立森林能够检测出那些与常规交易模式不符的交易，这些交易可能是欺诈行为的迹象。在实际操作中，算法会对每笔交易进行打分，得分较高的交易被视为潜在的欺诈案例，需要进一步调查。

为了实现这些分析，企业通常会使用专门的数据分析软件，如 R 或 Python 中的相关库函数。在 Python 中，可以使用 scikit-learn 库来实现逻辑回归和孤立森林算法。使用孤立森林算法进行异常检测的常用代码如下：

```
fromsklearn.ensemble import IsolationForest
# 假设 X 是包含交易特征的数据集
clf=IsolationForest(n_estimators=100, contamination=' auto' )
clf.fit(X)
scores=clf.decision_function(X)
# 输出每笔交易的异常分数
```

在实际应用中，企业可以结合业务规则和专家知识来调整模型参数，以适应特定的业务环境和风险偏好。例如设置相关阈值，高于此阈值的异常分数将触发警报。此外，需要定期更新模型以反映最新的市场情况和客户行为，确保模型的时效性和准确性。

2. 在成本控制中的应用

在成本控制方面，大数据分析提供了强大的工具来优化资源分配和预算规划。企业通过分析销售数据、库存水平和生产成本，能够预测未来的成本趋势，并据此制定相应的策略。时间序列分析是一种统计技术，用于分析按时间顺序排列的数据点，以识别潜在的趋势和季节性模式。例如企业可能会使用 ARIMA 模型来预测原材料价格的波动。ARIMA 模型结合了自回归（AR）、积分（I）和滑动平均（MA）三个组件，能够捕捉数据中的趋势和季节性成分。模型的基本形式如下：

$$X_t = \varphi_p X_{t-p} + \theta_q \varepsilon_{t-q} + \varepsilon_t$$

其中，X_t 是时间点 t 的观测值，φ_p 和 θ_q 分别是自回归和滑动平均项的系数，ε_t 是误差项。拟合以上参数，企业可以预测未来的价格变动，从而提前做好采购计划，避免成本波动带来的不利影响。

关联规则挖掘则是通过发现数据集中变量之间的有趣关系来优化库存管理。Apriori 算法是一种常用的关联规则挖掘方法，其通过生成频繁项集并从中提取关联规则来工作。例如发现产品 A 和产品 B 经常一起被购买，那么当产品 A 的需求增加时，企业就可以预期产品 B 的需求也会增加，有助于企业更准确地预测库存需求，减少过剩库存的风险。Apriori 算法的基本步骤如下。

（1）生成所有单一项目的频繁项集。

（2）通过连接步骤 1 中的项集来生成更大长度的候选频繁项集。

（3）计算每个候选项集的支持度和置信度。

（4）移除不频繁的项集，保留频繁项集。

关联规则可以用支持度和置信度来衡量，这两个指标分别表示规则在数据集中出现的频率和支持规则的强度。例如一个规则"A → B"的支持度是同时包含 A 和 B 的事务的比例，而置信度则是包含 A 且随后包含 B 的比例。在实际应用中，企业会设定最小支持度和置信度阈值，只有超过这些阈值的规则才会被视为有意义的关联规则。

为了实施上述分析，企业通常会使用专门的数据挖掘工具，如 R 或 Python 中的 mlxtend 库来实现 Apriori 算法。使用 Apriori 算法进行关联规则挖掘的 Python 代码如下：

frommlxtend.frequent_patterns import apriori

假设 transactions 是交易数据集

frequent_itemsets = apriori(transactions, min_support = 0.5, use_colnames = True)

输出频繁项集

3. 在战略规划中的应用

战略规划方面，大数据分析提供了对市场动态的深刻见解。通过分析社交媒体情绪、消费者行为和竞争对手动态，企业可以获得关于市场需求和行业趋势的实时反馈。情感分析是一种文本挖掘技术，该分析可以从社交媒体帖子、客户评论等文本数据中提取情感倾向，如正面、负面或中性。情感分析通常基于自然语言处理（NLP）技术，特别是机器学习方法，如支持向量机或深度学习网络，如卷积神经网络（CNN）。上述模型能够识别文本中的关键词和短语，进而推断出作者的情感倾向。情感分析模型可以使用词嵌入技术，如 Word2Vec 或 GloVe，来转换文本数据为数值型特征，然后通过分类器来确定每条评论的情感极性。

主题建模则是可以从大量文本数据中识别出隐含的主题或概念。LDA（Latent Dirichlet Allocation）是一种流行的主题建模算法，假设文档是由多个主题混合而成的，而每个主题又由一组相关的词汇组成。对客户反馈和讨论论坛进行分析后，企业可以发现客户关心的主要话题，从而更好地理解客户需求和市场趋势。LDA 模型的工作流程大致如下。

（1）确定文档集合和主题数量。

（2）对每个文档和主题分配一个分布。

（3）对每个主题和词汇分配一个分布。

（4）使用迭代算法更新这些分布，直到收敛。

在实际应用中，企业可以使用 Python 中的 gensim 库来实现 LDA 模型，代码如下：

```
fromgensim.models import LdaModel
# 假设 corpus 是经过预处理的文本数据集
lda_model = LdaModel(corpus, num_topics = 10, id2word = dictionary, passes =
10)
# 输出每个主题的词汇分布
```

预测分析模型，如 ARIMA，被用于预测销售趋势。ARIMA 模型通过分析历史销售数据来预测未来的销售量，有助于企业制定定价策略和促销活动。例如模型预测某个产品的销量将会下降，企业便会决定推出折扣或特别促销来刺激需求。ARIMA 模型的参数选择和调优是关键步骤，企业需要根据历史数据来确定最佳的 p、d、q 值，上述值分别代表自回归项的数量、差分阶数和移动平均项的数量。

4. 在合规性监控中的应用

大数据技术在合规性监控中的应用，为确保企业遵守法规要求提供了高效的解决方案。在合规性监控的实践中，大数据技术的应用涉及多个关键参数和数据的集成与分析。首先，企业需要收集来自不同渠道的数据，包括内部交易数据、财务报告、市场数据、监管文件等。数据通常存储在分布式数据库中，通过数据清洗和整合，形成统一的数据仓库或数据湖，为后续的分析提供基础。在数据仓库中，大数据技术通过运用自然语言处理（NLP）技术，对新闻报道和监管文件进行文本分析。NLP 技术能够识别文档中的关键词、短语和句子结构，从而提取出与企业合规性相关的关键信息。例如通过分析监管文件，NLP 技术可以自动识别出可能影响企业业务运营的新法规或政策变化，为企业提供及时的合规性预警。

表 7-1　合规性监控大数据分析

监控指标	计算公式或方法	数据来源	阈值/标准	当前状态
异常交易数量	通过数据挖掘算法识别超出正常范围的交易	交易数据库	每日超过 10 笔	5 笔（今日）

监控指标	计算公式或方法	数据来源	阈值/标准	当前状态
违规事件发生率	违规事件数量／总交易数量	监管报告、内部调查	季度低于0.5%	0.3%（本季度）
合规性评分	基于各项合规性指标的综合评估	交易数据、审计报告、内部调查	总分100分，60分以上为合规	85分（当前）
法规变化识别	NLP技术分析监管文件、新闻报道	监管文件库、新闻数据库	自动识别新法规、政策变化	识别到2项新变化（本周）
审计异常提示	数据挖掘算法识别审计过程中的异常点	审计报告、财务数据	根据具体审计标准设定	识别到3个异常点（本次审计）

表7-1是大数据技术在合规性监控中应用的分析框架，其中列出了五个关键监控指标，每个指标都通过特定的计算方法或数据分析技术来确定其当前状态。"异常交易数量"是通过数据挖掘算法从交易数据库中识别出的超出正常范围的交易笔数，该指标的阈值设定为每日超过10笔，当日的监控结果显示为5笔。"违规事件发生率"是将违规事件数量与总交易数量进行比值计算得出，以季度为周期，其标准是低于0.5%，当前季度的比率为0.3%。"合规性评分"是基于交易数据、审计报告和内部调查结果的综合评估，按照总分100分的标准，60分以上视为合规，当前得分为85分。"法规变化识别"利用NLP技术分析监管文件和新闻报道，自动识别可能影响企业的新法规或政策变化，本周已识别到2项新变化。"审计异常提示"通过数据挖掘算法在审计报告和财务数据中识别异常点，根据具体的审计标准设定阈值，在本次审计中识别到3个异常点。在实际应用中，企业需要根据自身实际情况进行调整和扩展，利用自动化工具和数据挖掘技术，企业可以更加高效地管理合规性风险，确保企业运营的合法性和稳健性。

第四节 云计算与财务会计数据处理

一、云计算的定义与模式

1. 云计算的定义

云计算是一种通过互联网以及各种网络技术，将计算资源（如存储、计算能力、数据库等）按需提供给用户，并按实际使用量收费的计算模式。其核心理念是将传统的本地计算资源转移到基于云服务提供商（如亚马逊 AWS、微软 Azure、谷歌云等）的远程服务器上，从而使用户无须购买和维护昂贵的硬件设备，通过云服务提供商租用所需的计算资源即可。

云计算的概念可以追溯到 20 世纪 60 年代和 70 年代，当时的计算模型侧重于分布式系统和虚拟化技术的发展。随着互联网的普及和技术的进步，20 世纪 90 年代末期和 21 世纪初期，随着数据中心的建设和大规模服务器的出现，云计算开始逐渐成为可能，并得以商业化。2006 年，亚马逊推出了首个大规模公共云服务 AWS（Amazon Web Services），开启了云计算服务的时代。现代云计算中的几个核心特征定义：弹性扩展（Elasticity）、按需自助服务（On-Demand Self-Service）、广泛网络访问（Broad Network Access）、资源池化（Resource Pooling）和快速弹性（Rapid Elasticity）。这些特征使用户可以根据需求随时随地访问各种计算资源，从而提高了资源利用率和灵活性，降低了运营成本和技术门槛。

在当今数字化时代，云计算不仅仅是企业 IT 基础设施的重要组成部分，也成为创新和竞争力的关键驱动力。各行各业的组织利用云计算来实现数据分析、人工智能、物联网等先进技术的应用，同时也促进了全球范围内的协作与创新。随着技术的不断进步和应用场景的扩展，云计算将继续发挥重要作用，推动着数字化转型和信息技术的演进。

2. 云计算的模式

云计算的模式主要分为三种：基础设施即服务、平台即服务和软件即服务。这些模式各具特点和应用场景，共同构成了云计算服务的完整生态。

IaaS 模式为用户提供了虚拟化的计算资源，包括服务器、存储和网络资源等。用户可以根据需求动态申请和调整资源，实现硬件资源的按需分配和扩展。IaaS 服务通常按照使用的资源量进行计费，例如计算时间、存储空间或网络带宽等。这种模式允许用户减少对物理硬件的投资和维护，同时具备快速部署和高可扩展性的特点。例如，Amazon Web Services（AWS）的 EC2 服务就提供了基于云的计算能力，用户可以创建和配置虚拟机实例，选择合适的操作系统和硬件配置。

PaaS 模式为用户提供了一个应用程序开发和部署的平台环境，PaaS 模式不仅包括了 IaaS 提供的基础设施资源，还提供了开发、测试、部署和运行应用程序所需的中间件、数据库和开发工具等。PaaS 服务通常以服务的形式提供，例如数据库服务、消息队列服务和应用服务器等。用户可以在 PaaS 平台上快速开发和部署应用程序，而无须关心底层的硬件和操作系统的维护。例如，Google App Engine 提供了一个开发、托管 Web 应用程序的平台，支持多种编程语言和框架。

SaaS 模式通过互联网提供成熟的应用软件服务，用户可以直接使用而无须安装。SaaS 服务通常以订阅的方式提供，用户根据使用情况支付费用。SaaS 模式使用户可以随时随地通过不同的设备访问应用程序，享受统一的软件更新和维护服务。这种模式大大降低了用户的初始投资成本和维护工作量，提高了软件的可用性和便捷性。

除了这三种基本模式，云计算还发展出了其他一些模式，如灾难恢复即服务、数据即服务和桌面即服务等。

云计算模式的选择取决于企业的具体需求和业务场景，企业需要考虑应用的复杂性、数据的安全性、成本效益和可扩展性等因素，选择最合适的云计算模式。例如对于需要高度定制化和控制基础设施的企业，IaaS 可能是更好的选择；而对于希望快速部署和运行应用程序的企业，PaaS 可能更加合适；对于需要标准化软件服务的企业，SaaS 模式则更加便捷。在实际应用中，企业可以采用多种云计算模式的组合，以满足不同的业务需求。例如可以使用

IaaS 模式搭建基础计算平台，使用 PaaS 模式开发和部署应用程序，同时使用 SaaS 模式提供标准化的软件服务。混合云的模式结合了不同模式的优势，提供了更高的灵活性和可靠性。企业需要根据自身的战略目标和业务需求，制定合适的云计算策略和实施计划。同时，企业还需要关注云计算的安全和合规问题，确保数据的安全性和隐私性。

二、云计算的数据处理技术

1. 分布式计算技术

分布式计算技术在财务会计信息系统中的应用，主要体现在其处理大规模数据集的能力上。分布式计算技术通过将复杂的计算任务分解成多个子任务，分配给网络中的多台计算机共同完成，从而提高了数据处理的速度和效率。在财务数据处理中，分布式计算技术可以应用于账目核对、财务报表生成、风险评估和趋势分析等多个方面。

以 Hadoop 框架为例，其 MapReduce 编程模型是实现分布式计算的典型方法。MapReduce 通过两个主要的步骤——Map 阶段和 Reduce 阶段——来处理数据。在 Map 阶段，输入数据被分割成多个数据块，每块数据由一个 Map 任务处理，生成一系列的中间键值对。Reduce 阶段则对 Map 阶段输出的中间结果进行汇总，按照键进行分组，并计算每个键对应的最终结果。例如在生成财务报表的场景中，Map 任务可以对来自不同分支机构的销售数据进行初步汇总，而 Reduce 任务则将这些汇总结果进一步合并，生成总体的销售报告。Hadoop 的分布式文件系统（HDFS）则提供了大规模数据集的存储解决方案，通过数据的高可用性和容错性，确保了财务数据的安全性。Apache Spark 则是另一个广泛使用的分布式计算框架，其提供了比 MapReduce 更高效的数据处理能力。Spark 的核心是其内存计算能力，可以在内存中快速迭代计算，显著提高了数据处理速度。Spark 支持多种高级数据分析功能，如 SQL 查询、机器学习算法和图处理等，这些功能在财务数据分析中非常有用。

在实际应用中，分布式计算技术还需要考虑数据的切分策略、任务调度算法和网络通信效率等因素。数据切分策略决定了数据如何在不同的计算节点间分配，合理的切分策略可以提高计算的并行度和负载均衡。任务调度算法则负责将任务分配给计算节点，需要考虑节点的计算能力、数据位置和网络拓扑等因素。网络通信效率直接影响到分布式计算的性能，优化网络传输可以减少任务间的数据交换时间。分布式计算环境中的监控和调优能够确保系统性能，监控系统实时跟踪计算任务的执行状态和资源使用情况，及时发现和解决潜在的性能瓶颈。调优则涉及参数设置、资源分配和代码优化等多个层面，需要根据具体的业务需求和系统特点进行调整。

用于计算财务数据中的总销售额的 MapReduce 代码如下：

```python
''' python
# 假设 input_data 是一个包含销售记录的列表,每条记录为一个元组(销售额,时间戳)
input_data=[
(1000, '2024-07-01T10:00:00' ),
(2000, '2024-07-01T11:00:00' ),
# … 更多销售记录
]
# Map 函数,计算每个时间段的销售额
def map_function(record):
sales_amount, timestamp=record
return (timestamp, sales_amount)
# Reduce 函数,合并相同时间段的销售额
def reduce_function(sales_records):
total_sales=sum(record[1] for record in sales_records)
return total_sales
# 执行 MapReduce 计算
mapped_data=map(map_function, input_data)
reduced_data = {timestamp: reduce_function(records) for timestamp, records
initertools.groupby(mapped_data, key=lambda x: x[0])}
```

```
# 输出最终的总销售额
print(f"Total Sales: {reduced_data}")
'''
```

2. 虚拟化技术

虚拟化技术在云计算架构中提供了一种高效的方法，用于创建和管理系统资源。通过软件模拟硬件的方式，将物理服务器转化为多个虚拟机（VMs），每个虚拟机都能够独立运行操作系统和应用程序。在财务会计信息系统中，虚拟化技术的应用可以提高资源的利用效率，降低维护成本，并增强系统的灵活性和可扩展性。虚拟化技术的核心优势在于其能够实现资源的动态分配，在财务高峰期间，如月末结账或年度审计时，系统可能需要更多的计算资源来处理增加的工作负载。通过虚拟化技术，系统管理员可以快速创建新的虚拟机或调整现有虚拟机的资源分配，以适应这些需求变化，而无须投资额外的物理硬件。此外，当需求减少时，可以释放这些资源以供他用，从而实现成本效益。

在实现虚拟化时，需要考虑几个关键参数，包括 CPU、内存、存储和网络资源的分配。例如每个虚拟机的 CPU 分配可以通过虚拟 CPU（vCPU）的数量来设置，内存分配则通过分配给虚拟机的 RAM 大小来确定。存储资源的分配涉及虚拟硬盘的大小和类型，而网络资源则涉及虚拟网络接口的配置。虚拟化技术还涉及虚拟化管理软件，如 VMware vSphere 或 Microsoft Hyper-V，这些软件提供了创建、配置和管理虚拟机的工具。通过这些工具，管理员可以监控虚拟机的性能，实现负载均衡，并在必要时将虚拟机迁移到不同的物理主机上，以优化资源使用和提高可用性。

在财务会计信息系统中，虚拟化技术的应用还包括数据备份和灾难恢复。通过虚拟化，可以创建虚拟机的快照，快照可以在需要时快速恢复，以减少系统故障或灾难对业务的影响。同时虚拟化技术还可以实现应用程序的隔离，确保不同财务应用程序之间不会相互干扰，提高系统的稳定性。

3. 数据存储技术

数据存储技术的主要目标是安全高效地存储和管理海量数据，在财务会计信息系统中，数据存储技术不仅要求存储容量大、访问速度快，还需要具备数据备份和恢复能力以应对意外情况。常见的数据存储解决方案包括分布式文件系统（如 HDFS）、对象存储（如 Amazon S3）以及关系型数据库（如 MySQL），可以根据财务数据的特性和访问需求灵活配置，保障数据的安全性和可靠性。

分布式文件系统（如 HDFS）通过将数据分散存储在多个节点上，实现了高可用性和容错性，HDFS 的块大小通常为 64MB 或 128MB，副本数默认为 3，确保数据的冗余和可靠性。对象存储（如 Amazon S3）提供了高扩展性和灵活性，支持存储任意数量和类型的数据对象，S3 的存储类包括标准存储、低频访问存储和归档存储，用户可以根据数据访问频率和成本需求选择合适的存储类。关系型数据库（如 MySQL）通过结构化查询语言（SQL）进行数据管理，支持事务处理和复杂查询，MySQL 的存储引擎包括 InnoDB 和 MyISAM，InnoDB 支持事务和外键，适用于高一致性要求的应用场景，而 MyISAM 则提供了较高的查询性能。为了保障数据的安全性和可靠性，财务会计信息系统通常采用多层次的数据备份策略，包括全量备份、增量备份和差异备份，全量备份是对所有数据进行完整备份，增量备份只备份自上次备份以来发生变化的数据，差异备份则备份自上次全量备份以来发生变化的数据。数据恢复技术包括日志恢复、快照恢复和复制恢复，日志恢复通过重放数据库日志实现数据的一致性恢复，快照恢复通过定期创建数据快照实现快速恢复，复制恢复则通过将数据复制到多个节点上实现高可用性和灾难恢复。为了提高数据存储和处理的效率，财务会计信息系统还可以采用数据压缩技术和数据分区技术，数据压缩技术通过减少数据存储空间和传输带宽，提高系统的性能和效率，常见的压缩算法包括 Gzip、Snappy 和 LZ4，数据分区技术通过将数据划分为多个分区，实现并行处理和负载均衡，常见的分区方法包括范围分区、哈希分区和列表分区。

4. 数据加密技术

数据加密技术通过使用各种加密算法对数据进行加密，确保数据在传输和存储过程中的安全性。对称加密算法（如高级加密标准 AES）和非对称加密算法（如 RSA）是常用的加密方法。AES 算法是一种对称加密算法，其密钥长度可以是 128 位、192 位或 256 位，AES 算法的加密过程包括多个轮次的替换和置换操作，每轮操作包括字节替换、行移位、列混淆和轮密钥加操作。AES 算法的安全性依赖于密钥的长度和复杂度，较长的密钥提供了更高的安全性。RSA 算法是一种非对称加密算法，使用一对密钥（公钥和私钥）进行加密和解密，RSA 算法的安全性基于大整数分解的计算复杂性，常用的密钥长度为 1024 位、2048 位或 4096 位。RSA 加密过程包括选择两个大素数 p 和 q，计算它们的乘积 $n=pq$，选择一个与 $(p-1)(q-1)$ 互质的整数 e，计算 e 的模 $(p-1)\cdot(q-1)$ 的逆元 d，公钥为 (e, n)，私钥为 (d, n)，加密过程为 $c = m^e \bmod n$，解密过程为 $m = c^d \bmod n$。

在实际应用中，数据加密技术不仅涉及加密算法的选择和实现，还包括密钥管理、加密协议和数据保护策略等方面。密钥管理是数据加密技术的核心环节，涉及密钥的生成、分发、存储、更新和销毁等。常用的密钥管理方案包括基于硬件安全模块（HSM）的密钥管理系统和基于软件的密钥管理系统。HSM 是一种专用的硬件设备，用于生成、存储和管理加密密钥，提供高强度的物理和逻辑安全保护。基于软件的密钥管理系统则通过软件实现密钥的管理和保护，通常结合加密算法和访问控制技术使用。

加密协议用于定义数据加密和解密的具体步骤和规则，常用的加密协议包括传输层安全协议（TLS）、安全外壳协议（SSH）和 IP 安全协议（IPsec）。TLS 协议用于保护互联网通信的安全，提供数据加密、数据完整性和身份验证功能，TLS 协议的工作过程包括握手阶段、密钥交换阶段和数据传输阶段。SSH 协议用于保护远程登录和其他网络服务的安全，提供加密的通信通道和强身份验证功能，SSH 协议的工作过程包括会话建立、密钥交换和数据传输。IPsec 协议用于保护 IP 层的数据通信安全，提供数据加密、数据完整性和身份验证功能，IPsec 协议的工作过程包括安全关联建立、密钥交换和数据加密。

数据保护策略是数据加密技术的综合应用，涉及数据的分类、分级、加密和访问控制等方面。数据分类和分级是数据保护的基础，根据数据的重要性和敏感性将数据分为不同的级别，并制定相应的保护措施。数据加密是数据保护的核心手段，通过对数据进行加密保护，防止未经授权的访问和篡改。访问控制是对用户的访问权限进行管理，确保只有授权用户才能访问和操作数据。常用的访问控制方法包括基于角色的访问控制（RBAC）和基于属性的访问控制（ABAC）。RBAC 方法是根据用户的角色分配访问权限，不同角色具有不同的访问权限，适用于组织结构明确的应用场景。ABAC 方法根据用户的属性分配访问权限，不同属性组合具有不同的访问权限，适用于灵活多变的应用场景。

为了确保数据加密技术的有效性，财务会计信息系统需要定期进行安全审计和漏洞扫描，及时发现和修复系统中的安全漏洞，保障数据的安全性和完整性。安全审计是对系统的安全策略、配置和操作进行检查和评估，发现潜在的安全风险和问题。漏洞扫描是对系统的安全漏洞进行检测和分析，发现并修复系统中的安全漏洞。常用的安全审计和漏洞扫描工具包括 Nessus、OpenVAS 和 QualysGuard 等。

5. 数据分析与挖掘技术

数据分析与挖掘技术在云计算环境中是高级应用，通过对大数据进行分析和挖掘，可以发现潜在的数据模式和规律，为财务决策提供科学依据。在财务会计信息系统中，数据分析与挖掘技术能够帮助企业深入理解财务数据背后的趋势和关联，支持预测分析和风险管理。数据仓库是数据分析的基础设施，通过 ETL（抽取、转换、加载）过程将数据从多个源系统中抽取、清洗、转换并加载到数据仓库中，数据仓库通常采用星形或雪花形模式进行数据建模，星形模式由一个事实表和多个维度表组成，适用于查询性能要求高的场景，雪花形模式在星形模式的基础上对维度表进行进一步的规范化，适用于数据冗余较少的场景。

数据挖掘算法是数据分析的核心工具，常用的算法包括聚类分析、关联规则挖掘、分类和回归等。聚类分析用于将数据集划分为若干个相似的数据子集，常用的聚类算法包括 K-means、层次聚类和 DBSCAN 等。K-means 算法通过迭代优化目标函数，将数据点分配到最近的聚类中心，目标函数为：

$$J = \sum_{i=1}^{k} \sum_{x \in C_i} \| x - \mu_i \|^2$$

其中，k 为聚类数，C_i 为第 i 个聚类，μ_i 为第 i 个聚类的中心。

层次聚类通过构建树状的聚类结构，将数据点逐步合并或分裂，形成层次化的聚类结果。DBSCAN 算法通过密度连接的方式发现任意形状的聚类，适用于处理噪声数据。

关联规则挖掘用于发现数据集中频繁出现的项集和关联关系，常用的算法包括 Apriori 和 FP-Growth 等。Apriori 算法通过逐步扩展频繁项集，生成候选项集并计算其支持度，支持度公式为：

$$support(X) = \frac{|X|}{N}$$

其中，X 为项集，N 为数据集的总记录数。FP-Growth 算法通过构建频繁模式树（FP-tree），高效地挖掘频繁项集，适用于大规模数据集的关联规则挖掘。

机器学习模型是数据分析与挖掘的重要工具，常用的模型包括决策树、神经网络、支持向量机和随机森林等。决策树通过构建树状的决策结构，对数据进行分类和回归，常用的决策树算法包括 CART 和 ID3 等。CART 算法通过递归地分割数据集，构建二叉决策树，分割标准为基尼指数或均方误差，基尼指数公式为：

$$G_{ini}(D) = 1 - \sum_{i=1}^{m} p_i^2$$

其中，D 为数据集，m 为类别数，p_i 为第 i 类的概率。神经网络通过模拟生物神经元的连接和传递，对数据进行复杂的非线性映射，常用的神经网络结构包括前馈神经网络、卷积神经网络和递归神经网络等。支持向量机通过构建最优超平面，对数据进行分类和回归，目标函数为：

$$\min \frac{1}{2} \| w \|^2 + C \sum_{i=1}^{N} \xi_i$$

其中，w 为超平面的法向量，C 为惩罚参数，为松弛变量。随机森林通过构建多个决策树，进行集成学习，提高模型的泛化能力和鲁棒性。

在实际应用中，数据分析与挖掘技术不仅涉及算法的选择和实现，还包括数据预处理、特征工程、模型评估和结果解释等环节。数据预处理是数据分析的基础步骤，包括数据清洗、数据变换和数据归一化等过程，数据清洗用于处理缺失值、异常值和重复值，数据变换用于将数据转换为适合分析的格式，数据归一化用于将数据缩放到统一的范围。特征工程包括特征选择、特征提取和特征构造等过程，特征选择用于选择对模型有重要影响的特征，特征提取用于从原始数据中提取有用的信息，特征构造用于构建新的特征以提高模型的表达能力。模型评估包括模型的准确性、精确性、召回率和 F1 值等指标，常用的评估方法包括交叉验证和留出法等。结果解释是数据分析的最终目标，对分析结果的解释可以帮助企业做出科学的决策，常用的结果展示方法包括数据可视化、报告生成和仪表盘等。

三、云计算的应用场景

1. 财务数据的集中存储与管理

云计算提供了一个中心化的平台，使企业能够将分散在不同地理位置的财务数据集中存储和管理。通过云服务，企业能够实现数据的即时备份、快速恢复以及高度的可访问性。例如使用 Google Cloud Storage 服务，企业可以将财务数据以对象的形式存储，并通过设置适当的访问权限来确保数据安全。Google Cloud Storage 提供了多种存储类，包括标准存储、近线存储、冷线存储和归档存储。标准存储适用于频繁访问的数据，提供低延迟和高吞吐量；近线存储适用于不常访问但需要快速访问的数据，提供较低的存储成本；冷线存储适用于很少访问的数据，提供更低的存储成本；归档存储适用于长期存储和备份，提供最低的存储成本。为了确保数据的安全性，Google Cloud Storage 支持服务器端加密和客户管理的加密密钥，服务器端加密包括 Google 管理的密钥和客户管理的密钥，客户管理的加密密钥则由客户在上传数据前进行加密。数据传输过程中，Google Cloud Storage 支持使用 SSL/TLS 协议进行加密，确保数据在传输过程中的安全性。为了提高数据的可用性和持久性，Google Cloud Storage 采用了多副本存储策略，将数据复制到多个地理位置分散的存储节点上，提供99.999999999%的数据持久性和99.99%的可用性。企业可以使用Google Cloud Storage的生命周期管理功能，根据预定义的规则自动将数据从一个存储类转移到另一个存储类，或者删除不再需要的数据，从而优化存储成本和管理复杂性。为了实现数据的即时备份和快速恢复，企业可以使用Google Cloud Storage的版本控制功能，保存对象的多个版本，防止数据被意外删除或覆盖。Google Cloud Storage还支持跨区域复制功能，将数据复制到不同的Google Cloud区域，提高数据的可用性和灾难恢复能力。为了简化数据管理，企业可以使用Google Cloud Storage的标签功能，为对象添加元数据标签，方便数据的分类和检索。Google Cloud Storage还提供了强大的访问控制机制，包括基于资源的访问控制策略、基于用户的访问控制策略和访问控制列表（ACL），企业可以根据需要灵活配置访问权限，确保数据的安全性和合规性。为了监控和审计数据访问情况，Google Cloud Storage提供了详细的访问日志和事件通知功能，企业可以通过Google Cloud Logging和Google Cloud Monitoring等服务，实时监控数据访问情况，及时发现和处理异常行为。

2. 财务流程的自动化与优化

云计算平台可以集成各种自动化工具，实现财务流程的自动化处理，如自动化发票处理、费用报销流程等。自动化不仅提高了财务流程的效率，还减少了人为错误。例如使用Salesforce的财务云服务，企业可以自动化其销售和财务流程，实现从订单到现金的全流程管理。Salesforce财务云服务通过集成多个模块，如销售订单管理、应收账款管理、应付账款管理和费用报销管理，实现财务流程的自动化和优化。销售订单管理模块支持自动生成销售订单、自动核对库存和自动更新客户信息，减少了手动操作的时间和错误率。应收账款管理模块通过自动生成发票、自动发送账单提醒和自动记录付款信息，提高了账款回收的效率和准确性。应付账款管理模块支持自动处理供应商发票、自动生成付款计划和自动记录付款信息，优化了企业的现金流管理。费用报销管理模块通过自动审核报销单、自动计算报销金额和自动生成报销报告，简化了报销流程，提高了报销效率。

在实际应用中，企业可以使用Salesforce的API接口，将财务云服务与其他业务系统集成，实现数据的自动同步和共享。例如企业可以将 Salesforce 财务云服务与 ERP 系统集成，实现销售订单和库存信息的自动同步，确保数据的一致性和准确性。企业还可以使用 Salesforce 的工作流引擎，定义和自动化复杂的业务流程，如审批流程、通知流程和数据更新流程。工作流引擎支持多种触发条件和操作类型，如时间触发、事件触发和条件触发，操作类型包括发送电子邮件、更新记录和调用外部服务等。企业可以根据业务需求，灵活配置工作流规则，实现财务流程的自动化和优化。

在财务数据的安全性和合规性方面，Salesforce 财务云服务提供了多层次的安全保护措施，包括数据加密、访问控制和审计日志。数据加密技术通过对数据进行加密保护，防止未经授权的访问和篡改，Salesforce 支持传输层加密（TLS）和静态数据加密（AES-256）。访问控制技术通过对用户的访问权限进行管理，确保只有授权用户才能访问和操作数据，Salesforce 支持基于角色的访问控制（RBAC）和基于属性的访问控制（ABAC）。审计日志功能记录了所有数据访问和操作的详细信息，企业可以通过审计日志，监控和审查数据的使用情况，及时发现和处理异常行为。

在财务流程的透明度和可追溯性方面，Salesforce 财务云服务提供了丰富的数据分析和报告功能。企业可以使用 Salesforce 的报表生成器，创建和定制各种财务报表，如销售报表、费用报表和现金流量报表。报表生成器支持多种数据源和数据格式，企业可以根据需要，选择和组合不同的数据字段，生成符合业务需求的报表。Salesforce 还提供了强大的数据可视化工具，如仪表盘和图表，企业可以通过可视化的方式，直观地展示和分析财务数据，发现潜在的问题和机会。企业可以使用 Salesforce 的人工智能（AI）和机器学习（ML）功能。Salesforce 的 Einstein AI 平台提供了多种智能应用，如预测分析、异常检测和自然语言处理，企业可以根据业务需求，选择和配置适合的智能应用。例如企业可以使用 Einstein 预测分析功能，预测销售趋势和客户行为，优化销售策略和资源配置。企业还可以使用 Einstein 异常检测功能，自动检测和预警财务数据中的异常情况，如异常的费用报销和异常的账款回收，及时采取措施，防范财务风险。

3. 财务报告与分析的增强

云计算环境下的财务报告和分析工具能够提供实时的财务数据视图和深入的业务洞察。企业通过云平台能够快速生成各种财务报告，如利润表、资产负债表等，并进行多维度的数据分析。企业可以使用 Microsoft Power BI 连接到云中的财务数据源，创建交互式的数据仪表板，实时监控财务状况。Power BI 支持多种数据源，包括 Azure SQL Database、Azure Data Lake Storage、Excel 和 Google Analytics 等，用户可以通过 Power Query 进行数据的抽取、转换和加载（ETL），将数据从多个源系统中抽取、清洗、转换并加载到 Power BI 的数据模型中。数据模型采用星形或雪花形模式进行建模，星形模式由一个事实表和多个维度表组成，适用于查询性能要求高的场景，雪花形模式在星形模式的基础上对维度表进行进一步的规范化，适用于数据冗余较少的场景。

在数据分析过程中，Power BI 提供了丰富的数据可视化工具，如柱状图、折线图、饼图、散点图和地图等，用户可以根据分析需求选择合适的可视化方式，直观地展示财务数据。Power BI 还支持创建交互式仪表板，用户可以通过拖曳组件和设置参数，定制符合业务需求的仪表板。仪表板可以实时更新数据，用户可以随时查看最新的财务状况和业务表现。为了提高数据分析的深度和广度，Power BI 支持多维度数据分析和切片器功能，用户可以通过切片器选择不同的维度和指标，动态调整数据视图，深入分析财务数据的趋势和关联。Power BI 还提供了强大的数据分析功能，如 DAX（Data Analysis Expressions）和 Power Query M 语言，用户可以使用 DAX 编写复杂的计算公式和度量值，实现高级数据分析。DAX 支持多种数据类型和函数，如 SUM、AVERAGE、COUNT、IF 和 CALCULATE 等，用户可以根据业务需求编写自定义的计算公式，生成新的度量值和指标。Power Query M 语言用于数据的抽取、转换和加载，支持多种数据操作，如筛选、排序、合并和拆分等，用户可以通过编写 M 语言脚本，实现复杂的数据转换和处理。

为了提高财务报告的准确性和一致性，Power BI 支持数据的版本控制和审计功能，用户可以跟踪数据的变更历史和操作记录，确保数据的完整性和可追溯性。Power BI 还支持数据的共享和协作功能，用户可以将报表和仪表板发布到 Power BI 服务，授权其他用户访问和查看数据。Power BI 服务提供了多种共享和协作方式，如共享链接、嵌入代码和团队工作区等，用户可以根据需要选择合适的共享方式，方便团队成员之间的协作和沟通。Power BI 还支持警报和通知功能，用户可以设置数据阈值和条件，当数据超出预设范围时，系统会自动发送通知和警报，提醒用户及时采取措施。

4. 合规性与风险管理

云计算服务提供商通常遵循严格的合规性标准，并提供先进的风险管理工具。企业可以利用这些工具来确保财务活动的合规性，并及时识别和应对潜在的风险。例如使用华为云的治理和风险管理功能，企业可以监控财务活动的合规性，并进行风险评估和缓解。华为云提供了全面的合规性管理工具，包括云合规性中心和企业风险管理（ERM）平台。云合规性中心支持多种合规性标准，如 ISO 27001、SOC 1、SOC 2、GDPR 和 HIPAA，企业可以根据自身需求选择适用的合规性标准，并通过云合规性中心进行合规性审计和认证。企业风险管理平台提供了全面的风险管理功能，包括风险评估、风险监控和风险缓解。风险评估功能通过自动化工具和算法，识别和评估企业面临的各种风险，如财务风险、运营风险和合规风险。风险监控功能通过实时监控和分析财务数据，及时发现和预警潜在的风险，企业可以设置风险阈值和预警规则，当风险指标超出预设范围时，系统会自动发送通知和警报，提醒企业及时采取措施。风险缓解功能通过制订和实施风险缓解计划，降低和控制风险的影响，企业可以根据风险评估结果，制定相应的风险缓解策略，如风险转移、风险规避和风险接受等。

在实际应用中，企业可以使用华为云的自动化工作流和智能分析功能，提高合规性管理和风险管理的效率和准确性。华为云支持多种自动化工作流，如审批工作流、通知工作流和数据更新工作流，企业可以根据业务需求，定义和配置适合的工作流规则，实现合规性管理和风险管理的自动化。智能分析功能通过机器学习和人工智能技术，提供高级数据分析和预测功能，企业可以使用智能分析功能，预测和分析潜在的风险趋势，优化风险管理策略。

例如企业可以使用华为云的预测分析功能，预测未来的财务风险和运营风险，制订相应的风险缓解计划。企业还可以使用华为云的异常检测功能，自动检测和预警财务数据中的异常情况，如异常的费用报销和异常的账款回收，及时采取措施，防范财务风险。

合规性审计是对企业的合规性管理体系进行全面检查和评估，发现和纠正合规性问题，确保企业遵守相关法律法规和行业标准。风险评估是对企业面临的各种风险进行识别和评估，确定风险的性质、来源和影响，制定相应的风险管理策略。企业可以使用华为云的合规性审计工具和风险评估工具，进行合规性审计和风险评估，合规性审计工具通过收集和分析系统活动日志，发现和报告潜在的合规性问题，风险评估工具通过实时监控和分析系统流量，检测和阻止异常和恶意活动，确保系统的安全性和合规性。华为云提供了丰富的报告和分析工具，企业可以使用华为云的报表生成器和数据可视化工具，创建和定制各种合规性和风险管理报告。报表生成器支持多种数据源和数据格式，企业可以根据需要，选择和组合不同的数据字段，生成符合业务需求的报告。数据可视化工具提供了强大的数据可视化功能，如仪表盘和图表，企业可以通过可视化的方式，直观地展示和分析合规性和风险管理数据，发现潜在的问题和机会。

5. 协作与共享

在财务会计信息系统中，云计算的应用场景之一是协作与共享，云计算提供统一的数据存储和访问平台，使不同部门和团队成员能够在同一平台上实时工作，共享财务数据和文档，从而提高数据的一致性和决策效率。数据同步机制确保所有用户访问的是最新版本的数据，通常涉及版本控制系统的应用，如 Git 等，能够追踪文件的变化历史，允许用户查看不同版本的文档，并且在必要时回归到先前的状态。权限管理系统确保数据的安全性，设置不同级别的访问权限，如读取、写入、编辑或删除等，以确保只有授权用户才能访问特定的数据。云计算支持多用户同时访问和编辑相同的数据集，这要求系统具有高效的并发控制机制，如锁机制或乐观并发控制可以确保多个用户在同一时间对数据的操作不会产生冲突。云计算服务提供商通常会提供定期的数据备份服务，以防数据丢失或损坏，同时有灾难恢复计划，确保在系统出现故障时能够迅速恢复数据。云计算平台集成数据分析工具，如 Excel Online 或 Google Sheets，允许用户直接在云端进行数据分析和处理，支持复杂的计算和图表功能，帮助用户更好地理解数据。为了与其他系统集成，云计算平台提供了 API 接口，使其他应用程序可以安全地访问和交换数据。对于大量数据的存储和分析，云计算平台提供了数据仓库解决方案，如 Amazon Redshift 或 Google BigQuery，该服务不仅可以存储大量数据，还提供高级分析功能，如 SQL 查询和机器学习算法，帮助企业从数据中提取洞察。云计算平台还可以生成实时报告和仪表板，使管理人员能够即时了解财务状况。此外，云计算服务还包括审计跟踪功能，记录谁何时访问了哪些数据，以及进行了哪些操作，这对于遵守财务法规和内部政策至关重要。

第五节　人工智能在财务会计中的应用

一、人工智能的基本概念

人工智能（Artificial Intelligence，AI）是计算机科学的一个分支，旨在让计算机模拟、扩展和辅助人类智能。它涉及理解、推理、学习、计划和感知等方面，以实现类似人类的智能行为。人工智能的起源可以追溯到 20 世纪中期，但其思想根源更为久远。人工智能的概念可以追溯到古代，当时人们就开始尝试用各种机器来模拟人类的某些智能行为。然而，现代人工智能的兴起一般被认为开始于 1956 年的达特茅斯会议。在这次会议上，约翰·麦卡锡（John McCarthy）、马文·明斯基（Marvin Lee Mmsky）、克劳德·香农（Laude Shannon）和内森·罗切斯特（Nathaniel Rochester）等科学家首次提出了"人工智能"这个术语，并开始对其进行系统的研究。人工智能的早期发展阶段主要集中在符号主义方法上，即通过逻辑推理和符号操作来模拟人类智能。艾伦·图灵（Alan Turing）在 1950 年提出的图灵测试成为衡量机器智能的重要标准。20 世纪 50 年代至 70 年代，研究者开发了一系列智能系统，如机器定理证明和专家系统，但这些系统的能力有限，无法处理复杂的现实问题。20 世纪 70 年代至 80 年代，专家系统成为人工智能研究的热点。专家系统是一种基于知识库和推理机制的计算机程序，能够模拟人类专家的推理过程，解决特定领域的问题。MYCIN 是这一时期的代表性系统，用于传染性血液诊断和处方。然而，专家系统的开发成本高，知识获取困难，导致其应用范围受限。20 世纪 80 年代至 90 年代，随着计算机技术的发展和大量数据的积累，机器学习成为人工智能领域的研究热点。机器学习是一种让计算机通过数据学习知识和技能的方法，而无须进行显式编程。经典的机器学习算法包括决策树、支持向量机和贝叶斯分类器等。21 世纪初，深度学习技术逐渐崛起。深度学习是机器学习的一个分支，主要依赖神经网络模型，特别是深层神经网络进行学习。2012 年，AlexNet 在 ImageNet 图像识别竞赛中获得了冠军，成为深度学习领域的里程碑。深度学习在计算机视觉、自然语言处理等领域取得了突破性的成果。

在财务会计领域，人工智能技术通过模拟人类的思维和决策过程，实现对财务数据的智能分析、预测和优化。现阶段人工智能技术在财务会计中的应用已经展现出巨大潜力，通过智能预测与决策支持、自动化会计处理和风险管理与合规监控等方面的应用，显著提升了财务管理的效率和精度，推动了财务会计的现代化和智能化发展。

二、人工智能的技术方法

1. 机器学习

机器学习在财务会计领域的应用，涉及复杂的数据分析和模式识别任务。例如利用神经网络的深度学习模型，特别是长短期记忆网络（LSTM），在处理时间序列数据方面表现出色。LSTM 通过引入三个门控机制——输入门、遗忘门和输出门——来控制信息的流动，有效解决了传统递归神经网络在处理长序列数据时的梯度消失或爆炸问题。在财务预测中，LSTM 能够捕捉到时间序列数据中的长期依赖关系，如股价或财务指标的周期性变化。

构建 LSTM 模型通常包括数据预处理、网络配置、训练和评估等步骤。首先，对时间序列数据进行归一化处理，以适应神经网络的输入要求。接着，将数据划分为训练集和测试集，用于模型训练和性能评估。在网络配置阶段，确定 LSTM 层的神经元数量、隐藏层的层数以及超参数，如学习率和批次大小。例如一个简单的 LSTM 模型配置可能包含一个具有 128 个神经元的 LSTM 层，后接一个具有 32 个神经元的全连接层：

LSTM layer with 128 neurons→Fully connected layer with 32 neurons

训练过程中，将交叉熵或均方误差作为损失函数，通过反向传播算法来更新网络权重。训练完成后，通过测试集评估模型的预测性能，使用均方根误差（RMSE）或决定系数（R^2）等指标来衡量预测精度。

在异常检测方面，自编码器作为一种无监督学习算法，通过学习数据的低维表示来进行特征学习。自编码器由编码器和解码器两部分组成，编码器将输入数据压缩成一个潜在的表示，解码器则尝试从这个潜在表示重建原始数据。在财务数据中，自编码器可以用来识别偏离正常模式的交易行为。例如通过训练一个变分自编码器（VAE），可以学习交易数据的概率分布，并用重参数化技巧来优化模型：

$$z = \mu + \sigma \odot \varepsilon$$

其中，μ 和 σ 是潜在表示的均值和标准差，ε 是从标准正态分布中采样的噪声项，$\odot$ 表示逐元素乘法。

此外，强化学习算法在财务决策制定中也显示出潜力。强化学习通过与环境的交互来学习最优策略，以最大化累积奖励。例如使用深度 Q 网络（DQN）来优化投资组合的资产配置，DQN 通过学习状态—动作—奖励的映射来指导投资决策：

$$Q(s_t, a_t) \leftarrow Q(s_t, a_t) + \alpha[r_t + 1 + \gamma \max_a Q(s_{t+1}, a_t) - Q(s_t, a_t)]$$

其中，Q 表示动作价值函数，s_t 和 a_t 分别代表在时间步 t 的状态和动作，$r_t + 1$ 是奖励，α 是学习率，γ 是折现因子。

机器学习模型和算法的应用，为财务会计领域带来了自动化和智能化的解决方案，提高了数据分析的效率和决策的质量。

2. 深度学习

深度学习技术在财务会计领域的应用，模拟人脑处理信息的方式，对大量复杂的财务数据进行分析和处理。卷积神经网络（CNN）在图像识别领域的成功应用，为财务文档的自动识别和分类提供了新的思路。例如利用 CNN 对发票图像进行特征提取，构建多层卷积层和池化层，自动学习发票中的文字、数字和结构化信息。在构建 CNN 模型时，参数的选择对模型性能有显著影响，包括卷积核的大小、步长、填充方式以及激活函数等。典型的 CNN 结构包括多个卷积层，每个卷积层后跟一个激活函数，如 ReLU，以及池化层用于降低特征维度：

Input→Convolution→ReLU→Pooling→⋯→Fully Connected Layer→Output

Input→Convolution→ReLU→Pooling→⋯→Fully Connected Layer→Output

循环神经网络（RNN）及其变种，如长短期记忆网络（LSTM）和门控循环单元（GRU），在处理时间序列数据方面具有优势，能够捕捉数据中的长期依赖关系，适用于股价预测、财务指标趋势分析等任务。LSTM 模型包含多个 LSTM 层，每个层包含多个神经元，通过门控机制控制信息的流动：

$$\overline{C_t} = \sigma_g(W_{cc}x_t + W_{ch_{t-1}} \overline{h_{t-1}} + b_c)$$

$$f_t = \sigma_f(W_{cf}x_t + W_{ch_{t-1}}h_{t-1} + b_f)$$

$$i_t = \sigma_i(W_{ci}x_t + W_{ch_{t-1}}h_{t-1} + b_i)$$

$$\tilde{C_t} = \tanh(W_{CC}x_t + b_C)$$

$$C_t = f_t \times C_{t-1} + i_t \times \tilde{C_t}$$

$$h_t = \overline{C_t} \times \tanh(C_t)$$

其中，x_t 是输入数据，h_t 是隐藏状态，C_t 是细胞状态，σ_f、σ_g、σ_i 是门控函数，通常使用 sigmoid 函数。

深度学习模型的训练需要大量的标记数据和计算资源，在训练过程中，使用反向传播算法和梯度下降法来优化网络权重。为了提高模型的泛化能力，可以采用正则化技术，如 dropout 和权重衰减。此外，超参数的调整，如学习率、批次大小和训练轮数，对模型性能也有重要影响。在实际应用中，深度学习模型需要进行细致的调参和验证。例如使用交叉验证来评估模型的稳定性和泛化能力，使用混淆矩阵来分析分类模型的性能。为了提高模型的解释性，可以采用可视化技术，如特征图和权重矩阵的可视化，来理解模型的决策过程。

3. 自然语言处理（NLP）

自然语言处理（NLP）技术通过先进的算法使机器能够解析、理解和生成人类语言，极大地拓展了财务数据分析的深度与广度。在分析财务报告时，NLP 技术可以自动识别和提取关键财务指标，如营业收入、净利润和资产负债率等，上述指标通常以结构化数据的形式在文本中呈现，而 NLP 的实体识别技术能够准确定位并抽取这些信息。例如使用命名实体识别（NER）模型，可以对报告中提及的数值和相关术语进行分类和标记，进而构建财务指标的数据库。

通过分析投资者、分析师和媒体对公司财报的评论，情感分析能够揭示市场情绪的正面或负面倾向。一般涉及文本的预处理、特征提取和情感分类等步骤。在预处理阶段，文本将被清洗，去除停用词、标点符号等无关信息，并通过词干提取或词形还原来统一词形。特征提取阶段，可以使用词袋模型（Bag of Words）或 TF-IDF 等方法来转换文本数据为数值向量。在情感分类阶段，可以应用逻辑回归、支持向量机或深度学习模型，如卷积神经网络（CNN）或循环神经网络（RNN），来预测文本的情感倾向。NLP 系统通过分析公司的财务数据和相关市场信息，能够自动撰写出符合行业标准的财务报告。一般会用到序列到序列（Seq2Seq）的模型，如基于 LSTM 的编码器—解码器框架，来生成连贯且信息丰富的文本。编码器读取输入的财务数据，将其转换为固定长度的向量，解码器则逐步生成报告文本，将每个时间步的输出作为下一个时间步的输入。在自动化报告生成的过程中，注意力机制（Attention Mechanism）的应用可以提高模型生成文本的相关性和准确性。注意力分数允许解码器在生成每个词时，关注编码器输出的不同部分，从而更好地捕捉输入数据中的关键信息。以下是一个简化的注意力机制的公式：

$$Attention(Q, K, V) = softmax\left(\frac{QK^T}{\sqrt{d_k}}\right)V$$

其中，*Q* 是查询（Query）向量，*K* 和 *V* 分别是键（Key）和值（Value）矩阵，d_k 是键向量的维度，*softmax* 函数用于归一化分数。

此外，NLP 技术还可以应用于财务风险管理，通过监测和分析社交媒体、新闻报道和公司声明中的文本数据，及时发现可能影响公司财务状况的风险因素。使用主题建模技术，如潜在狄利克雷分配（LDA），可以从大量文本中识别出主题分布，揭示市场关注的焦点。在实际应用中，NLP 技术的有效性依赖于高质量的数据、先进的算法和精心设计的训练流程。

4. 知识图谱构建

知识图谱构建在财务会计领域内的应用，涉及将复杂的财务信息转化为结构化的知识表示，进而实现高效的数据管理和深入的业务洞察。知识图谱由节点和边组成，节点代表实体（如公司、交易、会计科目等），边代表实体间的关系（如所有权、交易发生等）。构建知识图谱的第一步是数据收集，涉及从财务报表、交易记录、官方文件等多个数据源中提取信息。随后，通过实体识别和关系抽取技术，将非结构化数据转换为结构化的图谱格式。

在实体识别过程中，可以应用基于规则的方法或机器学习模型来识别文本中的财务实体。例如使用条件随机场（CRF）模型对文本进行序列标注，识别出会计科目名称、金额、日期等关键信息。关系抽取则是识别实体间相互作用的过程，可以采用监督学习的方法，如支持向量机（SVM）或深度神经网络，来从文本中提取实体对和它们之间的关系。

第六节　信息系统安全与统计数据的保护

一、信息系统安全的基本概念

信息系统安全是指保护计算机系统、网络和数据免受未经授权的访问、使用、破坏或泄露的一系列措施和技术。这一概念的核心在于确保信息资产的机密性、完整性和可用性，这三个属性通常被称为信息安全的 CIA 三元组。信息系统的安全性涉及多个层面，包括物理安全、网络安全、操作系统安全、应用层安全以及数据安全等。

物理安全是信息系统安全的基础，涉及保护计算机设备和设施不受损害，如防火、防水、防震等措施。网络安全则关注保护网络中的数据传输不被截获或篡改，一般通过加密技术和认证机制来实现。操作系统安全确保操作系统不会受到攻击者的控制，而应用层安全则关注应用程序的安全漏洞，防止恶意软件和黑客攻击。数据安全则是保护数据不被盗取或损坏，这通常通过备份、恢复策略和访问控制来实现。

从本源上讲，信息系统安全的概念起源于对保护敏感和关键信息的需求，以防在战争、商业竞争和日常运营中遭受损失。随着计算机和信息技术的发展，这种需求变得更加迫切。早期的计算机系统主要关注的是硬件和软件的可靠性，但随着时间的推移，人们开始意识到数据本身的价值，以及数据丢失或被篡改可能带来的风险。因此，信息安全逐渐成为一个独立的领域，旨在保护这些资源不受各种威胁的影响。

为了应对日益复杂的威胁环境，信息系统安全领域不断发展，出现了多种技术和标准。例如公钥基础设施（PKI）用于创建安全通信通道，入侵检测系统（IDS）和入侵防御系统（IPS）用于监控和防御潜在的网络攻击，而身份和访问管理（IAM）系统则确保只有授权用户才能访问特定的资源。此外，还有许多安全框架和最佳实践，如 ISO/IEC 27001 提供了一套全面的信息安全管理标准，帮助企业建立有效的安全体系。在现代，随着云计算和移动计算的兴起，信息系统安全面临着新的挑战。云服务提供商必须确保他们的客户数据在云端是安全的，这就要求他们实施强大的安全措施，如数据加密、多因素认证和持续监控。同时，随着物联网设备的普及，越来越多的设备连接到网络，这也扩大了潜在的攻击面。因此，信息系统安全不仅需要关注传统的 IT 系统，还需要扩展到这些新兴技术领域。

二、统计数据保护的方法

1. 数据脱敏处理

数据脱敏是通过修改敏感数据，使其在保留数据使用价值的同时，防止泄露个人或敏感信息。常见的数据脱敏处理技术包括掩码处理、数据泛化、数据扰动、数据交换等。

掩码处理是通过用随机生成的字符或特定符号替换原数据中的敏感信息，例如将个人身份证号码的中间几位数用"＊"代替，形成"1234＊＊＊5678"的形式。这种方法可以在数据展示和使用过程中隐藏敏感信息，同时保留数据的格式和部分信息，用于测试或分析时非常有效。

数据泛化是将具体数据转换为更广义的分类。例如将具体的收入数额分为几个区间，如"10万~20万""20万~30万"等，这种方法通过泛化数据，使数据的具体值不被直接暴露，而是以一个范围或分类呈现，从而保护了数据的隐私。数据泛化在统计数据分析中应用广泛，特别是在需要对数据进行汇总和分类分析时，可以有效减少数据泄露风险。

数据扰动是通过在原始数据的基础上加入随机噪声，使敏感数据难以还原。例如在每个数据项上加上一个随机值，增加数据的变异性。数据扰动可以有效防止敏感数据的直接泄露，同时保留数据的统计特征和整体趋势。在应用数据扰动时，需要根据具体情况选择适当的扰动幅度，既要保证数据的安全性，又要维持数据的有效性和可用性。

数据交换是将原数据中的某些部分与其他数据交换，使每个数据项都变得不可识别。例如在一个包含多个记录的数据集内，将不同记录的敏感信息部分进行交换。数据交换在保护数据隐私方面非常有效，特别是在需要保留数据之间的关联性和整体结构时，这种方法可以在不改变数据总体特征的前提下，实现对敏感信息的保护。

在实际操作中，数据脱敏处理需要结合具体应用场景和数据特性，选择合适的方法和策略。例如，在处理大规模的用户数据时，可以采用分布式计算技术，将数据脱敏处理任务分解到多个节点上并行执行，以提高处理效率和性能。同时，在数据脱敏处理的过程中，需要考虑数据的一致性和完整性，避免因处理不当导致的数据失真或信息丢失。

2. 建立防火墙

防火墙可以分为软件防火墙和硬件防火墙。软件防火墙是安装在服务器或工作站上的程序，通过设置规则来过滤进出网络的数据包。硬件防火墙则是专用的网络设备，通常放在网络边界，作为网络流量的第一道防线。

防火墙的配置通常涉及以下几个方面：访问控制列表（ACL）、状态检测（Stateful Inspection）、应用层网关（Application Layer Gateway）和网络地址转换（NAT）。访问控制列表是防火墙的核心，通过设置允许或拒绝的数据包规则，控制哪些流量可以通过防火墙。状态检测是一种高级的防火墙技术，通过跟踪连接的状态信息，动态调整访问控制规则，提高防火墙的灵活性和安全性。应用层网关是通过解析和理解应用层协议，深入检测和控制应用层数据流量，防止应用层攻击。网络地址转换则是通过修改数据包的源地址和目的地址，实现内网和外网的隔离，提高网络的安全性和隐私性。

防火墙的配置需要根据具体的网络环境和安全需求进行调整，对于财务会计信息系统，可以采用分区防护策略，将网络划分为不同的区域，如内网、外网和隔离区。在内网和外网之间部署边界防火墙，对外部流量进行严格控制，防止外部攻击和入侵。同时，在内网可以部署内部防火墙，对不同部门和系统之间的流量进行隔离和保护，防止内部威胁和数据泄露。

具体的防火墙规则配置，可以参考表7-2。

表7-2　防火墙规则配置

规则编号	源地址	目的地址	协议	源端口	目的端口	动作	备注
1	内网段	外网段	TCP	任意	80，443	允许	HTTP/HTTPS 访问
2	内网段	外网段	UDP	任意	53	允许	DNS 查询
3	外网段	内网段	任意	任意	任意	拒绝	拒绝所有外部访问

防火墙的维护和管理是一个持续的过程，需要定期更新规则和策略，及时应对新的安全威胁和攻击手段。同时，可以结合入侵检测系统（IDS）和入侵防御系统（IPS），对网络流量进行实时监控和分析，发现并阻止潜在的攻击行为。通过防火墙和其他安全设备的联合防护，可以构建一个多层次的网络安全体系，有效保护统计数据的安全和完整。

3. 强制透明加密

强制透明加密分为文件级加密和数据库级加密。文件级加密是在文件创建、修改和访问时，自动对文件内容进行加密和解密。例如可以采用高级加密标准（AES）算法，对文件进行对称加密。AES 是一种常用的对称加密算法，具有高效、安全的特点，其加密密钥长度可以为 128 位、192 位或 256 位。在实际应用中，可以通过如下代码对文件进行 AES 加密：

```
from Crypto.Cipher import AES

from Crypto.Random import get_random_bytes

def encrypt_file(file_path, key):

cipher＝AES.new(key, AES.MODE_GCM)

with open(file_path, 'rb') as f:

plaintext＝f.read()

ciphertext, tag＝cipher.encrypt_and_digest(plaintext)

with open(file_path + '.enc', 'wb') as f:

f.write(cipher.nonce)

f.write(tag)

f.write(ciphertext)

# 使用示例

key＝get_random_bytes(32)# 256 位密钥

encrypt_file('data.txt', key)
```

数据库级加密是在数据库系统层面，对数据库表和字段进行加密处理。可以采用透明数据加密（TDE）技术，在数据库管理系统中启用 TDE，对数据库文件进行加密。TDE 技术在数据库引擎层对数据进行加密和解密，确保数据在磁盘和备份中的安全性。例如在 Microsoft SQL Server 中，可以通过以下步骤启用 TDE：

创建主密钥：

```
CREATE MASTER KEY ENCRYPTION BY PASSWORD＝'your_password';
```

创建证书：

CREATE CERTIFICATETDECert WITH SUBJECT=' TDE Certificate' ;

创建数据库加密密钥：

USEYourDatabase;

CREATE DATABASE ENCRYPTION KEY

WITH ALGORITHM=AES_256

ENCRYPTION BY SERVER CERTIFICATETDECert;

启用透明数据加密：

ALTER DATABASEYourDatabase SET ENCRYPTION ON;

通过上述步骤，可以对数据库进行透明加密，确保数据库中的敏感数据在存储过程中的安全性。

参考文献

［1］刘梦雅. 行政事业单位财务会计内部控制探讨［J］. 中华建设, 2024 (07)：20-22.

［2］许靖晗, 张真真, 宋豆豆, 等. 大数据时代企业财务会计向管理会计转型的思考［J］. 商场现代化, 2024 (12)：180-182.

［3］周晓露. 企业财务会计与预算管理的融合发展分析［J］. 环渤海经济瞭望, 2024 (06)：162-165.

［4］顾秋琴. 数字化驱动下财务变革与财务人才培养研究［J］. 中国市场, 2024 (18)：178-181.

［5］秦伟. 财务会计对企业管理影响探究［J］. 中国市场, 2024 (17)：102-105.

［6］杨妮. 企业财务会计内部控制问题及优化策略探析［J］. 财会学习, 2024 (17)：155-157.

［7］张丽. 事业单位财务会计内部控制优化探究［J］. 财会学习, 2024 (17)：170-172.

［8］胡婷. 大数据时代下财务会计向管理会计转型的思考［J］. 财会学习, 2024 (17)：76-78.

［9］郑丽娜. 企业绩效管理下财务会计与管理会计的协同作用研究［J］. 中国集体经济, 2024 (17)：87-90.

［10］刘燕. 我国财务会计报告体系演进问题研究［J］. 活力, 2024, 42 (11)：

10-12.

[11] 金雪萍. 国有企业财务会计向管理会计转型的思考 [J]. 活力, 2024, 42 (11)：139-141.

[12] 李奇. 企业财务会计内部控制的优化策略分析 [J]. 乡镇企业导报, 2024 (11)：116-118.

[13] 花仙雨. 财务会计"变身"管理会计 [J]. 云端, 2024 (24)：129-131.

[14] 鲁亚杰. 企业财务会计和管理会计融合的路径分析 [J]. 现代营销 (上旬刊), 2024 (06)：85-87.

[15] 凌娟. 新会计制度实施对会计核算的影响与应对 [J]. 现代营销 (上旬刊), 2024 (06)：31-33.

[16] 于菁. 预算会计与财务会计"双体系"背景下行政事业单位财务管理优化措施探讨 [J]. 中国农业会计, 2024, 34 (11)：74-76.

[17] 李蕾. 大数据时代下财务会计工作的研究 [J]. 中国市场, 2024 (16)：120-123.

[18] 吕红柳. 内部控制在医院财务会计管理中的应用研究 [J]. 财会学习, 2024 (16)：91-93.

[19] 张丽. 信息化背景下企业财务会计工作流程的优化 [J]. 理财, 2024 (06)：87-88+91.

[20] 王婧. 大数据时代企业财务会计工作流程的优化研究 [J]. 中国集体经济, 2024 (15)：121-124.

[21] 生丽娟. 大数据时代财务会计向管理会计数字化转型的路径研究 [J]. 财经界, 2024 (15)：114-116.

[22] 潘涛. 大数据时代企业财务会计向管理会计转型的策略探讨 [J]. 中国物流与采购, 2024 (10)：71-72.

[23] 贾扬东. 大数据时代助推企业财务会计向管理会计转型 [J]. 中国商界, 2024 (05)：176-178.

[24] 邓忠红. 大数据背景下财务会计向管理会计转型对策 [J]. 北方经贸, 2024 (05)：79-81.

[25] 汪明瑜. 大数据背景下企业财务会计的转型路径 [J]. 老字号品牌营销, 2024 (08): 196-198.

[26] 秦臻臻. 大数据时代财务会计向管理会计转型的策略 [J]. 商业会计, 2024 (08): 102-103.

[27] 梁宝珠. 大数据时代财务会计向管理会计转型的问题及对策探讨 [J]. 中国农业会计, 2024, 34 (08): 18-20.

[28] 王丹. 大数据时代财务会计向管理会计转型的路径探讨 [J]. 中国农业会计, 2024, 34 (08): 66-68.

[29] 许仕芳. 大数据时代下事业单位财务会计向管理会计转型的策略研究 [J]. 中国总会计师, 2024 (03): 165-167.

[30] 樊霞. 大数据背景下财务会计向管理会计转型 [J]. 老字号品牌营销, 2024 (05): 166-168.

[31] 俎志丽. 大数据背景下财务会计向管理会计转型问题探究 [J]. 财讯, 2024 (05): 186-188.

[32] 杨杨. 国有企业财务会计向管理会计转型的建议探讨 [J]. 商讯, 2024 (05): 73-76.

[33] 薛亮. 统计学方法在财务相关方面的运用探究 [N]. 财会信报, 2022-12-05 (007).

[34] 杨乙. 统计学在企业财务管理中的运用分析 [J]. 上海商业, 2022 (06): 108-110.

[35] 苏丽. 从财务会计看统计 [J]. 山西财税, 2021 (08): 42-44.

[36] 戴剑坤. 统计学在医院会计核算中的运用 [J]. 经济师, 2021 (07): 244-245.

[37] 代海平. 统计学在企业财务管理中的运用分析 [J]. 中小企业管理与科技 (上旬刊), 2020 (12): 42-43.

[38] 肖家翔. 财务管理专业统计学课程教学改革探究 [J]. 现代商贸工业, 2020, 41 (34): 136-137.

[39] 刘佳. 探究统计学在会计专业中的应用 [C] // 教育部基础教育课程改

革研究中心. 2020 年基础教育发展研究高峰论坛论文集. 白城职业技术学院, 2020：3.

[40] 翟雪恩. 财务统计账务审核工作中存在的问题及优化方法 [J]. 财会学习, 2020 (28)：43-44.

[41] 高洁. 统计学方法在事业单位财务分析方面的应用策略 [J]. 经济管理文摘, 2020 (15)：108-109.

[42] 董君. 统计学方法在企业财务管理相关方面的运用探析 [J]. 西部财会, 2020 (04)：38-39.